# Concha Calleja

# La **maldición** *de los* WINDSOR

www.arcopress.com
@arcopresslibros

© Concha Calleja, 2025
© Editorial Almuzara s. l., 2025
www.arcopress.com

Primera edición, mayo 2025

Arcopress • Sociedad actual
Dirección editorial: Pilar Pimentel
Diseño y maquetación: Fernando de Miguel

Editorial Almuzara S. L.
Parque Logístico de Córdoba. Ctra. Palma del Río, km 4
C/8, Nave L2, nº 3. 14005 - Córdoba
info@almuzaralibros.com

Imprime: Liberdúplex
ISBN: 978-84-10354-46-3
Depósito Legal: CO-739-2025



Impreso en España/Printed in Spain

*A usted, que ha llegado hasta aquí
sin conformarse con lo que le contaron,
sabiendo que la verdad rara vez grita,
pero siempre se deja ver.*

# Índice

# Veamos

A falta de que me lleve la contraria (cosa que asumo con absoluta resignación), me comprometo con usted a no reprocharle nada. Quiero decir con esto que no espero unanimidad ni adhesión incondicional a mis opiniones en este libro y, sea cual sea su veredicto, lo que sí le garantizo es que no presentaré recursos de apelación ante posibles discrepancias que tengamos. Y no porque no tenga argumentos, sino porque mi falta de arrepentimiento en lo que aquí expongo es, sencillamente, absoluta.

Le digo esto, porque tal como he hecho en mis libros anteriores, en esta ocasión también considero mi obligación personal dejar que sea usted, con su propio criterio y sentido crítico, quien decida si está o no de acuerdo con las conclusiones que le expondré al final.

No pretendo imponerle verdades absolutas ni convencerle de lo que no quiera creer, sino simplemente presentar los hechos y dejar que hablen por sí mismos. Por tanto, tiene plena libertad de coincidir con mis conclusiones o de tener las suyas.

Dicho esto, no escatimaré en detalles. Mi intención es ofrecerle suficiente información para que analice cada punto con detenimiento.

Este libro, a pesar de que el título pueda llevar a malentendidos, es un libro serio, que trata un tema muy serio, y que tiene como protagonista a la Corona británica, a los miembros de alto rango que la componen y al *establishment* que la protege.

Desde que el rey Carlos III se calzó la corona, los infortunios no han cesado. Su reinado es como un *thriller* donde se dan todos los ingredientes necesarios para convertirlo en la serie del año: enfermedades, muertes, desapariciones, manipulación, escándalos y mucho misterio.

Servicios de inteligencia rondando por aquí, Gobierno en la sombra pululando a sus anchas, reuniones clandestinas en salones privados. Finanzas opacas, silencios incómodos, terapias poco ortodoxas, infidelidades y mucho más.

Todo, absolutamente todo, hace que uno se cuestione si los acontecimientos negativos que vive la familia real hoy son consecuencia y castigo por sus intrigas palaciegas, o bien, tanta tragedia al mismo tiempo pueda tener una explicación mucho más mística, como si una fuerza sobrenatural estuviese acechando a los Windsor.

En realidad, este libro va de eso. De despejar la incógnita de estas dos cuestiones. La primera es si los Windsor están pagando la factura por todo lo que han hecho, y la segunda, si alguna de las maldiciones que sobre ellos recaen está siendo la causante de sus desgracias.

Pues de momento, todo puede ser. Veamos.

# TERRIBLE

# La maldición de los Windsor
## *2024, ese año terrible*

Usted ya lo ha pensado. Lo ha leído en los titulares, lo ha escuchado en los mentideros de quienes creen que los problemas que está sufriendo la *Royal Family* son mucho más que una sucesión encadenada de hechos al azar. Algo oscuro parece sobrevolar a la familia Windsor; enfermedades, escándalos, tragedias… Un año terrible que ha golpeado sin piedad a la familia real británica. Demasiadas desgracias en tan poco tiempo, demasiadas coincidencias, demasiadas malas noticias que invitan a preguntarse si se trata del peso de una maldición, o bien, es el resultado inevitable de sus propios errores.

Desde hace generaciones, sobre los Windsor planea la sombra de algunas maldiciones. Se habla de maldiciones, de venganzas que trascienden el tiempo, de promesas rotas que han desencadenado fuerzas que no podemos ver, pero sí sentir. Y si nos detenemos a mirar —ya verá—, lo cierto es que las pruebas parecen estar ahí: abdicaciones forzadas, muertes prematuras, enfermedades, divorcios, exilios humillantes. ¿Pueden tantas desgracias ser solo una sucesión de hechos aislados? ¿O hay un hilo invisible que las conecta todas? Puede ser.

Si dejo las probabilidades más místicas a un lado, aún existe otra posibilidad, una que es incluso más inquietante, y a la que no dejo de dar vueltas ¿Y si no hay nada sobrenatural en todo esto? ¿Y si los Windsor simplemente están pagando el precio de sus propios pecados? Poder, privilegios, riqueza… todo eso tiene un costo, y tal vez la factura finalmente ha llegado. Después de todo, no se puede vivir en la cúspide del lujo y de la impunidad durante generaciones sin pensar que, tarde o temprano, alguien toque la puerta exigiendo que se rindan cuentas.

La monarquía de los Windsor ha estado protegida por el brillo de su corona y por los muros de sus fastuosos palacios, resguardada del juicio común. Un linaje bendecido por Dios, dicen ellos. Otros dirían —yo, sin ir más lejos, no sé usted—, que más bien han sido bendecidos por siglos de privilegios blindados por leyes hechas a medida. Sin embargo, el poder absoluto rara vez se ejerce sin consecuencias. Los Windsor se han visto envueltos en escándalos que van más allá del chisme de la prensa sensacionalista. Desde la amistad con dictadores hasta el abuso de recursos públicos, desde los encubrimientos de comportamientos inaceptables hasta la indiferencia ante los problemas reales de la gente. Todo esto ha dejado cicatrices en su imagen, pero también ha dejado una marca en su destino, en su futuro.

¿Y qué puedo decir de los privilegios? La riqueza, los palacios, su derecho a vivir de los tributos de su pueblo, la inmunidad ante la ley que otros no tienen. Se dice que estos *royal* actuales son —o deberían ser— un símbolo de estabilidad, pero a veces más bien parecen un símbolo de cuánto se puede inclinar la balanza de la justicia sin que se rompa. ¿Cuánto tiempo pueden sostenerse sin que, en algún momento, colapsen bajo su propio peso? Si el pueblo sufre y la familia real prospera, si los escándalos se repiten y la impunidad es la norma, ¿no es lógico pensar que el equilibrio, tarde o temprano, debe restablecerse? No necesariamente con una revolución —los tiempos han cambiado—, pero sí quizás con algo más sutil y persistente: el desgaste, la enfermedad, el inexorable paso del tiempo cobrando su precio. Lo que muchos llamarían el karma.

Carlos III llegó al trono con la promesa de continuidad y estabilidad. Un monarca veterano, paciente, preparado… o eso nos hicieron creer. Porque lo cierto es que desde que puso un pie en el trono, la monarquía británica ha entrado en una espiral de caos digna de una tragedia shakespeariana.

Enfermedades inesperadas, escándalos, conflictos internos y una pérdida acelerada de apoyo popular han convertido su reinado en un campo de minas. ¿Es una maldición lo que pesa sobre los Windsor? Puede ser. Pero, en mi opinión, y en espera de la suya, no hace falta recurrir a fuerzas sobrenaturales cuando la arrogancia, la ambición desmedida y un sentido de impunidad fuera de control hacen el trabajo por sí solos.

## Marzo de 2024

Aterricé en el aeropuerto de Londres —Heathrow—, el más cercano a Windsor, a las once de la mañana, tras un vuelo sin demasiados contratiempos. Como hago habitualmente en este tipo de viajes, alquilé un coche. Me gusta moverme con libertad, sin depender de horarios de trenes ni de taxis que pueden resultar demasiado conversadores o, peor aún, demasiado atentos.

A pesar de que Windsor ofrece múltiples opciones de alojamiento, preferí evitar la zona más transitada. Me alojé en The Manor Hotel, en Datchet, un pequeño pueblo situado a unos tres kilómetros de Windsor. No es una decisión casual. En Datchet no hay el mismo bullicio de turistas ni la omnipresente sensación de vigilancia que se percibe en Windsor. Además, es un sitio lo suficientemente discreto como para no despertar sospechas innecesarias.

Datchet es un pueblo con el encanto de la Inglaterra tradicional: casas de ladrillo rojo, calles tranquilas y un par de *pubs* donde es fácil pasar desapercibido. A simple vista, parece un lugar donde nunca pasa nada. Pero, como ocurre con tantas otras cosas en esta historia, la apariencia es solo una parte del relato.

El hotel, aunque modesto, tenía el tipo de discreción que buscaba. En su recepción no había preguntas innecesarias, lo cual siempre es una ventaja. Me instalé en mi habitación y repasé los mensajes que había recibido de mi contacto. El tono era críptico, pero claro. No nos veríamos en Londres, no en un sitio donde pudieran observarlo.

Desde allí, a primera hora de la tarde, emprendí el camino a Windsor. La autopista era tranquila, la ruta corta, pero el propósito del viaje le daba un peso distinto. Sabía que la conversación que estaba por tener no sería fácil y que, como suele ocurrir en estos casos, las respuestas que recibiría plantearían más preguntas que certezas. Había una cita pendiente con alguien que tenía cosas que contar, y por el tono de sus mensajes, no eran precisamente anécdotas inofensivas.

## WINDSOR

Llegué a Windsor ese mismo día, exactamente a las cuatro y media de la tarde. Es posible que los poco más de treinta mil habitantes que viven en esta ciudad, situada a unos cuarenta kilómetros de Londres y hogar del famoso castillo de Windsor, no sean plenamente conscientes del peso de la historia que camina a su lado. Quizá porque, cuando se crece bajo la sombra de una institución que lo ha visto todo —guerras, escándalos, crisis dinásticas—, es fácil acostumbrarse a la idea de que la monarquía simplemente está ahí, inmortal e inmutable. Pero la estabilidad es una ilusión bien construida, y yo había venido precisamente a investigar las grietas que la sostienen, que no era poco.

Windsor no es solo un castillo rodeado de turistas con cámaras colgadas al cuello. Es una ciudad donde la monarquía no es solo una institución, sino un hecho cotidiano. Aquí, los retratos reales decoran escaparates, los *souvenirs* de la familia Windsor son parte del paisaje comercial y cada evento en el castillo parece una excusa perfecta para demostrar lealtad a la Corona. Pero tras esa apariencia de postal británica idílica, Windsor es también un lugar donde el poder es palpable, donde la historia no es solo algo que se enseña en las escuelas, sino una presencia constante.

Los *pubs*, las cafeterías y las tiendas que rodean la zona parecen funcionar como pequeños satélites de la monarquía. Un visitante casual podría pensar que la ciudad respira historia y orgullo, pero si uno se queda el tiempo suficiente, empieza a notar pequeños detalles. La forma en que algunas conversaciones se cortan cuando alguien nuevo entra en un bar. La manera en que ciertas preguntas se responden con frases vagas o con una sonrisa tensa. Y, sobre todo, la sensación de que no todo lo que ocurre en Windsor es parte del espectáculo que se muestra al público.

Por más que el castillo sea el epicentro de todo, Windsor sigue siendo una ciudad en sí misma, con su ritmo y sus habitantes, muchos de los cuales tienen poco que ver con la realeza. Para algunos, la monarquía es una fuente de empleo. Para otros, un simple

decorado de fondo. Pero hay quienes han aprendido que estar demasiado cerca de esa esfera puede significar ver más de la cuenta. Y es ahí donde empieza realmente esta historia.

## El encuentro con el informante

Llevo muchos años escribiendo sobre los Windsor, casi veintiocho, los mismos que hace desde que murió la princesa Diana. Así que no era la primera vez que alguien me ofrecía información sobre la monarquía británica, pero tengo que reconocer que esta cita tenía un matiz distinto. No era un periodista, ni un académico con teorías conspirativas, ni un exmiembro del personal real que buscaba su minuto de gloria, ni nadie de mis informantes habituales. Era una persona que había estado demasiado cerca del sistema porque había pertenecido a él, y que, por razones que aún no me había explicado, había decidido hablar. Pero no en Londres, no en un despacho anónimo ni en una llamada cifrada. Quería que nos viéramos en Windsor. Me pareció atrevido, pero me gustó.

Hago un breve inciso aquí para decirle que muy pocas personas estaban al corriente de este viaje. En ese momento, el secretismo que envolvía a los miembros de alto rango de la Casa Real británica era extremo. El rey estaba fuera del foco por su enfermedad, y lo que a Kate Middleton le estaba sucediendo, muy pocos lo sabíamos. De hecho, cuando di la noticia de lo que estaba pasando realmente con la princesa de Gales, en el programa *Fiesta*, de Telecinco, la exclusiva dio la vuelta al mundo. Fue después de este hecho cuando muchos, y cuando digo muchos, quiero decir una cantidad importante de personas relacionadas de alguna manera con la Casa Real, se pusieron en contacto conmigo. Como suele suceder en estas ocasiones, no todo lo que caía en la red eran peces. Quiero decir con esto que tuve que hacer una gran criba para separar la buena información de la mala. La mala ganaba por mucho. Lo que la mayoría no sabía era que yo tenía la mejor fuente posible. Una fuente cuyo nombre nunca revelaré, como tampoco lo haré con la de mi nuevo informante, por expreso deseo suyo.

El hecho es que viajar a Londres en esos días no era lo más conveniente para mí, cuando la prensa de todo el mundo estaba intentando entrevistarme, y las miradas indiscretas —que siempre las hay— podían identificarme.

Volviendo a mi cita con el informante, el lugar elegido para la reunión era el Watermans Arms, un *pub* discreto, ubicado en Eton, en una antigua fábrica del siglo XVI, y escondido en una calle pequeña. El establecimiento estaba lo suficientemente concurrido como para no levantar sospechas, pero con suficientes rincones apartados para evitar miradas indiscretas. Cuando llegué, me senté en una mesa con vista a la puerta y esperé. Pedí un té —una elección estratégica, pensé—, algo que me permitiría ocuparme de la taza si la conversación se volvía incómoda y dar sorbos en momentos de silencio calculado.

Mi informante llegó con puntualidad británica. No hizo contacto visual de inmediato, sino que recorrió el lugar con la mirada antes de acercarse. Me resultó curioso, y algo inquietante, la verdad.

Llevaba la actitud de alguien que no quiere ser visto hablando de según qué temas. Se sentó, sin presentaciones innecesarias, muy

directo, muy «al turrón», como dice mi amiga Marian. «Antes de que hablemos, hay algo que debes entender», dijo, bajando la voz. «Aquí hay cosas que no puedes escribir. Cosas que, si las dices, te convierten en un problema».

La frase no era una amenaza, sino un hecho. No se trataba de lo que se sabe, sino de lo que se puede decir sin consecuencias. Pero eso para mí no era nuevo.

Durante más de una hora, hablamos. O, mejor dicho, él habló y yo escuché. Me explicó cómo el *establishment* no necesita órdenes directas para proteger a la monarquía, cada pieza del sistema sabe qué hacer sin que nadie tenga que decirlo en voz alta. Me habló de las relaciones incómodas que nunca llegan a la prensa, de los escándalos que se gestionan antes de explotar y de cómo ciertos temas simplemente desaparecen del debate público. Aquí, los secretos no se guardan, se gestionan. También, me habló del Consejo Privado, muy parecido a cómo opera el *establishment*, pero, a su vez, con grandes diferencias. Con esto último me quedé helada.

En un momento dado, mencionó un caso que ya conocía, pero con un matiz diferente. «¿Alguna vez te has preguntado por qué algunas historias quedan en rumores y otras terminan en titulares? No es casualidad». El mensaje era claro. El problema no es lo que se sabe, sino quién decide qué se hace con esa información. Después hablamos durante casi tres horas más en otra ocasión. Parte de esa información la leerá usted en los siguientes capítulos.

Cuando la conversación de ese día estaba por terminar, dejó caer una última frase que, en ese momento, sonó como una advertencia velada: «No te equivoques. Aquí no hay maldiciones. Solo consecuencias». En eso estábamos de acuerdo.

Salió del *pub* sin despedirse. Eso también me resultó curioso, sobre todo porque pensé que se levantaba con la intención de pedir otro té, o ir al baño, pero no, simplemente se levantó y se fue. Eso no me había pasado nunca. Así que me quedé unos minutos más, terminando mi té, repasando mentalmente lo que acababa de escuchar —también por si decidía volver, digo. No lo hizo.

Este encuentro no me había dado certezas aún, pero sí algo más valioso, la confirmación de que las preguntas correctas siempre encuentran respuestas. Solo hay que saber dónde buscar.

Salí del *pub* con la sensación de haber avanzado un paso, pero también con el sabor agridulce de que aún no sabía ni la mitad de la historia. Para eso debía esperar a la cita del día siguiente. Como suele ocurrir con este tipo de encuentros, las respuestas no son definitivas, sino pequeños fragmentos de una verdad mucho más grande. Me había dado pistas, pero no conclusiones. Y en este tipo de investigación, lo importante no es solo lo que se dice, sino lo que se evita mencionar.

Uno de los aspectos más recurrentes de la conversación fue la insistencia de mi informante en que, tanto el *establishment*, como el Consejo Privado, no necesitan conspiraciones abiertas ni instrucciones directas para funcionar. Todo está diseñado de tal forma que quienes operan dentro del sistema saben qué hacer sin que nadie tenga que darles una orden explícita. Es un mecanismo que se alimenta solo, que no requiere intervención porque todos sus engranajes giran con precisión milimétrica. Después de tanto repetírmelo, eso me quedó claro.

Puedo decirle que si ya tenía suficiente información sobre el *establishment*, que en su momento me aportó Mohamed Al Fayed, con mi nuevo informante descubrí también cómo trabaja el Consejo Privado, y me quedó más claro aún que el verdadero poder no está en el trono, sino en la red de intereses que lo rodea y lo protege. Al Fayed era un hombre bien informado, con investigaciones costosas y serias a sus espaldas, pero mi nuevo informante las había vivido en primera persona porque él había sido parte del sistema.

Es cierto que los Windsor son la cara visible, de eso no hay duda, pero las decisiones clave se toman en oficinas, despachos y reuniones a puerta cerrada donde ni una gota de sangre azul está presente. A la familia real se la guía, se la maneja y, cuando es necesario, se la utiliza. Pero lo más interesante —y peligroso— es que incluso ellos mismos podrían no ser completamente conscientes de cuán controlados están. También ellos utilizan al sistema como después veremos, no vayamos a equivocarnos con esto.

De camino al hotel, no podía dejar de pensar en una de las frases más enigmáticas de mi contacto: «¿Alguna vez te has preguntado por qué algunas historias quedan en rumores y otras terminan en titulares? No es casualidad». Era una afirmación sencilla, pero demoledora. El relato oficial nunca es espontáneo, sino el resultado de decisiones calculadas. Los escándalos que llegan al público lo hacen porque se ha decidido que así sea, mientras que otros quedan enterrados bajo el peso de la indiferencia mediática.

Era el momento de hacer algo esencial en cualquier investigación, algo como seguir el rastro de lo que no se ha contado. Lo verdaderamente peligroso no es lo que ya sabemos, sino lo que nunca ha salido a la luz, pensé.

Salir de Windsor no significaba alejarme del tema. Al contrario, la conversación con mi informante había dejado demasiados cabos sueltos, demasiadas frases inacabadas que insinuaban más de lo que decían. Ahora tenía claro que este no era un simple ejercicio de recopilación de datos, sino una inmersión en un entramado de poder que no solo protegía a la monarquía, sino que decidía cuándo y cómo debía caer cada pieza. Además, mi tiempo en Londres era muy limitado porque llegando el fin de semana tenía que seguir trabajando en *Fiesta*, así que tenía que acelerar para poder seguir con él al día siguiente.

Tenía tres preguntas clave que necesitaban respuesta, y que sería mi línea de investigación. Primero, ¿qué temas eran demasiado peligrosos para mencionarse en voz alta? No los escándalos habituales, sino aquellos que nunca llegaban a la opinión pública. Segundo, ¿cómo funcionaba exactamente la maquinaria del *establishment* y el Consejo Privado para proteger a la monarquía? Y tercero, ¿había patrones repetitivos en la historia de los Windsor que sugirieran que esto no era una serie de infortunios casuales, sino el resultado predecible de su propia forma de manejar el poder?

Había mucho por descubrir. Y tenía claro que, cuanto más profundizara, más difícil sería ignorar la respuesta más evidente para mí: el problema no era la maldición. El problema era el sistema que habían construido para evitar que nadie lo cuestionara.

Como vengo diciendo, la investigación sobre los Windsor nunca ha sido un camino de rosas. Hablar de la monarquía británica es moverse en un terreno que mezcla historia, política y poder en dosis que rara vez son inocentes. Pero una cosa es analizar documentos y entrevistas y otra muy distinta es sentir, en primera persona, que alguien está prestando demasiada atención a lo que haces.

Todo ocurrió la noche siguiente a mi encuentro con el informante. Había vuelto al hotel en Datchet después de pasar horas organizando notas y contrastando datos, que es algo que me gusta hacer cuando viajo por trabajo. Me preparaba para dormir cuando mi móvil vibró con una notificación inesperada: un mensaje sin remitente conocido. No era una amenaza, ni una advertencia directa. Solo un mensaje breve, casi banal: «No todas las historias necesitan ser contadas». En otro contexto, lo habría descartado como un error, como una de esas cadenas de mensajes sin sentido. Pero dado el momento en el que llegaba y lo que había estado investigando, no parecía casualidad.

Decidí no darle demasiada importancia y dormí con la idea de que podría haber sido una coincidencia. Pero al día siguiente, al encender mi ordenador, apareció una advertencia del sistema que nunca antes había visto: «Se ha detectado un intento de acceso no autorizado. Su sistema podría estar en riesgo». De inmediato, revisé mis archivos. Algunos de los documentos más recientes habían desaparecido. No todos, solo aquellos en los que había trabajado en las últimas horas. Sin embargo, siempre hago copias en un disco duro externo que guardo como un tesoro. Sabía que era cuestión de minutos restaurarlos, pero lo inquietante no era la pérdida de los archivos, sino el hecho de que alguien había intentado entrar en ellos.

No había signos evidentes de un ataque informático sofisticado, pero tampoco era el típico fallo del sistema. Alguien quería que supiera que estaban ahí, que podían ver lo que estaba investigando. Y lo más interesante: que podían intervenir si me acercaba demasiado a ciertos temas.

Lo primero que aprendí en esta investigación es que no hay coincidencias cuando se trata de poder. Y lo segundo, que cuando algo incomoda demasiado a la gente adecuada, el problema no es solo lo que sabes, sino que sigas teniendo acceso a la información.

## LAS GRIETAS EN LA VERSIÓN OFICIAL

La conversación con el informante no solo dejó esas preguntas en el aire, sino que reveló detalles que chocaban con la narrativa cuidadosamente construida por la monarquía y sus aliados. No se trataba de los escándalos que todos conocíamos, los que salpicaban los tabloides con titulares llamativos y luego se desvanecían. No, esto era algo más profundo. Eran los silencios estratégicos, las lagunas en los relatos oficiales, los eventos que, cuando los mirabas de cerca, simplemente no encajaban.

Uno de los temas más relevantes que tocamos fue el del manejo de la enfermedad de Carlos III. La versión oficial hablaba de un diagnóstico y de un tratamiento planificado, pero dentro de ciertos círculos se susurraba otra historia. Se hablaba de descoordinación en la gestión de su estado de salud, de movimientos estratégicos dentro del Consejo Privado que sugerían que había mucho más en juego que la simple preocupación por el bienestar del rey. No se trataba solo de su recuperación, sino de qué significaba su enfermedad para la estabilidad de la monarquía.

Luego estaba la inexplicable desaparición pública de Kate Middleton. Durante semanas, la ausencia de la princesa de Gales alimentó teorías de todo tipo. Y, sin embargo, mientras los medios especulaban con toda clase de hipótesis —desde un retiro voluntario o infidelidad en el matrimonio, hasta problemas de salud más serios—, mi informante insinuó algo más: que su ausencia no solo había sido gestionada con secretismo, sino que se estaba utilizando para distraer la atención de algo más grande. Algo que, convenientemente, nunca llegó a los titulares.

También salió a relucir un tema que, aunque había sido mencionado en la prensa, nunca se había explorado a fondo: el papel del *establishment* en la crisis de imagen de los Windsor. Mi informante fue claro con esto. Cuando una crisis afecta a la monarquía, no es la familia real la que decide cómo se gestiona el problema. Son otros los que toman las decisiones clave. Son ellos quienes determinan si se debe encubrir, desacreditar o sacrificar a alguien para salvar la estructura. Y cuando miramos con atención ciertos eventos recientes, la huella de estas maniobras es inconfundible.

Por último, hubo una frase que se me quedó grabada. «Algunas historias nunca llegan a los titulares, no porque sean falsas, sino porque alguien ha decidido que el público no debe saberlas». Era una sentencia demoledora. Si eso era cierto, significaba que no solo teníamos que cuestionar lo que se decía, sino también lo que nunca se decía. Y así lo hice.

Tal y como pensé en el minuto uno, la conversación con el informante me dejó con más dudas que respuestas, pero algo quedó claro, la versión oficial nunca es la historia completa. Y lo que estaba a punto de investigar no era lo que se contaba, sino lo que se había decidido ocultar.

El camino no fue fácil.

# El legado de Isabel II: una corona difícil de heredar

Cuando murió la reina Isabel II, se cerró una era de setenta años de reinado. Un símbolo de estabilidad, tradición y diplomacia británica desaparecía, dejando tras de sí algo mucho más difícil de heredar que una corona, el prestigio. Y es justo aquí donde empiezan los verdaderos problemas para Carlos III y el resto del clan Windsor.

Porque, fíjese, en el fondo, nadie heredó realmente a Isabel. Heredaron su trono, sí. Sus propiedades, también. Sus rituales, claro. Pero su aura, su capacidad para mantenerse por encima del barro, su inexplicable don para hacer que el silencio pareciera sabiduría… eso no se traspasa con una ceremonia de coronación, está claro.

Desde que Carlos III asumió el trono, cada aparición, cada gesto, cada palabra ha estado inevitablemente bajo la lupa de la comparación. Y ahí es donde las costuras empezaron a notarse. No basta con ser rey. Hay que parecerlo. Y Carlos, por más años que haya esperado su turno, sigue generando la sensación de que está probándose un traje que no termina de quedarle del todo bien.

La figura de Isabel II ofrecía a la institución un blindaje casi mítico. Podía permitirse no opinar, no actuar y no aparecer, y aun así mantener la devoción de millones. Su presencia era en sí misma una forma de liderazgo simbólico. En cambio, la era de Carlos ha empezado con explicaciones constantes, apariciones tensas y un manejo de crisis que parece más propio de una oficina de relaciones públicas contratada que de una casa real.

Y luego está el vacío emocional. Porque, guste o no, la reina era querida. Respetada incluso por quienes no eran monárquicos. Su muerte generó un duelo genuino, transversal, casi cultural. Con Carlos no ocurre lo mismo. Su figura genera más resignación que afecto, más inercia que entusiasmo.

Los Windsor han intentado compensar esta pérdida de prestigio con una sobreexposición planificada: modernización controlada, eventos estratégicos, gestos cercanos. Pero sin Isabel como escudo, todo se nota más: los errores, las contradicciones, los escándalos. Todo resuena más fuerte, con más eco, porque ya no hay una figura inamovible sosteniendo la narrativa.

*La Reina Isabel II en una visita al Centro de Vuelos Espaciales Goddard de la NASA, en 2007, en Maryland, EE. UU.*

La paradoja es cruel, porque la única manera de modernizar la monarquía era dejar marchar a su figura más sólida, y al hacerlo, han dejado al descubierto lo frágil que es todo lo demás. Incluso, aún más, lo poco preparados que están los miembros de alto rango para luchar contra la adversidad.

■ **Perfil psicológico de Isabel II.**
**Fue, más que una reina, una institución con piernas**

Reinó durante tanto tiempo que terminó convertida en parte del mobiliario nacional: inamovible, reconocible, impasible. Su psicología estaba forjada en los moldes del deber absoluto, la contención emocional y una religiosidad funcional que le daba estructura a lo inexplicable. Su vida privada fue, en esencia, una vida profesional.

Desde niña se le enseñó que el «yo» debía subordinarse al «nosotros», y el «nosotros», a la corona. De ahí que fuera una mujer profundamente reservada, con una autodisciplina que no tenía fisuras. Jamás se desbordó en público, jamás mostró una emoción no calculada. Ni en la muerte de su padre, ni en las bodas de sus hijos, ni en los escándalos de los noventa. Su especialidad era la compostura. Una reina que nunca opinaba y, por tanto, nunca se equivocaba.

Isabel no era fría, pero sí impenetrable. Su calidez era medida, su cercanía tenía protocolo. Y eso, paradójicamente, la hizo querible. El país no necesitaba a una monarca carismática: necesitaba una figura que no cambiara, que no se cayera, que no se fuera. Ella fue esa figura. Una constante en un siglo de terremotos. Una mujer que no pidió protagonismo, pero acabó siendo el símbolo más duradero del Reino Unido contemporáneo.

No era ingenua. Tenía una inteligencia práctica, una memoria prodigiosa y una capacidad de análisis que sorprendía a quienes la trataban de cerca. Pero lo ejercía en voz baja. Su poder era sutil. Nunca daba órdenes: daba forma a las circunstancias. Nunca imponía: sugería. Y su silencio era más elocuente que cualquier discurso.

En lo íntimo, era menos hierática de lo que el público creía. Disfrutaba de los perros, los caballos, los chistes malos y las rutinas bien engrasadas. Detestaba el sentimentalismo, y solo mostraba emoción cuando podía disfrazarla de protocolo. El famoso «annus terribilis» (1992) fue, probablemente, lo más cerca que estuvo de una confesión.

Isabel II no fue una madre cálida. Fue una madre institucional. Delegó afecto, tercerizó la crianza, priorizó el deber. A sus hijos los trató más como súbditos que como criaturas vulnerables, y eso dejó huellas. Pero también fue una esposa leal, una mujer de hábitos inquebrantables y una reina que entendió mejor que nadie una regla básica de la monarquía: cuanto menos hables, más sólida pareces.

Murió como vivió: sin espectáculo. Sin dramas públicos. Sin despedidas sentimentales. Simplemente dejó de estar. Y en su ausencia, el país descubrió lo que significaba tenerla. Porque Isabel no era emocionante, pero era necesaria. Y eso, en una institución que depende de la percepción más que del poder real, vale más que mil discursos.

# Los planes truncados
# de Carlos III

Carlos III asumió el trono con una visión clara, o al menos, eso parecía. Tras décadas esperando su momento, había llegado con la intención de modernizar la monarquía, reducir su tamaño y reforzar su relevancia en un Reino Unido en crisis de identidad. Pero no pasó mucho tiempo antes de que la realidad golpeara con fuerza. Lo que debía ser un reinado marcado por el reformismo y la estabilidad se convirtió, en cuestión de meses, en una lucha por la supervivencia institucional. Los planes que llevaba décadas preparando se desmoronaron en tiempo récord, porque le llegó un intruso inesperado, la enfermedad.

Carlos III había pasado toda su vida esperando ser rey, llevaba siete décadas en espera, pero no contó con que la biología le jugara una mala pasada justo al comenzar su reinado. El diagnóstico de cáncer, anunciado en 2024, trastocó completamente su agenda y debilitó su imagen pública. De repente, la estabilidad de la monarquía ya no dependía de su liderazgo, sino de su salud, un hecho que escapaba resbaladizo de su control.

Desde el principio, el Palacio de Buckingham manejó la noticia con su característico secretismo. Los comunicados oficiales hablaban de un tratamiento planificado y de un pronóstico optimista, pero las filtraciones indicaban otra cosa. ¿Hasta qué punto la monarquía podía permitirse un monarca debilitado? La incertidumbre se instaló en los pasillos del poder, y con ella, las preguntas incómodas sobre qué pasaría si su enfermedad se agravaba.

Carlos III es un hombre hecho a la antigua, y no por tradición, sino por construcción interna. Toda su vida ha girado en torno a una sola idea: prepararse para un trabajo que no podía ejercer. Lo que eso hace en la psique de cualquiera es materia de estudio, pero en él ha producido una personalidad profundamente disciplinada, meticulosamente neurótica y con una melancólica tendencia a tomarse muy en serio a sí mismo.

Foto: whitehouse.gov

No es espontáneo, pero tampoco frío. Es afectuoso a su manera, aunque con una torpeza emocional heredada de generaciones que nunca aprendieron a hablar de otra cosa que no fueran países, caballos o deberes dinásticos. Es un hombre que pide perdón por existir con el mismo tono con el que exige respeto por ser quien es. Le interesan las causas nobles —el medio ambiente, la arquitectura tradicional, la medicina alternativa— y se obsesiona con ellas como quien necesita que algo, lo que sea, tenga sentido.

Carlos no es carismático. Nunca lo fue. Pero tiene algo más difícil de construir: coherencia. Dice hoy lo que decía hace treinta años, aunque entonces lo llamaran excéntrico. Su necesidad de control es legendaria. Ha llegado a llevar su propio asiento ortopédico al teatro, a la iglesia o a recepciones reales, como quien necesita asegurarse de que al menos su espalda esté bien apoyada aunque el mundo se tambalee. Su taza de té también viaja con él, junto con su mezcla específica de té negro con miel. Incluso su papel higiénico, según quienes han organizado sus viajes, forma parte del equipaje real. No es extravagancia: es supervivencia emocional. Detrás de esa minuciosidad hay ansiedad, un deseo infantil de que el mundo no se desmorone si todo está exactamente en su sitio.

Sabe que nunca será tan querido como su madre ni tan odiado como su hijo menor. Ocupa, como casi siempre, el lugar intermedio: el del hombre que esperó toda la vida para ser rey y que,

cuando al fin lo fue, ya estaba cansado. Tiene una mirada triste incluso cuando sonríe, y cierta rigidez de hombros que revela
que, aunque le han quitado el peso de esperar, ahora carga con
el peso de representar.

En el fondo, es un personaje trágico: culto, inseguro, empe-
ñado en gustar a un público que siempre prefirió a otros. Un rey
que llegó tarde, en un país que ya no cree en los cuentos, pero
que aún necesita a alguien que los encarne.

## La enfermedad
## que lo cambió todo

Una crisis de salud siempre es difícil de manejar en una Casa Real,
pero cuando eres rey, las implicaciones van mucho más allá de lo
personal.

Y es que el problema no es solo su enfermedad, sino lo que representa. Un monarca que recién ha comenzado su reinado y ya
está en tratamiento médico genera dudas inevitables. La estabilidad de la institución depende de la percepción de fuerza y continuidad, y un rey enfermo no encaja con esa imagen. No importa
cuántos comunicados optimistas emita el Palacio de Buckingham,
en política y en monarquía, las percepciones son más poderosas
que los hechos.

Los intentos de mostrarlo activo todo el tiempo continúan —
apareciendo en eventos, manteniendo reuniones—, sin embargo,
no son suficientes para disipar la sensación de que su reinado está
en modo de emergencia desde el día uno. Y esto nos lleva al siguiente gran problema.

En febrero de 2024, el Palacio de Buckingham anunciaba que
el rey estaba siendo tratado por un cáncer. Aquí, el lado optimista
se podía palpar que no era tal. No especificaron qué tipo, ni cómo
de avanzado estaba, solo que recibiría tratamiento y seguiría desempeñando sus funciones desde palacio. Un mensaje de control,
diseñado para calmar las aguas, pero que en realidad despertó más
preguntas de las que respondió.

Los comunicados oficiales hablaban de «buen ánimo» y de un rey que seguía trabajando, aunque en privado. Sin embargo, la imagen de un monarca enfermo, en plena fase inicial de su reinado, era devastadora para una institución que, como sabemos, depende de esa estabilidad y permanencia de la que vengo hablando. Si Carlos III había planeado consolidarse como un rey reformista, todo quedó eclipsado por la incertidumbre de su estado de salud.

El monarca empezó a recibir quimioterapia poco después del diagnóstico. Los efectos secundarios eran inevitables. La imagen que se quería transmitir era de total normalidad, pero la realidad es que el rey acudía a los eventos ineludibles en su helicóptero y al volver a palacio se tiraba en el sillón completamente desfallecido, sin fuerzas y agotado.

La monarquía, con toda su pompa y coreografías bien ensayadas, no estaba preparada para la imagen de un rey debilitado, con un tratamiento que inevitablemente le haría verse cada día más y más frágil.

Aquí es donde entra la estrategia de comunicación de Buckingham —también la del Consejo Privado, como veremos más adelante—. Las apariciones de Carlos III fueron cuidadosamente seleccionadas para evitar que el público viera signos evidentes de deterioro. Cuando se reincorporó a sus compromisos públicos, lo hizo en eventos breves, sin discursos largos ni situaciones que demandaran un esfuerzo físico excesivo. El mensaje era claro, el rey sigue en pie. Aunque fuera solo en términos simbólicos. «Hay que verme para creerme», decía Isabel II, y su hijo tenía bien claro que su madre estaba en lo cierto.

El tiempo ha ido pasando, y ya en 2025, las nuevas pruebas y los análisis practicados al monarca no han sido muy optimistas. La enfermedad no ha remitido y el rey tiene que proseguir su lucha. ¿Y ahora qué ocurre?

Si algo caracteriza a Carlos III es su peculiar mezcla de tradición y excentricidad.

Desde hace décadas, Carlos III había sido un firme defensor de la sostenibilidad y la lucha contra el cambio climático. Quiso ser el monarca verde, el líder que llevaría a la realeza a una nueva era de responsabilidad ambiental. Sin embargo, la realidad fue otra, como siempre.

Sus discursos sobre sostenibilidad chocaban con las imágenes de la familia real viajando en *jets* privados y disfrutando de lujos difíciles de justificar. Prometió una familia real más austera, pero sigue rodeado de palacios y privilegios que difícilmente pueden justificarse en tiempos de crisis económica como la que está viviendo su país. Quiso ser el monarca ambientalista, pero no abandonó los *jets* privados ni los lujos excesivos. La falta de coherencia entre lo que dice y lo que hace está siendo una de sus mayores debilidades.

El mensaje no terminaba de calar porque la monarquía, por definición, es un símbolo de exceso y privilegio. ¿Cómo podía un rey que vive en palacios y se mueve en vehículos de lujo predicar sobre el medioambiente sin sonar desconectado de la realidad?

Con la medicina alternativa y el rey sucede lo mismo. No es ningún secreto que Carlos III ha sido un firme creyente en la homeopatía y en terapias poco ortodoxas. En 2004, promovió abiertamente la terapia Gerson, un controvertido método que asegura tratar el cáncer con enemas de café, jugos de zanahoria con manzana, una inyección semanal de vitaminas y una estricta dieta sin procesados.

La ciencia médica ha sido clara con esto: este método no tiene evidencia alguna de efectividad. Pero eso no ha impedido que Carlos lo haya defendido en el pasado y, según mi fuente, en el mes de marzo de este 2025, el rey decidió integrarlo en su propio tratamiento. Para llevarlo a cabo, Carlos III pidió a su equipo médico suspender el tratamiento durante tres semanas que es lo que iba a durar su terapia alternativa, por la que pagó unos 4.900 euros semanales, más unos 20.000 euros por las inyecciones de todo un año. Como puede imaginar su equipo médico no está de acuerdo.

La ironía es brutal. El monarca que en un principio quiso ser visto como un hombre de ciencia y sostenibilidad, también es el mismo que ha defendido prácticas rechazadas por la comunidad médica.

Si Carlos III imaginó que heredaría el mismo respeto y apoyo que su madre, estaba equivocado. Desde el inicio de su reinado, las encuestas reflejaban una monarquía en declive, especialmente entre las generaciones más jóvenes. El carisma de Isabel II había servido como un escudo protector para la institución, pero Carlos nunca tuvo ese blindaje. Su imagen siempre estuvo más ligada a la polémica que a la estabilidad. Isabel II podía permitirse ciertos excesos porque tenía el respeto del pueblo. Carlos III, en cambio, ha heredado la institución, pero no el carisma ni la paciencia de los británicos. Eso aún está por conquistar.

Los intentos de modernización, como reducir el número de miembros activos de la familia real o hacer ajustes en el gasto público de la Corona, se toparon con un problema con el que posiblemente el rey no contó: el escepticismo de la gente. Para una sociedad cada vez más crítica con el privilegio, los gestos simbólicos ya no eran suficientes. El concepto mismo de su monarquía tal y como se había vivido con la reina empezaba a parecer cada vez más anacrónico.

## Los problemas con los herederos

Pero, además, al rey le crecen los enanos. Si algo ha quedado claro en el corto tiempo que lleva en el trono, es que Carlos III no lo tiene fácil con su familia.

Por un lado, está Guillermo, el príncipe de Gales, forzado a asumir responsabilidades cada vez mayores mientras su esposa, Kate Middleton, aún atraviesa problemas de salud que siguen manteniendo en vilo a la prensa y al público. El futuro de la monarquía está sobre sus hombros, pero él se detiene mucho más en sus propios desafíos internos. Por no hablar de sus pocas ganas de trabajar en muchos temas importantes para la institución que representa e, incluso, querer solucionar muchos de los asuntos a través del teletrabajo, y de querer imponer una reducción de su jornada laboral a un estricto horario, por el que mucha gente ha pasado a llamarle el príncipe de diez a cuatro.

Dicho esto, no me extraña en absoluto que después de heredar, tras la muerte de su abuela, el ducado de Cornualles, con sus tierras y todos los ingresos que esto implica, decidiera algo que a usted puede llamarle mucho la atención: cobrarle un alquiler a su padre.

Antes que Guillermo, su padre fue duque de Cornualles. Al morir la reina ese ducado, por tradición, pasó al heredero de la Corona, el príncipe de Gales, y el rey pasó a heredar el ducado que su madre había dejado vacante, y que pertenece siempre a quien ostente la Corona de Inglaterra: el ducado de Lancaster.

Igual que Guillermo, el rey con el ducado también heredó todos los privilegios de tierras, bienes inmuebles, y mucho más que ya le diré. El caso es que la casa de Heathrow, la casa de los sueños de Carlos y de las pesadillas de la princesa Diana, la compró el rey cuando todavía era príncipe de Gales con dinero del ducado de Cornualles. Es curioso, pero cuando se traspasaron los ducados que por ley les tocaba, a Guillermo no le tembló el pulso para decirle a su padre que le daba un año para desalojar la casa o tendría que pagarle un millón de libras cada año. El rey escogió el pago.

Tengo que decirle que la casa fue reformada con muchísimo mimo por el rey, y los jardines son una verdadera maravilla, con huerto ecológico incluido. Esto se lo digo con conocimiento de causa porque yo he estado allí tomando el té, pero eso se lo contaré en otra ocasión.

Por otro lado, está la relación con su hijo menor, el príncipe Harry, que es prácticamente irreparable a nivel familiar, otra cosa es si hablamos en términos institucionales porque ahí la cosa cambia. Harry sigue siendo el quinto en la línea de sucesión, y el segundo en la ley de Regencia.

La ruptura de Harry con la familia real, las entrevistas explosivas y el libro de memorias que expuso las miserias del palacio dejaron cicatrices bien profundas. Dicen que el rey Carlos intentó tender puentes, pero el abismo entre padre e hijo solo se hacía más grande. El hecho que yo conozco es a la inversa. Es Harry el que intentaba mantener el contacto con su padre.

Mientras tanto, la prensa y la opinión pública empezaban a murmurar: ¿está siendo Guillermo el verdadero rey en la sombra?

## ERRORES ESTRATÉGICOS EN SU PRIMER AÑO DE REINADO

Si la llegada al trono de Carlos III estuvo llena de expectativas, su ejecución ha estado plagada de tropiezos. Pocas figuras han esperado tanto por el poder solo para descubrir que no es tan fácil sostenerlo. En apenas el primer año, su reinado quedó marcado por decisiones erráticas, una crisis de imagen y un constante intento por no parecer un monarca fuera de lugar en un Reino Unido que ya no es el mismo que gobernó su madre.

Carlos tuvo un inicio torpe y lleno de gestos desafortunados. El primer problema que tuvo el rey fue su propia torpeza para leer el momento. Pasó de ser el eterno heredero a ocupar el trono, pero no entendió que la paciencia del pueblo con la monarquía no es infinita.

Desde el inicio, acumuló errores que no deberían haber ocurrido en una institución que ha perfeccionado el arte de la puesta en escena. Su impaciencia con los bolígrafos que fallaban durante la firma de documentos oficiales fue solo un pequeño detalle, pero suficiente para que la imagen de un monarca malhumorado y caprichoso quedara grabada en la memoria colectiva.

A nadie se le olvida la imagen de Camila sosteniendo los bolígrafos del rey, chorreando tinta, mientras él salía de la estancia limpiándose las manos y refunfuñando. También es difícil de olvidar el momento en el que Carlos fue a firmar los documentos oficiales del traspaso de corona y le faltaba espacio en la mesa, o le sobraban algunos objetos sobre ella. Si bien su gesto de desagrado mientras los apartaba y las miradas intensas a los que no iban a auxiliarle quedarán para siempre en la retina de más de uno.

Los Windsor viven de la percepción pública, y su incapacidad para proyectar tranquilidad lo hizo ver como un hombre incómodo con su propio rol de nuevo rey. Cuando llevas toda una vida esperando ser rey, lo mínimo que se espera es que parezcas preparado, digo.

Otro de los errores estratégicos de Carlos III ha sido su tendencia a involucrarse en temas que su madre habría evitado. A diferencia de Isabel II, que se mantuvo estrictamente neutral en asuntos políticos, Carlos tiene opiniones claras y no siempre ha sabido contenerlas.

Su activismo ambiental y sus comentarios sobre el cambio climático han generado incomodidad en ciertos sectores conservadores. Mientras fue príncipe, sus intervenciones fueron toleradas, pero como monarca, cualquier palabra fuera de lugar puede convertirse en un problema de Estado.

Además, la monarquía ya no es una institución intocable. En Escocia y Gales, los movimientos republicanos han ganado fuerza, y cada error de Carlos III solo alimenta el debate sobre la utilidad de la Corona. Sucede lo mismo si nos vamos a Canadá, o pudimos observarlo en directo en su último viaje a Australia.

Los tiempos han cambiado, y eso es un hecho, pero Buckingham parece no haberse enterado. La monarquía ya no controla la narrativa con la misma facilidad que en la época de Isabel II. En la era de las redes sociales, el secretismo no genera lealtad, sino desconfianza. El intento de ocultar detalles clave sobre su salud o la ausencia prolongada de Kate Middleton ha terminado siendo más dañino que cualquier escándalo real. En un siglo donde la transparencia es clave, el silencio de la Casa Real ha sido más ensordecedor que cualquier declaración desafortunada.

Uno de los pilares de la monarquía británica siempre ha sido su maquinaria de comunicación. Nada es espontáneo. Todo está cuidadosamente diseñado para proyectar estabilidad. Tiene que ser impecable. Sin embargo, en el caso de Carlos III, la estrategia ha sido un desastre. Desde el manejo de su enfermedad hasta la crisis de Kate Middleton, Buckingham ha oscilado entre el hermetismo absoluto y la desinformación, lo que solo ha alimentado teorías y sospechas.

Con todo, el mayor problema para Carlos III no es solo su enfermedad ni los escándalos familiares, ni siquiera la comunicación errática de su palacio. Es que su margen de maniobra es mínimo. Cualquier equivocación, cualquier mala decisión, cualquier gesto fuera de lugar se convierte en un recordatorio de que su reinado no es más que una transición entre Isabel II y Guillermo.

No tiene el tiempo ni la credibilidad para reconstruir la relación entre la monarquía y el pueblo. Y, mientras tanto, los errores estratégicos se siguen acumulando.

El problema no es solo lo que hace mal, sino que el mundo está menos dispuesto que nunca a perdonarlo.

## LAS SUPERSTICIONES DEL REY

No se puede decir que Carlos III sea un hombre cualquiera. Pero si usted pensaba que sus rarezas terminaban en los dedos hinchados o los bolígrafos arrojados con fastidio, no es así. Porque el nuevo monarca británico cree —y mucho— en rituales, supersticiones y objetos con poder simbólico. Y no lo oculta. Al contrario, parece que los colecciona.

Uno de sus gestos más conocidos, y documentado por quienes trabajan cerca de él, es su obsesiva relación con los objetos personales. Carlos viaja siempre con su propia tapa de inodoro, su papel higiénico (de marca especial) y hasta su salero de confianza. ¿Capricho? Quizá. ¿Manía? También. Pero según personas cercanas a su entorno, él cree que ciertos elementos personales «protegen su energía» y lo mantienen a salvo de lo que no se ve. Literalmente.

Ahora bien, el tema de las supersticiones del rey no se limita al baño. Carlos es conocido por tener auténtica devoción por la astrología. También me cuentan que, durante años, el rey ha consultado a astrólogos antes de tomar decisiones personales y profesionales. Puede ser.

Y luego está el asunto de las joyas heredadas. Carlos siempre ha sido cauto con el uso de ciertos objetos de la Corona. Cree, por ejemplo, que la Piedra Negra de Escocia —una reliquia que acompaña el trono de coronación— está «cargada» de energía. Tanto, que durante su coronación mandó bendecir discretamente la sala, el día antes de la ceremonia, según me informan fuentes oficiosas del entorno clerical.

Su relación con lo sobrenatural también lo lleva a mantener amuletos poco convencionales. Uno de ellos, una pequeña piedra labrada de jade que siempre lleva consigo en viajes largos. Dice que le fue entregada por un monje tibetano en su juventud, y que lo protege «de malas decisiones y personas equivocadas». Ojalá la hubiera llevado más a menudo, se me ocurre, por ejemplo, cuando estuvo casado con la princesa Diana y al mismo tiempo retozaba con Camila, pero eso ya es otro capítulo.

Sin embargo, una de mis preferidas figura entre las supersticiones más discretas pero constantes de Carlos III. Una que ha pasado casi desapercibida, pero que revela mucho sobre su forma de entender el poder. El rey cree en la suerte que otorgan los colores. No lo ha dicho abiertamente —porque para eso están los discretos asesores de estilo—,

*Silla de Coronación con la Piedra de Scone, Abadía de Westminster, en una foto del s. XIX*

pero quienes trabajan cerca de él saben que los trajes del monarca no se eligen solo por protocolo, sino también por vibración, energía… y superstición.

Carlos cree, por ejemplo, que el azul marino le aporta autoridad y serenidad. Es su color de batalla para actos diplomáticos y apariciones públicas importantes. El gris perla, en cambio, lo reserva para discursos más técnicos o institucionales, porque considera que proyecta neutralidad (y también, según se me dicen, porque no le roba protagonismo a la escenografía, que ya bastante tiene con sostener). El verde, especialmente en tonos oliva o bosque, lo usa en reuniones privadas con líderes ecologistas y apariciones relacionadas con sostenibilidad, no solo por imagen, sino porque cree que ese color lo conecta con la «frecuencia de la tierra». Literalmente.

También evita ciertos colores en función del día, la hora o incluso la ubicación. El negro, por ejemplo, no lo lleva nunca en compromisos oficiales si no es estrictamente por luto. Considera que «apaga la energía del entorno» —palabras textuales atribuidas a una conversación informal con un ayudante personal—. El rojo lo usa con mucho cuidado, solo en actos de gala o celebraciones, pero nunca si tiene reuniones políticas sensibles. Según su lógica cromática, «el rojo acelera los conflictos».

¿Exagerado? Puede ser. ¿Inofensivo? También. Pero es un dato más en el mosaico del nuevo rey, que no se conforma con una corbata cualquiera. Sus estilistas tienen un sistema codificado de tonos y combinaciones que sigue más principios metafísicos que normativas de protocolo. Y eso, en un hombre educado en Eton, que se formó en Cambridge y que gobierna una monarquía secular, no deja de tener su ironía.

No todos los trajes son iguales. Algunos, según él, atraen acuerdos. Otros calman tensiones. Algunos traen suerte. Y hay uno, en azul intenso con finas líneas plateadas, que solo se pone en días particularmente importantes. Nunca antes. Nunca después. Porque la superstición, como el poder, también se lleva puesta.

En Highgrove, su retiro campestre favorito, el rey Carlos tiene una habitación que no aparece en los planos públicos ni se menciona en las visitas guiadas. Se trata de una «panic room», construida en los años noventa bajo estricta confidencialidad. Está reforzada con acero, blindaje antibalas y sistema de ventilación independiente. No es grande —más bien funcional—, pero cuenta con línea directa al centro de crisis del Gobierno y con provisiones básicas para resistir un encierro prolongado. Tiene también material médico, y bolsas de sangre (para él y para la reina Camila). No hay fotos, por supuesto. En el fondo, Highgrove es rural, sí, pero el miedo siempre viaja con escolta.

Dice que convive entre fantasmas desde que era niño, y que los sintió por primera vez en su residencia de Windsor.

En su bolsillo siempre lleva una ramita de brezo como amuleto de la suerte (la princesa Diana llevaba un coral).

Y por supuesto, hay supersticiones de palacio heredadas que el rey respeta a rajatabla como no mirar nunca directamente la corona imperial antes de la ceremonia, evitar posar bajo ciertos candelabros en Buckingham (porque uno cayó en el siglo XIX y se considera de mal augurio), y jamás usar el anillo de sello de un monarca fallecido. Aunque sea de su padre.

Ahí lo tenemos. Carlos III no es solo un rey, es un creyente del poder invisible. Y en un país que se mueve entre la tradición y el pragmatismo, su fe en lo esotérico no es solo una rareza, sino una forma más —y quizá la más honesta— de ejercer el poder.

Mientras Carlos III lidia con su coronación tardía, su salud y su popularidad intermitente, hay alguien que se mueve con sorprendente soltura entre bastidores: Camila. Oficialmente reina consorte, pero en la práctica, mucho más que eso. Porque si bien muchos la consideraron en un principio una figura decorativa, su influencia real —y no tan simbólica— está lejos de ser anecdótica.

Desde el fallecimiento de Isabel II, Camila ha cultivado un perfil calculadamente ambiguo, lo suficientemente visible para que se la vea, lo suficientemente invisible para que no se la cuestione. No incomoda, no deslumbra, no lidera… pero está. Está en todos los actos clave, en todas las audiencias importantes, en todas las fotos estratégicas. Y cada vez más cerca del centro de poder.

No olvidemos que Camila ya sobrevivió al mayor escándalo reputacional de la Casa de Windsor, el triángulo amoroso más incómodo de la realeza moderna. La que empezó como «la otra» terminó convirtiéndose en la mujer coronada al lado del rey. No lo logró con popularidad, sino con paciencia, tiempo y —según me dicen dentro del propio círculo real— una astucia poco reconocida públicamente.

Camila no genera fervor popular, pero ahora tampoco crea un rechazo masivo. Está por encima del ruido. Y esa capacidad de estar sin molestar le ha dado un poder discreto pero sostenido.

Desde que Carlos III fue diagnosticado con cáncer, el ritmo interno de la Casa Real ha cambiado, y con él, las dinámicas de poder. Mientras el rey reduce apariciones, ajusta tratamientos y delega funciones, la figura de Camila ha emergido con una fuerza discreta pero notable. Sí, esa Camila. La reina consorte que algunos aún prefieren no mirar directamente a los ojos.

Lejos de apartarse en tiempos de crisis, Camila ha tomado el control del frente visible. Ha representado al monarca en actos oficiales, ha presidido ceremonias, ha asistido a audiencias diplomáticas… Y lo ha hecho sin aspavientos, sin errores y —esto es importante— sin intentar robar el protagonismo. Lo suyo no es brillar, es sostener. Y en estos tiempos, eso vale más que cien sonrisas forzadas.

Pero hay algo más interesante aún. Mientras la mayoría de la familia real parece ausente o descoordinada, Camila ha contado con un apoyo muy particular, su exmarido, Andrew Parker Bowles. Lejos de ser una anécdota pintoresca, este dato ha sido confirmado por fuentes cercanas al entorno de Clarence House. Andrew sigue siendo una figura presente en la vida de Camila. Y en esta etapa de enfermedad y deberes reforzados, ha sido un apoyo emocional y logístico más constante que algunos miembros de sangre azul.

Dicen que Andrew ha acompañado a Camila en eventos informales, que ha ayudado a organizar asuntos personales cuando el rey no podía, y que incluso ha sido su confidente en momentos de presión institucional. ¿Inusual? Sí. ¿Incómodo para algunos cortesanos? También. Pero funcional. Porque mientras unos herederos desaparecen de la escena y otros no acaban de saber qué hacer con su rango, Camila se apoya en quien siempre estuvo, el ex que nunca fue su enemigo.

Esto no es un cuento de hadas moderno. Es pura estrategia emocional y práctica. Camila sabe que su posición, pese a la Corona, nunca ha sido del todo aceptada. No tiene el aura de Diana, ni el linaje de Kate. Pero tiene otra cosa. Tiene resistencia. Y memoria. Y en este momento crítico, la está usando con la precisión de una veterana.

Así que mientras Carlos recibe quimioterapia y la institución intenta mantener el tipo, Camila dirige la coreografía desde el escenario y desde los bastidores. No para reinventar la monarquía. Pero sí para que no se le caiga encima. Y eso, en esta familia, ya es todo un mérito.

## ■ Perfil psicológico de la reina Camila

Camilla no nació para ser reina. Ni siquiera nació para ser princesa. Nació para ser la mujer con la que un futuro rey no debía casarse, y a la que, sin embargo, nunca dejó de buscar. Esa condición —la de eterna nota al pie en la historia de otra— la convirtió durante décadas en villana de un cuento escrito por otros. Pero Camilla resistió, y no por heroísmo, sino por una cualidad más inglesa: la obstinación tranquila de quien sabe esperar.

Su psicología es la de alguien que aprendió muy pronto a no pedir permiso. Tampoco a dar explicaciones. Nunca ha intentado caer bien al público. Ni en los años oscuros, cuando los tabloides la apodaban «la Rottweiler», ni cuando la nación entera suspiraba por Diana y la odiaba a ella sin conocerla. Camilla lo soportó todo con una mezcla de distancia, humor seco y resignación histórica. No lloró ante las cámaras, no escribió memorias, no buscó redención. Se quedó. Y, con los años, el país empezó a verla por lo que realmente es; una mujer con piel de elefante y corazón de campo, tan cómoda entre caballos y perros como incómoda en los titulares.

No es frágil, pero tampoco es invulnerable. Sabe cuándo callar y cuándo alzar una ceja. Tiene el tipo de ironía que no se aprende: una que no necesita palabras. Su presencia no impone, pero incomoda a quienes esperaban otra cosa. No brilla, pero ocupa el espacio. Y eso, en una familia real acostumbrada a competir por el afecto del público, es casi revolucionario.

La muerte de Diana la dejó aún más expuesta, como si el duelo nacional necesitara un chivo expiatorio. El odio era tan tangible que, por primera vez, Camilla buscó ayuda profesional. No fue una terapia exhibicionista ni un intento de limpiar su imagen, fue un acto íntimo de autopreservación. Había soportado durante años las miradas torcidas, las portadas venenosas, los insultos velados.

Pero cuando el país la señaló como la causante de una tragedia nacional, su fortaleza se resquebrajó. A partir de ahí, reconstruyó su papel en silencio, paso a paso, sin pedir perdón y sin pedir permiso.

Camilla representa la antítesis del *glamour* monárquico. No pretende inspirar, ni educar, ni cambiar el mundo. Es práctica, directa, y —según quienes la conocen— mucho más divertida de lo que uno imaginaría. No le gustan los dramas, ni los gestos grandilocuentes. Es probable que considere ridículo todo el despliegue emocional de la monarquía moderna. Prefiere una copa de ginebra en una cocina bien ventilada a un discurso ante cien cámaras. Y, curiosamente, eso es parte de su encanto.

Ha aprendido a moverse con soltura entre lo simbólico y lo privado. Sabe cuándo sonreír, cuándo ponerse el broche adecuado, y cuándo desaparecer. Se ha convertido, con los años, en la compañera ideal para Carlos: una mujer que no lo eclipsa, pero lo equilibra. Lo mantiene en la tierra mientras él teoriza sobre arquitectura orgánica y habla con las plantas. Lo consuela sin necesidad de consolarlo. Lo deja ser quien es, sin pedirle que se explique. Y eso, en un entorno como el suyo, es prácticamente una forma de amor.

Cuando fue coronada reina consorte, no hubo vítores masivos ni lágrimas patrióticas. Hubo una aceptación silenciosa, casi pragmática. El país entendió, por fin, que Camilla no era una intrusa, sino una superviviente. Que no llegó allí por ambición, sino por inercia. Que no luchó por la corona, pero tampoco la rehusó cuando se la ofrecieron. Camilla ganó sin pelear. Y eso, en el tablero emocional de los Windsor, es todo un logro.

## EL REY SIN RUMBO

Carlos III no ha logrado lo que pretendía. Su reinado, en lugar de consolidarse, parece estar atrapado en una crisis constante. Su enfermedad, la decadencia de su monarquía y los problemas internos de la familia han hecho que sus planes se conviertan en meras ilusiones.

El mayor problema para él no es si podrá recuperarse físicamente, sino si podrá revertir la percepción de que su reinado no es más que un puente entre Isabel II y Guillermo. Un rey de transición, cuyo mayor legado podría ser que su reinado no dejó ninguna huella.

Tal vez, por este motivo el gran temor de la Casa Real no es su muerte repentina, sino su fragilidad prolongada. Porque un rey enfermo genera preguntas que nadie dentro del sistema quiere responder. ¿Cuánto tiempo podrá seguir gobernando? ¿Se está preparando ya el camino para Guillermo? ¿Hasta qué punto la familia real está pensando en una sucesión anticipada?

La institución está construida sobre la imagen de continuidad, de estabilidad, de que el rey es una figura firme en medio de los cambios políticos. Pero cuando el monarca pasa más tiempo bajo tratamiento que ejerciendo el poder, esa imagen se desmorona.

Por ahora, la respuesta oficial es que Carlos sigue adelante. Pero en los pasillos de Buckingham, es posible que el verdadero debate no sea si podrá recuperarse, sino cuánto tiempo más podrá sostener el peso de la corona.

## CONTROL DE DAÑOS

Carlos III pasó más de siete décadas preparándose para el momento en que, finalmente, ocuparía el trono. Tanto esperar para descubrir que reinar no es lo mismo que planear un reinado. Porque si algo ha quedado claro desde que Carlos asumió la corona, es que sus planes han ido cayendo, uno tras otro, como fichas de dominó.

# Si Carlos III
# no puede cumplir
# con su deber real

Cuando un monarca se sienta en el trono británico, la expectativa es clara, será rey hasta su último aliento. No hay jubilación, no hay renuncias casuales, no hay una puerta de salida fácil. Sin embargo, ¿qué ocurre cuando un rey simplemente no puede cumplir con su deber? Carlos III no lleva mucho tiempo en el trono, pero la pregunta ya es inevitable.

Con un diagnóstico de cáncer sobre sus hombros, una crisis de imagen que no mejora y una monarquía que se tambalea, es legítimo preguntarse qué pasaría si el rey ya no estuviera en condiciones de gobernar. Y la respuesta no es tan sencilla. Hay varias opciones, pero ninguna es ideal.

## OPCIÓN 1: SEGUIR ADELANTE
## HASTA QUE EL CUERPO AGUANTE

Esta es la alternativa más probable y, de hecho, la tradición británica dicta que el monarca reina hasta la muerte. Isabel II lo hizo, su padre también, y así ha sido durante siglos. No importa si el monarca está enfermo, debilitado o si la realidad de sus capacidades está muy por debajo de lo que se espera de él. Mientras respire, sigue siendo rey. No hay más.

Sin embargo, esta opción tiene sus riesgos. Como vengo diciendo, un monarca enfermo proyecta una imagen de debilidad que la monarquía británica no se puede permitir en estos momentos. Un rey que no puede cumplir con sus funciones de manera efectiva pone en peligro esa percepción de fortaleza.

A esto se suma la carga sobre el heredero. Guillermo ya ha tenido que asumir muchas más responsabilidades de las esperadas en este momento, lo que significa que la sombra de una posible regencia se hace cada vez más grande.

En cualquier caso, esta sigue siendo la opción más cómoda para Buckingham, no hacer nada. Dejar que el tiempo, la biología y las circunstancias dicten el futuro.

Si la salud del rey empeora drásticamente, la presión para que se active la regencia o la abdicación aumentará. Pero si logra mantenerse en pie, aunque sea con funciones limitadas, la monarquía seguirá como hasta ahora, gestionando las crisis sobre la marcha y confiando en que la percepción pública no se vuelva insostenible.

La pregunta es: ¿cuánto tiempo puede sostenerse una monarquía en piloto automático antes de que la gente empiece a preguntarse si realmente la necesita?

## OPCIÓN 2: LA REGENCIA, UN REY SIN TRONO

Ser monarca en el Reino Unido es un compromiso de por vida. No hay jubilaciones, no hay salidas elegantes, no hay «retiros dorados» como los de otros líderes mundiales. Pero ¿qué sucede cuando un rey no puede gobernar? ¿Cuando la salud, la edad o simplemente las circunstancias lo incapacitan para ejercer su papel? La respuesta está en un mecanismo que pocos conocen en detalle: la regencia.

Si Carlos III, por enfermedad o por cualquier otro motivo, llegara al punto en el que ya no pudiera cumplir con sus deberes reales, no sería reemplazado inmediatamente por su heredero. No al menos de manera formal. En su lugar, se activaría la *Regency Act*, una ley que establece quién asumiría las funciones del monarca en su nombre. En otras palabras, habría un rey sin corona, un monarca en la sombra, alguien que gobernaría sin ocupar el trono. Y eso, para una institución que depende de la estabilidad absoluta, es un escenario peligroso.

El mecanismo de la regencia no es algo improvisado. Está diseñado para que la monarquía nunca quede sin liderazgo, sin importar las circunstancias. La ley establece que, si el monarca no puede ejercer su función por razones médicas o mentales, su heredero se convierte en regente y asume todas sus responsabilidades.

En este caso, el príncipe Guillermo tomaría las riendas, gobernando en nombre de su padre. Pero con un matiz importante: seguiría siendo príncipe, no rey. Carlos III seguiría siendo el monarca, aunque en la práctica, todas las decisiones importantes recaerían en su hijo.

Aquí es donde las cosas se ponen interesantes. La regencia no es automática. Para que se active, se necesita que al menos tres de los cinco principales oficiales del reino den el visto bueno: el lord Canciller, el presidente del Tribunal Supremo, el portavoz de la Cámara de los Comunes, el lord presidente del Consejo y el consorte del monarca (en este caso, la reina Camila). Es decir, no basta con que Carlos III se sienta mal. Tiene que haber un consenso formal que declare su incapacidad.

## La línea de regencia no es la misma que la línea de sucesión

La sucesión al trono británico está claramente establecida: el heredero es Guillermo, seguido de sus hijos Jorge, Carlota y Luis. Pero la línea de regencia es otra historia. No necesariamente se sigue el mismo orden, y aquí es donde las cosas pueden complicarse.

Si Guillermo también estuviera incapacitado, el siguiente en la línea de regencia no sería su hijo mayor, el príncipe Jorge. La ley británica establece que un regente debe ser mayor de veintiún

*Portada del documento sobre regencia y consejeros de estado de la Casa de los Comunes*

años. Esto significa que, en un escenario donde ni Carlos ni Guillermo pudieran gobernar, la regencia recaería en el siguiente adulto elegible en la familia real, el príncipe Harry.

Sí, Harry, el mismo que se ha pasado los últimos años criticando a la monarquía y desmarcándose de sus obligaciones. Y si Harry no estuviera disponible o se considerara inapropiado para el cargo (algo que, dadas sus declaraciones y su estatus en EE. UU., no sería descabellado), el siguiente en la lista sería el príncipe Andrés. Un hombre que ha sido apartado de la vida pública por escándalos que van desde su amistad con Jeffrey Epstein hasta demandas por abuso sexual. Imaginen el caos si la regencia quedara en manos de alguien con su historial.

El problema de la línea de regencia es que, a diferencia de la de sucesión, no se puede cambiar fácilmente sin modificar la ley. Y eso significa que el Reino Unido podría encontrarse en una situación surrealista en la que los Windsor tuvieran que confiar en personas a las que hace tiempo intentaron distanciar de la monarquía.

## Las consecuencias de una regencia

Para la monarquía, la regencia es un escenario de pesadilla. La institución depende de la continuidad y la estabilidad, y nada transmite más inestabilidad que un rey ausente y un regente que gobierna en su nombre. En términos de percepción pública, significaría que la Corona ya no tiene una figura fuerte al mando, sino una estructura de poder temporal, algo que podría reforzar los movimientos republicanos que buscan la abolición de la monarquía.

Además, la regencia plantea un problema dentro de la propia familia real. Si Guillermo asumiera como regente y lo hiciera bien, ¿cómo se justificaría luego el regreso de Carlos III si su salud mejorara? ¿Podría un monarca debilitado volver a tomar el control sin parecer una figura decorativa? Y si el regente demostrara ser más popular y efectivo que el propio rey, ¿qué evitaría que la gente comenzara a preguntarse si la monarquía realmente necesita a Carlos?

El mayor temor de la Casa Real no es la regencia en sí, sino que termine siendo una antesala de la abdicación. Porque si la gente se acostumbra a ver a Guillermo gobernando, y lo prefiere, ¿por qué querrían que su padre volviera?

## Opción 3: la abdicación, la palabra prohibida

La monarquía británica no abdica. O, al menos, no lo hace sin consecuencias. El último en intentarlo fue Eduardo VIII en 1936, y su renuncia por amor a Wallis Simpson casi hunde a la familia real. Desde entonces, el tema ha sido prácticamente un tabú.

Si Carlos III llegara a abdicar, Guillermo se convertiría en rey de inmediato, sin necesidad de una regencia. Sin embargo, esto traería consigo un problema de imagen enorme. Si el rey renuncia porque no puede gobernar, ¿qué impide que sus sucesores hagan lo mismo cuando la situación se complique?

Además, Carlos III ha pasado toda su vida esperando este momento. Abdicar significaría reconocer que su reinado fue un fracaso, un paréntesis irrelevante entre Isabel II y Guillermo. ¿De verdad ve usted a Carlos dispuesto a aceptar ese destino?

## Control de daños

Carlos III tiene ante sí un dilema. Seguir hasta el final, ceder el poder en la sombra o aceptar que su reinado fue un paréntesis sin trascendencia. Ninguna de las opciones es ideal, pero una cosa está clara, el tiempo no está de su lado.

# El misterio de la enfermedad de la princesa de Gales

Podemos asumir que, en la Casa Real británica, cualquier cosa que se parezca a la transparencia genera sarpullido. Pero lo de Kate Middleton superó incluso los estándares habituales de opacidad institucional. Porque lo que comenzó como una ausencia temporal por motivos médicos acabó convirtiéndose en uno de los silencios más inquietantes que ha producido la monarquía en los últimos tiempos. Y mire que la competencia es feroz.

Aquí no hubo solo rumores. Hubo desaparición. Literal. Durante semanas, nadie sabía —o no quería decir— dónde estaba, qué tenía o cómo se encontraba. Y mientras el país entero se preguntaba por su salud, en palacio parecían más preocupados por encuadrar bien las fotos manipuladas que por calmar el desconcierto.

A ver si podemos arrojar algo de luz al misterio que nadie supo gestionar y todos intentaron disfrazar.

Desde el primer día, se le exigió todo. Ser impecable, ser accesible, ser elegante, ser madre, ser esposa, ser futura reina. Todo a la vez. Y sin margen de error. Kate Middleton no solo entró a formar parte de la familia real británica, entró en una narrativa escrita mucho antes de su llegada: la de la princesa perfecta. Y como en toda historia donde la perfección se exige sin descanso, el coste acaba siendo altísimo.

A lo largo de los años, Kate fue construida —y aceptada— como un símbolo de estabilidad. Siempre sonriente, siempre correcta, siempre en el lugar que se esperaba. Una mezcla entre la tradición que recordaba a la reina Isabel II y la modernidad contenida que la alejaba, al menos en apariencia, del espectro inquieto de Diana. Nunca se salía del guion. Y eso, curiosamente, la convirtió en el guion.

Pero nadie puede sostener indefinidamente una imagen sin fracturas. La enfermedad que la alejó de la vida pública también la apartó de su propio papel. Y ahí fue cuando la perfección comenzó a pasar factura. Porque cuando desapareció, no se le permitió simplemente estar enferma. No. Se le exigió una explicación inmediata, una imagen tranquila, una prueba constante de que todo estaba bien. Y cuando no llegó, empezaron las sospechas, las dudas y los juicios. Como si una princesa tuviera la obligación de enfermar con gracia y comunicarlo con estilo.

La presión que recayó sobre Kate durante su ausencia fue tan feroz como silenciosa. Se convirtió en blanco de especulaciones, de desconfianzas, de un escrutinio enfermizo. Y todo por no cumplir con la expectativa absurda de estar siempre presente, siempre entera, siempre disponible. Como si incluso su vulnerabilidad tuviera que venir con guantes de encaje.

Y, sin embargo, todo esto no es solo un problema de imagen. Es un problema estructural. Porque si la monarquía británica ha basado parte de su regeneración en la figura de Kate, convertirla en un icono inquebrantable no solo es injusto: es torpe. Las instituciones que se apoyan en personas, en lugar de en ideas o principios, terminan dependiendo de su salud, de su resistencia emocional, de su capacidad para no romperse.

Cuando Kate desapareció, no solo faltó una persona. Faltó una parte fundamental del relato real. Y esa ausencia dejó al descubierto lo que ya muchos intuían: que detrás de la perfección de Kensington hay presión, fragilidad y una carga casi imposible de sostener.

Quizá por eso su enfermedad fue tan perturbadora para el imaginario colectivo. Porque nos recordó que incluso las princesas modernas, esas que visten alta costura y crían hijos entre protocolos, también son humanas. También se rompen. También tienen límites.

Y si la institución no sabe qué hacer cuando eso ocurre, si el palacio entra en pánico ante una mujer que simplemente necesita tiempo y cuidado, entonces el problema no está solo en ella. Está en el modelo que han construido.

## ■ Perfil psicológico de Katherine Middleton

Kate es, ante todo, una construcción. No porque sea falsa, sino porque ha sido edificada con una precisión que haría envidiar a los arquitectos de Buckingham. Su imagen —impecable, serena, maternal— es el resultado de años de estudio, autocontrol y silencios estratégicos. Nada en ella desentona. Y eso, en una familia donde lo imprevisible es norma, la ha convertido en una figura esencial: la royal que nunca falla.

Foto: Ian Jones.

Su origen común —para estándares reales— ha sido a la vez su estigma y su arma. Nadie la preparó para esto, pero nadie lo diría. Aprendió rápido. Observó más de lo que habló. Nunca se precipitó. Mientras otros se quemaban con la prensa o resbalaban en los pasillos palaciegos, Kate cultivaba la imagen perfecta de estabilidad: sin escándalos, sin deslices, sin quejas. Fue la novia paciente, la prometida perfecta, la esposa ejemplar y la madre icónica. En cada fase, cumplió el papel con devoción de actriz principal.

Psicológicamente, Kate es control. En público, nunca improvisa. Su lenguaje corporal es diplomacia en estado puro: gestos suaves, sonrisa contenida, ojos atentos pero impenetrables. Se diría que ha estudiado a Isabel II como quien se prepara para interpretar a la reina en una serie de época. Pero debajo de esa capa de compostura hay una mujer de ambición silenciosa. No escandalosa ni trepadora, sino práctica. Sabe el valor de la imagen. Sabe lo que cuesta un error. Y ha decidido no cometer ninguno.

Dicen que no le gusta improvisar discursos. Que prefiere los actos donde puede observar, saludar, marcharse. No porque le falte inteligencia, sino porque no le gusta perder el control. Su fortaleza está en la preparación, no en la espontaneidad. Y, a diferencia de otras figuras que buscan conectar con el pueblo a base de emociones, Kate construye cercanía a través de la constancia. Es la royal que siempre está. La que sonríe aunque esté agotada. La que aparece cuando los demás desaparecen.

Su rol en la familia real es tan vital como invisible. No opina. No interviene. Pero equilibra. Es la columna que sostiene la fachada, la que evita que todo se tambalee. En los Windsor actuales, donde el drama se sirve a diario, ella representa el silencio funcional. Y eso la ha convertido, irónicamente, en una de las figuras más populares. Porque si algo necesita una monarquía en crisis, es alguien que no se desmorone.

Su relación con Guillermo parece auténtica, aunque marcada por la coreografía permanente del deber. Juntos proyectan unidad, sensatez, compromiso. Son la monarquía aspiracional, lo suficientemente moderna para aparecer en Instagram, lo suficientemente tradicional para seguir en misa los domingos. Kate sabe que su mayor poder es no parecer poderosa. Y lo ejerce con precisión quirúrgica.

Katherine Middleton es la perfecta heredera de una reina que ya no está. No por sangre, sino por sistema. Representa lo que la institución quiere ser: imperturbable, elegante, útil. Y si alguna vez tiene dudas, no lo sabremos. Porque para eso está el abrigo, el peinado y la sonrisa. Para recordar que incluso las emociones pueden ser planchadas hasta desaparecer.

Todo empezó de forma discreta. Demasiado discreta para tratarse de la futura reina consorte. El 27 de diciembre de 2023, Kate Middleton fue llevada a urgencias de un hospital, pero no trascendió hasta semanas después. De hecho, fui la primera en dar la noticia en el mes de enero, en el programa *Fiesta* de Telecinco.

Su ingreso no fue un paseo protocolario ni una revisión de rutina, algo no iba bien. Sin embargo, la Casa Real, fiel a su estilo, optó por la estrategia que tan bien domina, el silencio elegante, o lo que es lo mismo, la opacidad deliberada.

Después vino el ingreso hospitalario que todos recordamos y que tuvo lugar semanas más tarde, a mediados de enero, en la London Clinic. Allí se le realizó una intervención quirúrgica abdominal de la que no se dieron más detalles. El comunicado oficial fue vago y tibio. Hablaban de una operación exitosa, de una recuperación prolongada, y de que Kate no volvería a aparecer públicamente hasta después de Semana Santa. Ni una palabra sobre la naturaleza de la enfermedad. Ni una mención al diagnóstico. Ni una pizca de humanidad en medio de tanto hermetismo.

■ **Traducción del comunicado oficial del Palacio de Kensington anunciando el ingreso hospitalario de la princesa de Gales. 17 de enero de 2024**

*Su alteza real la princesa de Gales ingresó ayer en el hospital para una cirugía abdominal programada. La cirugía fue exitosa y se espera que permanezca hospitalizada de diez a catorce días, antes de regresar a casa para continuar su recuperación. Según las recomendaciones médicas actuales, es improbable que regrese a sus funciones públicas hasta después de Semana Santa.*

*La princesa de Gales agradece el interés que generará esta declaración. Espera que el público comprenda su deseo de mantener la mayor normalidad posible para sus hijos y de que su información médica personal se mantenga privada.*

*Por lo tanto, el Palacio de Kensington solo proporcionará actualizaciones sobre el progreso de su alteza real cuando haya nueva información significativa para compartir.*

*La princesa de Gales desea disculparse con todos los afectados por tener que posponer sus próximos compromisos. Espera poder reanudar el mayor número posible de compromisos lo antes posible.*

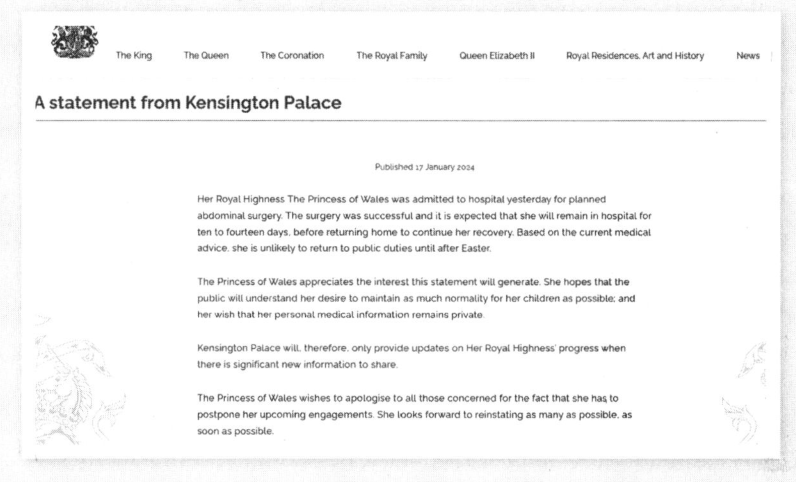

The King    The Queen    The Coronation    The Royal Family    Queen Elizabeth II    Royal Residences. Art and History    News

## A statement from Kensington Palace

Published 17 January 2024

Her Royal Highness The Princess of Wales was admitted to hospital yesterday for planned abdominal surgery. The surgery was successful and it is expected that she will remain in hospital for ten to fourteen days, before returning home to continue her recovery. Based on the current medical advice, she is unlikely to return to public duties until after Easter.

The Princess of Wales appreciates the interest this statement will generate. She hopes that the public will understand her desire to maintain as much normality for her children as possible; and her wish that her personal medical information remains private.

Kensington Palace will, therefore, only provide updates on Her Royal Highness' progress when there is significant new information to share.

The Princess of Wales wishes to apologise to all those concerned for the fact that she has to postpone her upcoming engagements. She looks forward to reinstating as many as possible, as soon as possible.

Lo que nadie esperaba tras ese comunicado era que este sería el punto de partida de una de las desapariciones más desconcertantes de la historia reciente de la monarquía británica, porque Kate Middleton no volvió a ser vista en público durante muchos meses.

A partir de ahí, la princesa desapareció del mapa. Literalmente. No hubo imágenes, ni mensajes, ni siquiera rumores creíbles durante semanas. En un ecosistema mediático tan vigilado como el británico, esto es casi un milagro… o un muy eficaz control de daños. Y uno empieza a preguntarse si de verdad fue una recuperación en privado o una operación de invisibilidad cuidadosamente diseñada.

El país entero se preguntaba dónde estaba Kate Middleton. La pregunta no era banal ni caprichosa. Era legítima. Porque cuando la futura reina consorte desaparece del foco público sin explicación clara, y con una institución acostumbrada a controlar hasta el encaje del mantel, las sospechas son irremediables.

El vacío informativo fue tan absoluto que lo llenaron las redes sociales. Teorías conspirativas, vídeos sospechosos, usuarios diseccionando cada píxel de las fotos antiguas y *hashtags* convertidos en juicios públicos. Todo ello alimentado, claro está, por el silencio sepulcral del Palacio de Kensington.

Y aquí entra la contradicción. Porque si algo ha demostrado la familia real británica es que, cuando quieren comunicar algo, lo hacen con una coreografía impecable. Lo que no dicen, no lo dicen porque han decidido no decirlo, no hay más. Y ese es el problema, la decisión consciente de ocultar la verdad fue, probablemente, más dañina que la verdad misma.

Una vez más, lo que debió ser tratado con una claridad meridiana y humanidad, terminó convertido en una cortina de humo. Y lo peor es que en medio de todo esto había una mujer enferma. Una madre. Una figura pública cuya imagen se deterioraba día a día por la incompetencia o el cálculo frío de sus asesores.

Cuando finalmente se publicó una fotografía borrosa de la princesa en el automóvil junto a su madre, el mundo dio saltos de alegría. La felicidad duró poco. La fotografía había sido manipulada con inteligencia artificial. En cualquier caso, su calidad era tan mala que podía haberse tratado de Katherine, de su hermana, o de la vecina de enfrente.

Pero hubo otra fotografía. Una de Kate con sus hijos.

El 10 de marzo de 2024, Día de la Madre, la intención era clara: sofocar los rumores y mostrar que la princesa estaba bien. Pero la Casa Real no contaba con que el tiro les saldría por la culata.

Los expertos en imagen digital no tardaron en notar que la foto estaba editada. Ya lo creo que lo estaba. Era un desastre de Photoshop digno de una revista sensacionalista de los años noventa. Partes de la imagen no encajaban, algunos detalles estaban mal clonados, y lo peor de todo, las principales agencias de noticias retiraron la fotografía por considerarla manipulada.

El resultado fue un escándalo sin precedentes. No solo la imagen de Kate seguía envuelta en dudas, sino que ahora la familia real había sido pillada mintiendo descaradamente. Ni ellos sabían cómo salir del círculo vicioso en el que se habían metido. Ni que decir, que en Buckingham, que habían optado por dar una imagen de normalidad y algo de transparencia, estaban cada día más indignados con la situación.

«¡Terrible! ¡Esto es terrible!», no dejaba de decir mi fuente.

Y, así, llegó el momento cumbre de los anuncios. El Palacio de Kensington intentó minimizar el desastre con un breve comunicado en el que Kate asumía la responsabilidad, diciendo que ella misma había editado la foto para hacerla «más bonita». Indignante. Como si la princesa, convaleciente y lejos del ojo público, se entretuviera entre zumos *detox* y sesiones de quimioterapia retocando imágenes familiares. Nadie se lo creyó. Ni los más fieles a la Corona pudieron tragarse aquello sin hacer arcadas.

Una princesa editando sus propias fotos para la prensa como si fuera una *influencer* aficionada. La explicación era tan absurda que solo reforzó la sospecha de que algo mucho más turbio estaba ocurriendo entre bambalinas. Eso, o tenían al mando a un ejército de bobos.

Y las fuerzas del poder también debieron entenderlo así y aquí es donde el rol cambia de manos. Las situaciones incómodas provocadas por la mala gestión del Palacio de Kensington, la falta de liderazgo de Buckingham, y el desastre de culpar a una mujer convaleciente de un hecho que no había cometido, llevó al Consejo Privado, y al mismo *establishment*, a coger las riendas de lo que ya se había convertido en un problema de Estado.

La situación llegó a tal punto que muchos comenzaron a hablar de «pruebas de vida». Como si estuviéramos en un *thriller*. ¿Dónde estaba Kate? ¿Por qué no hablaba? ¿Por qué todo parecía tan cuidadosamente fabricado y, sin embargo, tan torpemente ejecutado? Estos mensajes me llegaban a diario a través de mi Instagram. Estos y algunos que insinuaban cosas más fuertes aún.

Con todo, la historia oficial aún tardó unos días en llegar, doce concretamente. El 22 de marzo de 2024, Kate Middleton apareció en un vídeo grabado y editado, donde anunció que tenía cáncer y que estaba recibiendo quimioterapia preventiva. La revelación fue devastadora, sí, pero también dejó al descubierto todas las mentiras previas. El palacio había tenido conocimiento del diagnóstico desde el principio, y eligió callarlo. Es más, aún se continuaba mintiendo. La princesa tenía cáncer y estaba recibiendo quimioterapia, entre otros tratamientos. Nada de quimioterapia preventiva.

¿Para protegerla? Tal vez. ¿Para proteger a la institución? Más probable. ¿Para evitar que coincidiera con el anuncio del cáncer de Carlos III y sumiera a la monarquía en una doble crisis de salud? Esa es una pregunta que muchos se hacen y que nadie responderá oficialmente.

■ **Las palabras que la princesa de Gales pronunció en su vídeo anunciando que padecía cáncer**

*En enero, me sometí a una cirugía abdominal mayor en Londres y, en ese momento, se consideró que mi condición no era cancerosa. La cirugía fue exitosa. Sin embargo, las pruebas posteriores a la operación detectaron que sí había cáncer. Por lo tanto, mi equipo médico me recomendó un tratamiento de quimioterapia preventiva, y ahora estoy en las primeras etapas de dicho tratamiento.*

*Por supuesto, esto fue un shock enorme, y William y yo hemos estado haciendo todo lo posible para procesarlo y gestionarlo de forma privada por el bien de nuestra joven familia.*

*Como pueden imaginar, esto ha llevado tiempo. Me ha llevado tiempo recuperarme de una cirugía mayor para poder comenzar mi tratamiento. Pero, lo más importante, nos ha llevado tiempo explicarles todo a George, Charlotte y Louis de una manera apropiada para ellos y asegurarles que voy a estar bien.*

*Como les he dicho, estoy bien y cada día me siento más fuerte al concentrarme en las cosas que me ayudarán a sanar; en mi mente, cuerpo y espíritu.*

*Tener a William a mi lado también me reconforta y me tranquiliza. Al igual que el amor, el apoyo y la amabilidad que me han demostrado tantos de ustedes. Significa mucho para ambos.*

*Esperamos que comprendan que, como familia, ahora necesitamos tiempo, espacio y privacidad mientras termino mi tratamiento. Mi trabajo siempre me ha dado una profunda alegría y*

*Fotograma del vídeo del comunicado de la princesa de Gales*

*espero volver cuando pueda, pero por ahora debo concentrarme en recuperarme por completo.*

*En este momento, también pienso en todos aquellos cuyas vidas se han visto afectadas por el cáncer. A todos los que enfrentan esta enfermedad, en cualquier forma, les pido que no pierdan la fe ni la esperanza. No están solos.*

Analizando todo lo sucedido hasta ese instante veo que es aquí donde todo se vuelve aún más extraño. El Palacio de Kensington no había mencionado nada sobre cáncer en sus comunicados anteriores. En ningún momento se habló de una enfermedad de tal gravedad, lo que solo significaba una cosa, habían ocultado deliberadamente la información, y que habían tomado la decisión de hacer pública la noticia solo cuando no les quedó otra opción. Y, yo me pregunto por qué. Por supuesto, la noticia generó una ola de apoyo hacia Kate. La princesa siempre ha sido una de las figuras más queridas de la monarquía, y su lucha contra la enfermedad despertó una reacción de solidaridad en todo el mundo. Pero también dejó muchas preguntas sin respuesta en el mundo entero, porque si algo consiguió la mala gestión del palacio fue que todo el planeta estuviese al tanto, y pendiente, de lo que le estaba sucediendo a la princesa. ¿Por qué se tardó tanto en comunicarlo? ¿Por qué las inconsistencias en la historia? ¿Y por qué la Casa Real manejó la situación con tanta torpeza? Pues si le digo lo que pienso, lo hicieron por soberbia. Por creerse por encima de todo y de todos. De lo contrario, era imposible hacer las cosas tan mal.

Pero ¿qué es lo que realmente le sucedió a la princesa de Gales que no nos querían contar?

A estas alturas, hablar de «una operación abdominal programada» es como decir que Diana solo fue una madre algo excéntrica. El comunicado oficial del palacio fue tan vago como sospechoso, eso lo sabemos. Pero entre mi informante —y entre médicos— he podido reconstruir algo mucho más preocupante, y desde luego más creíble. Kate Middleton ya estaba enferma antes de aparecer por urgencias aquel diciembre de 2023.

No fue un resfriado mal curado ni una dolencia puntual. La princesa llevaba tiempo con síntomas que, convenientemente, podían atribuirse a su historial de mareos, náuseas, malestar general. Quienes la conocen sabían que era propensa a episodios de estos achaques, lo que facilitó el encubrimiento inicial. Pero esta vez no era nada funcional. Era algo grave. Y lo sabían.

Cuando acudió a urgencias el 27 de diciembre, no fue por rutina. Fue por alarma. Allí se le realizaron pruebas que revelaron lo que muchos en palacio intentaron disimular durante semanas, la enfermedad era seria. Cuando finalmente ingresó en la London Clinic, ya en enero, el diagnóstico estaba sobre la mesa. Era cáncer. ¿De qué tipo? Eso, como todo en Windsor, permanece en la caja fuerte del silencio, y yo tampoco lo revelaré.

Durante la intervención quirúrgica, el panorama fue aún más delicado de lo que se filtró. El posoperatorio se complicó y, durante unas horas críticas, Kate fue inducida a un coma controlado, que es diferente a entrar en coma. Nadie se atrevió a confirmarlo oficialmente, más bien lo contrario, pero puedo asegurarle que las dos semanas que la princesa de Gales estuvo ingresa en el hospital no se debieron únicamente a la intervención quirúrgica.

Cuando salió del hospital, lejos de regresar a su residencia y retomar la vida pública, se la mantuvo bajo supervisión médica estricta a través de videoseguimiento. No estaba en condiciones de aparecer, sonreír o sostener una institución que, como de costumbre, solo sabe funcionar con figuras visibles.

Pocos días después, comenzó la quimioterapia. Una terapia preventiva, la llamaron. Pero ya sabemos lo que eso significa cuando sale del Departamento de Comunicación de Kensington, una forma elegante de decir que el tratamiento es severo, y que la amenaza sigue ahí.

Hoy por hoy, Kate Middleton no tiene el alta médica. La princesa sigue en tratamiento, con una evolución que se mantiene bajo el más estricto secreto. La estrategia es clara: ganar tiempo, administrar silencio, y cuando sea inevitable, anunciar algún avance con el formato optimista de siempre. Todo tiene que aparentar normalidad.

Pero quienes han seguido este caso con ojos menos devotos saben que la historia no es la que se contó. Es la que se ocultó. Y en ese vacío, en ese silencio medido y planificado, reside la verdadera gravedad del asunto

Mientras tanto, Guillermo, también empujado por el *establishment*, empezó a retomar algunos compromisos públicos como si nada pasara, al menos esa era la intención impuesta. Pero la incomodidad dibujada en el rostro delataba su desacuerdo. Porque por más que ensayen discursos, hay cosas que ni los Windsor pueden disimular. Y la ausencia de su mujer, sumada a la torpeza comunicativa, era ya una losa demasiado pesada.

Lo cierto es que la «desaparición» de Kate fue mucho más que una estrategia de privacidad. Fue una maniobra de control, una forma de evitar que el deterioro de su imagen afectara al aparato real. Pero el tiro les salió por la culata. La falta de transparencia no evitó el escándalo, lo multiplicó.

Y aquí estamos, meses después, con más preguntas aún. ¿Qué tipo de cáncer tiene? ¿Cuál fue realmente el motivo de la cirugía? ¿Qué se complicó en el postoperatorio? ¿Por qué se tardó tanto en decir la verdad? ¿Y qué papel jugó la Casa Real en todo este montaje? Obviamente, las preguntas nunca serán respondidas oficialmente.

No se equivoque, no se trata de pedir que la princesa detalle cada análisis médico. Se trata de honestidad. De no subestimar al público. De no tratar a la nación como si siguiera atrapada en los años cincuenta. Y, sobre todo, se trata de humanidad, porque detrás del protocolo y del escudo de armas hay una persona. Y si esa persona está enferma, la compasión no se genera ocultando, sino compartiendo. Dando ejemplo.

Pero claro, eso exigiría un cambio de mentalidad que los Windsor no están dispuestos a hacer. La transparencia es su peor pesadilla. Y si algo nos ha enseñado esta historia, es que cuando las cosas se ponen feas, los pasillos de palacio prefieren el silencio a la verdad.

En fin, se mire como se mire, la princesa desaparecida se convirtió en un espejo incómodo para la monarquía. Y la gran lección, aunque probablemente no aprendida, fue clara: en tiempos de hipertransparencia, el silencio ya no les protege. Les señala.

# La comunicación del palacio de Kensington y el manejo de la crisis

Si algo ha quedado claro en este proceso, es que el Palacio de Kensington tiene un problema serio con la transparencia. O, mejor dicho, tiene un problema serio con la verdad. Más aún que en Buckingham. Porque mientras Kate Middleton atravesaba uno de los momentos más delicados de su vida, la maquinaria palaciega optó, una vez más, por lo que mejor sabe hacer, controlar el relato, incluso a costa de la credibilidad.

Desde el inicio, la estrategia fue clara: decir poco, decirlo tarde y que suene a todo. El primer comunicado oficial hablaba de una cirugía abdominal y de una recuperación que se prolongaría hasta después de Semana Santa. Y eso fue todo. Ni una palabra sobre el diagnóstico. Ni una pista sobre la gravedad. Y, por supuesto, ni una mención al cáncer.

En lugar de atajar la preocupación con información clara, eligieron el camino del secretismo. ¿El resultado? Justo el contrario al esperado, las teorías florecieron como margaritas en primavera. Algunos hablaban de problemas psicológicos, otros de una desaparición voluntaria, y no faltaron quienes fantasearon con una operación estética que había salido mal. Y mientras tanto, el palacio… callaba.

En cualquier caso, lo más grave no fue la falta de información, sino la sensación de que todo se estaba gestionando mal. Hubo comunicados que se contradecían, fechas que no cuadraban, y una alarmante ausencia de coordinación entre los voceros oficiales. En un momento en que el país necesitaba claridad, se les dio ambigüedad.

Y luego llegó el punto de ruptura, la fotografía manipulada publicada en redes el 10 de marzo, Día de la Madre. Un intento desesperado de poner fin al ruido, que acabó en bochorno internacional. Las principales agencias del mundo —Reuters, AFP, AP— retiraron la imagen. No por mala calidad, sino por falta de integridad. Una familia real, acostumbrada a dictar la estética de sus retratos oficiales, fue pillada falsificando la realidad.

Recuerdo bien que ese día teníamos programa de televisión, y después de haber estado durante esos meses dando noticias sobre la enfermedad de la princesa y del rey, que muy pocos conocían, yo sabía perfectamente que esa fotografía no había podido tomarse durante esas semanas previas, tal y como pretendía asegurar el texto que la acompañaba. Era imposible. Imposible porque mi fuente me había dicho que Kate aún estaba muy mal. De hecho, esa fotografía, la original sin manipular, se tomó el año anterior.

¿La explicación? Que Kate había editado la imagen ella misma. Como si la princesa de Gales, en plena recuperación de una enfermedad grave, estuviera en casa trasteando con Photoshop como una madre primeriza en Pinterest. Una mentira tan burda que rozaba la parodia. También la indignación de muchos.

Pero lo peor vino después. Cuando por fin Kate apareció en vídeo y confesó públicamente que tenía cáncer, el palacio quiso venderlo como un acto de valentía. Y lo fue, sin duda. Pero también fue una confesión tardía, forzada por la presión pública y por un contexto que ya no se podía controlar.

El vídeo fue editado, sin preguntas, sin contexto, sin medios presentes. Un mensaje grabado en piedra, cuidadosamente diseñado para cerrar filas. Y si bien logró despertar compasión, también dejó un reguero de dudas: ¿por qué mentir antes? ¿Por qué

manipular fotos? ¿Por qué publicar vídeos con dobles? ¿Por qué jugar con la confianza del pueblo?

Y, es que en pleno siglo XXI, donde la información circula a la velocidad del escándalo, el viejo modelo de comunicación palaciega ha quedado obsoleto. El secretismo que antaño protegía ahora castiga. La omisión que antes se entendía como elegancia, ahora huele a encubrimiento. Esto es un hecho.

Y aún le digo más, lo que debería haber sido una historia de empatía y humanidad —una mujer joven, madre de tres hijos, enfrentándose al cáncer— terminó convertida en una crisis de reputación autoinfligida. No por ella, obvio, sino por quienes gestionaron tarde que una princesa de Gales triste y enferma limpiase lo que ellos tenían que haber anunciado para evitar tanta situación incómoda.

El palacio quiso controlar la narrativa. Y lo hizo, sí. Pero no como esperaba. Porque el relato que se impuso fue el de la desconfianza, la opacidad y el error. Y en la lucha por proteger a la institución, olvidaron proteger lo más importante: la credibilidad y a su princesa enferma.

## La enfermedad de Kate y su impacto en la monarquía

Cuando una figura como Kate Middleton enferma, no es solo una cuestión de salud individual. En una institución tan simbólica como la monarquía británica, la debilidad de uno de sus miembros centrales desencadena una sacudida que va mucho más allá de los pasillos del palacio.

Katherine, como futura reina consorte, no es solo un rostro amable en los balcones del Palacio de Buckingham. Es el pilar que sostiene buena parte de la imagen moderna que la monarquía ha intentado construir tras años de escándalos y desprestigio. Su estilo, su cercanía (cuidadosamente calculada) y su capacidad para conectar con el público eran activos que el palacio explotaba con precisión quirúrgica. Y, de repente, ese pilar desapareció. Sin aviso. Sin explicación. Con un silencio que gritaba.

El impacto fue inmediato. La ausencia de Kate dejó expuesto a Guillermo, forzado a mantener su agenda oficial en solitario mientras los rumores sobre el estado de su esposa crecían sin control. El príncipe parecía caminar sobre cristales. Sin ella, la imagen de estabilidad y continuidad que la Casa Real tanto se esfuerza en proyectar empezó a tambalearse. La familia modelo ya no podía jugar ese papel con la misma soltura.

Pero el efecto más profundo fue institucional. En plena crisis de salud del rey Carlos III, perder también a la princesa de Gales del foco público significaba algo más que un problema logístico. Era una señal, casi una advertencia, de que la generación de relevo, esa en la que tantos habían depositado sus esperanzas, también podía fallar. Y fallar en silencio, que es mucho peor.

El respaldo popular hacia la monarquía, ya debilitado, sufrió otro golpe, y esta vez cerca del corazón. Las encuestas reflejaron un aumento en el escepticismo, especialmente entre los jóvenes. No por la enfermedad en sí —la empatía hacia Kate fue unánime—, sino por la manera en que se manejó. La confianza es frágil, y una institución que, como digo, depende tanto de su imagen no puede permitirse más crisis de comunicación tan serias como esa.

El efecto dominó llegó hasta el Consejo Privado, el Gobierno y los medios aliados de la Corona —esto lo veremos también—. Cada aparición de Guillermo sin Kate se convertía en un termómetro, cada gesto del rey se leía con lupa, y cada silencio del palacio alimentaba un monstruo que ni siquiera los expertos en comunicación del *establishment* pudieron controlar del todo. Y esto convirtió la situación institucional en algo grave.

De esta manera, la enfermedad de Katherine Middleton no solo dejó un vacío temporal en los eventos oficiales, sino que, además, puso en jaque la narrativa institucional de continuidad y modernidad, justo los valores que ella representa. Y en el tablero simbólico que es la monarquía británica, perder el control de esa narrativa es un lujo que no se pueden permitir.

La pregunta que flota ahora en el ambiente, aunque nadie se atreva a formularla del todo, es sencilla y demoledora: si incluso la figura más pulida, más carismática y protegida de la familia real puede desaparecer de la escena sin explicación, ¿qué más puede estar ocultando la Corona?

## UNA DOBLE CRISIS EN LA CIMA: ¿COINCIDENCIA O DEBILIDAD EN LA ESTRUCTURA?

Que el rey Carlos III y la princesa de Gales, Kate Middleton, fueran diagnosticados de cáncer prácticamente al mismo tiempo no es solo una coincidencia médica. Es, sobre todo, un terremoto institucional. Porque ¿qué mensaje transmite cuando sus dos principales figuras están fuera de combate al mismo tiempo?

No estoy hablando de un primo lejano o de un duque retirado a sus tierras. No. Hablo del jefe de Estado y de la mujer llamada a ser reina consorte. Ambos ausentes. Ambos debilitados. Ambos rodeados de un secretismo que no hizo más que alimentar el desconcierto.

El problema no es solo la enfermedad en sí —que, por supuesto, despierta ternura—, sino lo que revela, que la monarquía no tiene plan B cuando sus figuras clave fallan. Porque ¿quién queda al frente? ¿Quién sostiene el peso simbólico y operativo de la institución? ¿La reina Camila, con su popularidad discreta y su rol cuidadosamente limitado? ¿Guillermo, solo, sin ganas aparentes, asumiendo más de lo que su posición aún permite?

El palacio intentó mantener la compostura, como si no pasara nada. Todo es normal. Pero pasaba. Y mucho. Los actos oficiales se redujeron, los rostros visibles desaparecieron y la monarquía comenzó a parecer más una ausencia que una presencia. Y cuando la institución se vuelve invisible, deja de cumplir su función.

Algunos analistas hablaron de mala suerte. Otros de una simple coincidencia biológica. Pero el verdadero interrogante es otro: ¿cómo es posible que una estructura tan antigua, con tantos recursos, no tenga previsto qué hacer cuando sus dos principales rostros se esfuman al mismo tiempo?

La respuesta es incómoda, porque la monarquía, por más que hable de renovación, sigue anclada en una lógica de representación personal. No importa cuántos protocolos se redacten o cuántas funciones delegadas existan. Si el rey no está, y la futura reina tampoco, el vacío se nota. Y se nota demasiado.

Este episodio debería haber servido para abrir un debate serio sobre la estructura de la institución. Pero, como suele ocurrir en la Casa de Windsor, se optó por la estrategia de siempre, aguantar el chaparrón y esperar que el ciclo mediático se agote. Y mientras tanto, la doble crisis dejó al desnudo una verdad incómoda, que la monarquía es mucho más frágil de lo que parece.

Porque si dos enfermedades simultáneas bastan para dejarla en pausa, tal vez el verdadero diagnóstico no sea médico, sino estructural.

El hombre que esperó toda su vida para ser rey ahora parece estar en una lucha constante por mantenerse a flote. Y la gran pregunta sigue en el aire: ¿logrará Carlos III dejar una huella en la historia o será simplemente el rey de transición que nadie recordará?

## El silencio de palacio como estrategia

En la realeza británica, el silencio no es vacío. Es un lenguaje propio. Un recurso tan ensayado como los saludos desde el balcón o los sombreros de gala. Y si hay una herramienta que la Casa de Windsor ha perfeccionado a lo largo de los siglos, es esta, la omisión calculada.

No decir nada ha sido, históricamente, su manera de decirlo todo. De protegerse. De desviar. De sostener una imagen impoluta mientras todo alrededor se desmorona. Y en el caso de Kate Middleton, esa estrategia alcanzó su máxima expresión. O, si lo prefiere, su máximo fracaso.

Porque si bien la realeza ha sobrevivido durante décadas cultivando el misterio, en el siglo XXI la falta de información ya no se percibe como prudencia, sino como opacidad. Y el Palacio de Kensington, al mantener un silencio prolongado sobre el estado de salud de la princesa, sembró más desconfianza que respeto.

Durante semanas, la ausencia de Kate fue respondida con el silencio. No hubo parte médico, ni aparición pública, ni comunicado significativo. Y lo poco que se dijo fue tan ambiguo que dejó la puerta abierta a cualquier teoría, desde lo razonable hasta lo absolutamente delirante.

Lo curioso es que esta no es la primera vez que el silencio es la estrategia de emergencia. Se utilizó con Diana —aunque no funcionó—. Se aplicó con Andrés —aunque terminó explotando—. Y ahora se repite con Kate, con idénticos síntomas de desgaste institucional.

El problema es que cuando la ciudadanía percibe que la Casa Real está ocultando algo, lo que empieza como cautela se transforma en crisis de confianza. El silencio, lejos de calmar las aguas, las enturbia. Y lo que pudo haber sido un momento de empatía compartida, terminó siendo un torbellino de teorías que ni los mejores estrategas lograron contener.

¿Era tan difícil ser claros? ¿Tan costoso decir la verdad a tiempo? ¿Tan impensable mostrar vulnerabilidad humana sin tanto teatro? Parece que sí. Porque, para el palacio, la imagen siempre ha estado por encima de la información. Y cuando toca elegir entre empatía y control, siempre gana el segundo.

Lo triste es que el silencio, en este caso, no protegió a nadie. No protegió a Kate, que se convirtió en blanco de todo tipo de especulaciones. No protegió a Guillermo, que tuvo que dar la cara con la mirada puesta en cada gesto. Y no protegió a la monarquía, que una vez más demostró que prefiere callar antes que confiar en la madurez del público.

Así que, al final, el silencio no fue neutral. Fue un mensaje. Uno que decía: «No sabrán más de lo que decidamos contarles». Y eso, en tiempos donde la transparencia es valorada más que nunca, puede ser el inicio de la verdadera ruptura entre la institución y quienes aún la sostienen.

# El efecto Kate

Durante años, la figura de Kate Middleton fue construida como el símbolo más nítido de una monarquía renovada, cercana pero elegante, moderna pero tradicional, mediática pero medida. Una fórmula perfectamente equilibrada que funcionaba… hasta que el equilibrio se rompió.

Su enfermedad no solo alteró su rutina y la agenda institucional, también alteró la percepción pública de toda la institución. Porque por mucho que el palacio intentara controlar el relato, la enfermedad de Kate conectó con algo que va más allá del deber real: la fragilidad humana.

De pronto, esa mujer pulida hasta el último gesto, que aparecía radiante en todos los actos oficiales, se convirtió en alguien vulnerable. Enferma. Ausente. Y, con eso, más cercana que nunca. A pesar del secretismo —o quizás precisamente por él—, una parte de la ciudadanía sintió por ella algo que la monarquía no suele despertar con facilidad: empatía real.

No hablamos de simpatía superficial, sino de una reacción emocional profunda. Porque nadie necesita ser republicano o monárquico para sentir compasión ante una madre joven que atraviesa un proceso tan duro. Y esa conexión, que el palacio intentó evitar con silencio, se produjo a pesar de todo.

Eso sí, no tardaron en intentar capitalizarla. El vídeo de Katherine anunciando su enfermedad, cuidadosamente grabado y

*La princesa de Gales en una recepción en el Palacio de Buckingham para los Jefes de Estado y otros dignatarios visitantes asistentes a la Coronación, mayo de 2023*

montado, fue un intento evidente de recuperar el control emocional de la situación. Y, en cierto modo, lo lograron. El mensaje de la princesa calmó, humanizó y reformuló el relato. De crisis mal gestionada a historia de valentía. De caos institucional a resiliencia personal.

La pregunta, sin embargo, es otra: ¿cuánto de genuino hay en esa recuperación de afecto popular y cuánto es fruto de una operación de comunicación? ¿Se ha ganado empatía por Kate o por la institución? Porque no es lo mismo. Y si la gente ha respondido emocionalmente es por ella, no por la maquinaria que la rodea.

La paradoja es evidente, cuanto más humana y vulnerable se muestra una figura de la familia real, más creíble resulta. Pero cuanto más intentan manipular esa imagen, más evidente se hace la desconexión entre el relato oficial y la realidad.

Kate no ha sido víctima solo de una enfermedad, también lo ha sido de un sistema que la necesitaba perfecta y ausente de fisuras.

# Los rumores de infidelidad del príncipe Guillermo

En cualquier otra familia, un rumor de infidelidad sería un drama privado, una cuestión doméstica a resolver entre adultos. Pero cuando se trata del heredero al trono británico, cualquier susurro sobre su vida matrimonial se convierte, inevitablemente, en asunto de Estado. Y los rumores sobre el príncipe Guillermo no han sido precisamente discretos.

Todo comenzó, como casi todo en esta era, en las redes sociales. Años atrás, empezó a circular el nombre de Rose Hanbury, marquesa de Cholmondeley, amiga cercana del matrimonio y habitual en los círculos de la aristocracia. Según los rumores —nunca confirmados, por supuesto, pero tampoco desmentidos con contundencia—, Guillermo habría mantenido una relación extramatrimonial con ella. Y como en toda buena historia palaciega, lo que faltó de pruebas lo compensó el morbo colectivo.

> ■ **Perfil psicológico del príncipe Guillermo**
>
> Guillermo creció sabiendo que algún día sería rey, pero también sabiendo —aunque nadie se lo dijera— que era el hijo de una mártir. Esa contradicción ha marcado toda su vida. Es heredero por sangre y símbolo por accidente. Le enseñaron a saludar con la mano antes de enseñarle a confiar en alguien. Su educación

emocional fue una mezcla de rigidez institucional y dramas domésticos retransmitidos en horario de máxima audiencia.

Psicológicamente, es el más «Windsor» de los Windsor jóvenes: estoico, reservado, funcional. Su apego al deber es más fuerte que cualquier tentación de rebeldía. No por convicción romántica, sino porque entiende que la estabilidad es su papel, y ese papel no se improvisa. El resultado es un hombre que ha moldeado su carácter para encajar en una institución que apenas ha cambiado desde que su bisabuela vestía de luto perpetuo.

Guillermo no busca gustar. Busca no decepcionar. Y eso, aunque parezca parecido, es muy distinto. Tiene un sentido de la responsabilidad que raya en lo sacrificial. No se permite fallar. No se permite flaquear. A veces parece más preocupado por la percepción que por la realidad. Su sonrisa es correcta. Su tono, medido. Su estilo, previsiblemente empático. Nunca desentona, nunca se excede. Eso lo vuelve admirable... y algo enigmático.

Con los años, se ha convertido en el rostro oficial de una monarquía que quiere parecer moderna sin dejar de ser jerárquica. Habla de salud mental, de causas sociales, de paternidad activa. Pero siempre desde un lugar cuidadosamente escenografiado. No hay desbordes. No hay catarsis. Si alguna vez ha roto un plato, fue fuera de cámara.

Dicen que puede ser autoritario en privado, que tiene un carácter más explosivo de lo que muestra. Tal vez sea cierto. La contención continua desgasta, y él ha llevado sobre los hombros —desde los quince años— las expectativas de una nación, la sombra de su madre, la comparación inevitable con su hermano. No sorprende que, a veces, necesite marcar territorio.

Su matrimonio con Kate ha sido su mayor acierto estratégico y emocional. Juntos ofrecen al país la imagen de normalidad sofisticada que tanto se celebra: padres de manual, esposos sin fisuras, trabajadores sin escándalos. Son el escaparate ideal. Pero el escaparate no dice nada del almacén. Y aunque todo parece en orden,

La maquinaria oficial respondió como suele hacerlo, con su elegante indiferencia. Nada que ver por aquí, sigan circulando. Pero la estrategia del silencio, una vez más, jugó en su contra. Porque cuando no se aclara nada, se deja que lo digan todo.

Lo curioso es que no se trataba solo de cotilleo de tabloide. El rumor fue tan insistente, tan viral, que incluso algunos medios de comunicación de reputación internacional comenzaron a hacerse eco —con la típica prudencia británica, eso sí, entre comillas, paréntesis y condicionales—. Y por un momento, el impecable matrimonio de los príncipes de Gales pareció tambalearse en el imaginario popular.

Que Kate desapareciera de la vida pública durante meses por motivos de salud solo avivó la hoguera. Los más malintencionados conectaron los puntos; la enfermedad, el silencio, la imagen manipulada, la falta de apariciones conjuntas. Y el resultado fue una narrativa que, aun sin pruebas sólidas, encontró terreno fértil en el escepticismo creciente hacia la familia real.

¿Fue cierto? No lo sabemos. ¿Importa si lo fue? En parte, sí. No por puritanismo moral, sino por lo que revela sobre la estructura emocional y simbólica que sostiene a la Corona. Por lo que nos venden de familia modelo y feliz. Y, añado aquí, porque me parece importante en este punto que, además, aún arrastramos en nuestra retina los antecedentes del trío amoroso del rey con la princesa Diana y con Camila, que aún permanece vivo en el imaginario colectivo. Es ese elefante en la habitación, el volver a vivir ese posible paralelismo con Carlos, Diana y Camila.

Las similitudes con la historia de sus propios padres son tan evidentes que cuesta no ver un patrón. Un heredero al trono que, sintiéndose atrapado en un rol ceremonial, busca consuelo fuera del matrimonio. Una esposa popular, idealizada por el público, convertida en víctima colateral de una institución que privilegia la fachada sobre la honestidad. Todo suena demasiado familiar. Y todo sigue igual

También, veo importante recalcar que gran parte de la imagen de Guillermo y Kate se sustenta, y nos ha sido vendida durante años, como el rostro amable, estable y moderno de la institución. Si esa imagen se resquebraja, no se rompe solo una pareja, se resquebraja un relato cuidadosamente construido.

Y dicho esto, lo que más me perturba de todo esto es que, al igual que ocurrió con Carlos y Diana décadas atrás, los Windsor parecen no haber aprendido nada. Otra vez, los rumores se dejan pudrir en silencio. Otra vez, se subestima la inteligencia del público. Otra vez, se juega a maquillar en lugar de hablar con claridad.

Y mientras tanto, la pregunta flota en el aire como un perfume incómodo en el salón de palacio: ¿hasta qué punto estamos —o hemos estado— ante la repetición del viejo drama real? ¿Y cuánta presión puede aguantar una princesa antes de romperse otra vez?

Mire usted, si hay algo que añade leña a esta hoguera es la evidente asimetría con la que se trata a los miembros de la familia real. Mientras que cualquier excentricidad de Andrés o desliz de Harry se disecciona públicamente hasta el último detalle, los rumores sobre Guillermo parecen envueltos en una capa de blindaje mediático sorprendentemente eficaz.

No se trata solo de lo que se dice, sino de lo que no se permite decir. Algunos medios británicos han evitado el tema como si quemara, y eso ha alimentado aún más las sospechas. Y yo me pregunto: ¿quién decide qué rumores son lo bastante «inaceptables» como para ser ignorados? ¿Y cuántos favores cruzados hay entre palacio y los periódicos para mantener la narrativa bajo control?

La prensa, históricamente tan implacable con Diana, tan cruel con Meghan, tan obsesionada con cada gesto de Kate, se volvió de pronto tímida, cauta, e incluso servil con Guillermo. Lo que no se cuenta a veces dice más que lo que se publica. De esto hablaré después en un capítulo más oportuno que encontrará más adelante.

## Rose Hanbury: la mujer que no se menciona

Y luego está ella, claro: Rose Hanbury. Una mujer con título, con apellido, con linaje y —sobre todo— con un silencio perfectamente cultivado. No ha dado entrevistas, no ha respondido a insinuaciones y, curiosamente, no se le ha pedido que lo haga. Mientras otras figuras públicas deben salir a apagar fuegos a golpe de comunicado, a la marquesa le basta con no aparecer. ¿Intocable? ¿Blindada por el sistema? ¿Protegida por la misma red de intereses que calla en torno a Guillermo? Le aseguro que, si hay un nombre que Buckingham habría preferido que jamás saliera de los labios del público, ese es el de Rose Hanbury, marquesa de Cholmondeley. No es miembro de la familia real, pero su presencia —o, más bien, su silenciosa omnipresencia— ha conseguido lo impensable, instalarse en el centro de la conversación pública sobre el matrimonio del príncipe Guillermo y Kate Middleton.

¿Quién es esta mujer que parece flotar sobre el escándalo sin mancharse? Porque Rose Hanbury no es una recién llegada al círculo aristocrático. Su familia, los Hanbury, lleva siglos entre la nobleza británica. Su marido, David Rocksavage, ostenta el título de marqués y fue nombrado *Lord Great Chamberlain*, uno de los cargos más antiguos y ceremoniales de la corte. Viven en Houghton Hall, una mansión palaciega en Norfolk. Y sí, son vecinos de los príncipes de Gales en Anmer Hall. Vecinos, amigos... y, según los rumores, algo más.

Los rumores sobre una supuesta relación entre Guillermo y Rose comenzaron a circular en 2019. Todo empezó, como suele ocurrir en este siglo, con un susurro en redes sociales y columnas de prensa extranjera que se hacían eco sin demasiado filtro. Pero cuando los tabloides británicos decidieron no publicar absolutamente nada, fue cuando el tema se volvió sospechoso. Porque si

*Sarah Rose Cholmondeley, marquesa de Cholmondeley*



algo hemos aprendido de la prensa del Reino Unido es que el silencio total suele significar solo una cosa: que hay algo que proteger.

Se habló de una ruptura entre Kate y Rose. De un distanciamiento repentino. De una orden —no oficial, por supuesto— para mantener el asunto fuera del alcance mediático. Y de un Palacio de Kensington lanzado en una operación de contención. No hubo desmentido, pero tampoco se permitió confirmación. Solo un vacío bien administrado.

Lo que resulta aún más interesante es que, a pesar del escándalo, Rose Hanbury no ha sido apartada del todo. Sigue presente en ciertos círculos reales. Su marido continúa desempeñando funciones ceremoniales. Y ella, sin hablar jamás del tema, ha mantenido su rol social intacto. ¿Qué significa esto? ¿Una señal de inocencia? ¿O la evidencia más pulida del blindaje institucional?

Sea como sea, el nombre de Rose se ha convertido en sinónimo de ese tipo de incómodas verdades que el palacio prefiere no tocar. Una mujer que no forma parte de la familia real, pero que ha sido absorbida por su silencio. Un silencio que pesa. Que incomoda. Y que, en esta historia, dice mucho más que cualquier comunicado oficial.

Y, como suele ocurrir en este tipo de rumores —ciertos o no—, la pareja se acaba convirtiendo en un daño colateral. En este caso, hablo de la princesa de Gales.

Aunque no se haya confirmado nada, el impacto emocional y simbólico ha sido palpable. La figura de Kate, ya debilitada por su enfermedad, ha tenido que enfrentarse además a un murmullo persistente que no se disipaba. La idea de que pudiera estar lidiando no solo con el cáncer, sino también con una supuesta traición matrimonial, generó una ola de compasión que ni el palacio supo capitalizar. O quizá no quiso, por miedo a confirmar lo que no se atreven a negar.

Y, sin embargo, ahí estaba, la imagen de la mujer perfecta, una vez más golpeada por el sistema que ayudó a sostener. Como si la historia se repitiera de nuevo, con otro rostro, pero con el mismo guion.

## CONTROL DE DAÑOS

Y, otra vez, el silencio de Kensington como estrategia.

Lo verdaderamente notable no fue el rumor, sino la falta de reacción. El Palacio de Kensington, tan rápido en responder a nimiedades como un titular incómodo o una mala foto, optó por el silencio absoluto. Ni una línea oficial. Ni una insinuación de desmentido. Nada. Y como bien sabemos, cuando una institución opta por no pronunciarse, rara vez es por falta de recursos. Es, casi siempre, por conveniencia. O por miedo.

En este caso, el silencio se convirtió en declaración. Una especie de asentimiento tácito, o al menos una falta de voluntad de enfrentar la sospecha. Una omisión que terminó validando la sospecha ante los ojos del público, incluso, aunque no fuese verdad.

# La ausencia de Guillermo enciende las alarmas

Durante los meses en que Kate Middleton estuvo desaparecida del foco público y el Palacio de Kensington optó por la estrategia del mutismo institucional, hubo alguien cuya agenda se convirtió en un mapa de sospechas: su marido. El príncipe Guillermo protagonizó una serie de ausencias que, lejos de disipar rumores, los intensificaron aún más.

La primera gran señal fue su inesperada cancelación de la asistencia al funeral de Constantino de Grecia, celebrado el martes 27 de febrero de 2024. Estaba en la lista de asistentes, figuraba como presencia confirmada, e incluso se esperaba que liderara la representación de la familia real. Pero a última hora, se anunció que no acudiría por «motivos personales». Motivos que nunca se aclararon. Nadie esperaba una rueda de prensa, pero al menos un gesto. Un mensaje. Algo. En su lugar, el silencio, cómo no. Y cuando se mezcla el silencio con una ausencia significativa, lo que se obtiene es especulación.

Ese mismo día 27 de febrero, se anunció la muerte de Thomas Kingston (más adelante hablaré de este asunto en profundidad), esposo de *lady* Gabriella Windsor, sucedida durante el fin de semana. Otro momento sensible para la familia real. Y otra vez, Guillermo brilló por su ausencia en el funeral unos días después. En este caso, ni siquiera hubo un comunicado que explicara por qué no asistió. A esas alturas, las preguntas sobre su paradero y comportamiento ya eran un clamor en las redes y en los pasillos mediáticos más atrevidos.

Estas ausencias no eran detalles menores. Eran símbolos. Porque en una institución obsesionada con las formas, cada silla vacía, cada saludo evitado y cada silencio prolongado se convierte en una declaración, aunque no se pronuncie una sola palabra.

Además, estas ausencias se dieron en un momento donde Guillermo debía ejercer, al menos en apariencia, como el pilar de la monarquía. Su padre estaba recibiendo tratamiento para el cáncer. Su esposa, también. Y, sin embargo, él desaparecía en los momentos más sensibles. ¿Problemas familiares? ¿Conflictos internos? ¿Demasiada presión? Las razones eran irrelevantes porque lo que contaba en ese momento era la percepción de un mundo que ya estaba pendiente de ellos. Y esta no podía ser peor.

En otro contexto, tal vez estas cancelaciones se habrían interpretado con más indulgencia, estoy segura. Pero en el marco de rumores de infidelidad, del apagón informativo sobre Kate, del padre enfermo y del deterioro de la imagen pública de la Casa Real, cada ausencia se convirtió en una confirmación no oficial de que algo no iba bien en palacio.

Si el príncipe de Gales no está, no explica y no aparece, el vacío se llena solo. Y el problema con los vacíos es que rara vez se llenan con la verdad. Yo lo veo así.

Basta comparar la cobertura mediática del escándalo con la que han recibido otros miembros de la familia para entender las prioridades del sistema. Cuando Harry y Meghan dieron una entrevista incendiaria a Oprah, se desataron campañas de desmentidos, columnas de opinión y comunicados cronometrados. Cuando Andrés fue demandado por abuso sexual, el palacio tardó en reaccionar, pero terminó actuando. ¿Y con Guillermo? Mutismo absoluto. Este asunto lo trataremos a fondo más adelante.

En cualquier caso, si algo tiene que quedarnos claro, es que no se trata solo de proteger al heredero, sino de conservar el relato. El de la monarquía que se ha modernizado, que aprendió del pasado, que está en buenas manos. Cualquier grieta en la imagen de Guillermo sería, en ese esquema, una grieta en el castillo entero.

### 25 de diciembre de 2023

Última aparición pública de Kate Middleton en Sandringham, durante la tradicional misa navideña. Luce sonriente, impecable y sin señales aparentes de problemas de salud. A partir de ahí, la nada.

### 27 de diciembre de 2023

Kate acude a urgencias por un problema abdominal. El hecho se mantiene en secreto y no se comunica al público hasta semanas después.

### 17 de enero de 2024

El Palacio de Kensington emite un escueto comunicado informando que Kate fue ingresada el día 15 en la London Clinic para someterse a una «cirugía abdominal». La parte médica es vaga y evita cualquier mención a un diagnóstico específico. Ese mismo día, se informa también de que el rey Carlos III será tratado por una próstata agrandada. Lo que parecía casualidad, empieza a parecer epidemia.

Es curioso que ambos comunicados se hagan el mismo día con muy poca diferencia de tiempo. Como también es curioso que mientras la cirugía de Kate se anuncia después de que se haya llevado a cabo, la del rey se hace pública con una semana de anticipación.

Este mismo día la prensa capta una fotografía del príncipe Guillermo llegando al hospital en su automóvil. Es la única prueba gráfica que existe de su visita al hospital.

### 18 de enero de 2024

La prensa anuncia que Guillermo ha cancelado su agenda para permanecer junto a su esposa y apoyar a su familia.

### 21 de enero de 2024

Sarah Ferguson dice que ha sido diagnosticada con cáncer de piel después de haber sido tratada por un cáncer de mama en junio de 2023.

### 26 de enero de 2024

Carlos III ingresa en la London Clinic, la misma donde se encuentra la princesa, para someterse al cirugía programada.

### 27 de enero de 2024

La reina Camila visita al rey en el hospital tres veces durante veinticuatro horas.

**29 de enero de 2024**

Carlos recibe el alta hospitalaria, y a la salida se deja fotografiar por la prensa junto a la reina Camila. Ese mismo día el palacio de Kensington emite un comunicado diciendo que Kate ha salido del hospital y regresado a su casa (sabemos que es a Windsor, pero no lo dicen), y que está haciendo buenos progresos. Se difunde una fotografía del automóvil en la que no se distingue si la princesa está dentro.

**5 de febrero de 2024**

El palacio de Buckingham publica un comunicado diciendo que al rey Carlos le han diagnosticado cáncer y que ha comenzado el tratamiento. También dice que el cáncer no es de próstata y que continuará trabajando en la medida de lo que pueda. El comunicado añade que han decidido compartir el diagnóstico para evitar especulaciones.

**7 de febrero de 2024**

El príncipe Guillermo aparece en su primer acto institucional después de los comunicados. Su comportamiento es nervioso y con excesiva gesticulación. Algo no va bien.

Ese mismo día el príncipe Harry se embarca en un avión durante veinticuatro horas rumbo a Londres. Va directamente a visitar a su padre. Al día siguiente regresa a Montecito.

**23 de febrero de 2024**

El palacio graba y publica un vídeo dónde el rey está visiblemente emocionado, leyendo tarjetas de recuperación. El mundo lleva sesenta días sin ver a la princesa.

**25 de febrero de 2024**

Thomas Kingston, esposo de *lady* Gabriella Windsor, es encontrado muerto a los cuarentaicinco años. La policía abre una investigación.

**27 de febrero de 2024**

Se celebra el funeral del rey Constantino de Grecia. Estaba previsto que asistiera al príncipe Guillermo, pero cancela a última hora por «motivos personales». Silencio absoluto en palacio.

**10 de marzo de 2024**

El palacio publica una fotografía de Kate junto a sus hijos por el Día de la Madre. La imagen, lejos de calmar las aguas, se convierte en una crisis de comunicación sin precedentes: se descubre que está retocada. Las principales agencias de noticias la retiran por estar manipulada.

### 18 de marzo de 2024

Se publica un vídeo, supuestamente de la princesa, saliendo de un centro comercial en Windsor junto a Guillermo.

### 19 de marzo de 2024

Muere Thomas Kingston, esposo de *lady* Gabriella Windsor, en extrañas circunstancias. El escándalo queda momentáneamente eclipsado por esta tragedia inesperada dentro del círculo real.

### 22 de marzo de 2024

Kate reaparece en un vídeo grabado, anunciando que tiene cáncer y que está recibiendo tratamiento de quimioterapia. La noticia conmociona al país, pero también despierta la crítica: ¿por qué tanto tiempo para decirlo?

### Finales de marzo de 2024

Tras el vídeo de Kate, el palacio guarda nuevamente silencio. No se ofrecen detalles médicos ni se aclara qué tipo de cáncer padece. Se reactiva la agenda pública de algunos miembros menores, como si nada hubiera ocurrido.

### Abril de 2024

La familia real evita hacer nuevas apariciones conjuntas. Carlos III continúa recibiendo tratamiento de quimioterapia. Se confirma que no participará en varios actos previstos de primavera.

### Semana Santa 2024

No se produce la esperada reaparición pública de Kate, a pesar de que el comunicado inicial en enero indicaba que no volvería hasta después de Semana Santa. La ausencia genera nuevas sospechas y críticas.

### Mayo de 2024

Guillermo retoma algunos compromisos institucionales, pero sigue impidiendo a la prensa. Kate continúa sin aparecer. Se cancela su presencia en eventos clave como el Chelsea Flower Show.

### Julio de 2024 (Trooping the Colour)

Gran expectación por la posible reaparición de Kate en el cumpleaños oficial del Rey. No asiste. Se limita a una breve mención en el discurso oficial del monarca.

### Agosto de 2024

Vacaciones privadas de la familia en Balmoral. La prensa señala que Kate se encuentra «descansando», pero no hay pruebas visuales de su presencia.

## ¿QUÉ INTENTABAN OCULTAR?

Si hay algo que podemos sacar en claro de todo lo sucedió en 2024, es que la familia real no es transparente ni siquiera cuando su credibilidad está en juego. El secretismo en torno a Kate no fue una casualidad, sino una estrategia, buena o mala, pero una estrategia. ¿Qué intentaban encubrir?

Hay varias teorías, y ninguna es particularmente alentadora para los Windsor. Una de las más extendidas es que el estado de salud de Kate era mucho más grave desde el principio y que la Casa Real intentó ganar tiempo para preparar la narrativa adecuada. Otra posibilidad es que hubo disputas internas sobre cómo manejar la información, con distintos sectores del palacio intentando imponer su versión de los hechos.

También está la posibilidad de que la enfermedad de Kate coincidiera con otras crisis dentro de la familia real, y que el secretismo respondiera a una estrategia para evitar que se sumara a la ya caótica situación de Carlos III.

Sea cual sea la verdad, lo que quedó demostrado es que la monarquía británica sigue atrapada en su viejo hábito de creer que puede controlar la información en la era digital.

Y lo más preocupante de todo es que, después de meses de ocultamiento, sigue habiendo demasiadas preguntas sin respuesta. ¿Por qué desapareció tanto tiempo sin explicaciones claras? ¿Qué pasó realmente en esos meses de ausencia? Y, sobre todo, ¿qué más nos están ocultando?

## LA PRENSA EXTRANJERA: CUANDO EL CONTROL MEDIÁTICO NO CRUZA FRONTERAS

Mientras los tabloides británicos se arman de discreción selectiva y los medios nacionales mantienen la compostura —o la sumisión, según se mire—, hay un factor con el que la Casa Real no puede negociar: la prensa extranjera. Porque fuera del Reino Unido, el pacto de silencio no tiene jurisdicción.

Medios estadounidenses, franceses, españoles o alemanes han cubierto los escándalos reales con menos reverencia y más hambre de verdad. No están sujetos al código tácito que parece regir entre Buckingham y Fleet Street. Y eso, para una institución acostumbrada a controlar el relato a nivel nacional, se convierte en una amenaza de dimensiones incómodas.

Durante la desaparición de Kate Middleton, mientras la BBC y otros medios británicos pisaban huevos para no incomodar, *The New York Times* hablaba abiertamente del «vacío informativo» y las «consecuencias comunicativas». En Francia, *Paris Match* dedicaba portadas a teorías que en Londres ni se mencionaban. En el programa *Fiesta*, Telecinco, en España ofrecíamos información inédita. Yo misma analicé el secretismo con un escepticismo que contrastaba con la docilidad de la prensa inglesa.

¿Y qué hace la Casa Real ante esto? Exactamente lo de siempre, fingir que no pasa. Ignorar. No responder. Esperar a que el ciclo noticioso se agote. Pero ya no funciona igual. El relato oficial se deshace apenas cruza la frontera. Y cuando el ciudadano británico quiere saber más, ya no mira a la BBC: se va a Twitter, a Reddit, a Instagram o a Telecinco.

## CONTROL DE DAÑOS

El resultado es paradójico. La monarquía británica sigue controlando la narrativa… pero solo en casa. Y cada vez menos. Fuera, la historia se cuenta sin filtros, sin miedo y —con frecuencia— con más credibilidad.

Y eso, para una institución que vive de la imagen, es peor que cualquier escándalo.

### ■ RESUMIENDO EL CONTROL DE DAÑOS

Hay años que se sobreviven. Y otros que se arrastran. Para la familia Windsor, 2024 fue lo segundo. Una sucesión de golpes sin pausa, sin respiro y —lo más cruel— sin control. Porque lo peor no fue la enfermedad. Fue el relato. El vacío. La falta de reflejos. Y la evidencia incómoda de que ni siquiera una institución diseñada para resistir siglos está preparada para cuando todo se tambalea al mismo tiempo.

El rey cayó. No literalmente, aunque el cuerpo también dio señales. Cayó en términos de previsibilidad, de agenda, de imagen. Dejó de ser una figura activa y pasó a ser un diagnóstico con tratamiento. Eso, en cualquier otro caso, sería un drama privado. En este, fue una crisis de Estado.

Porque Carlos III, más allá de sus virtudes o defectos, era la pieza central de un mecanismo que —por mucho que se diga lo contrario— no tiene manual para lo imprevisto.

Durante meses, el palacio optó por un modelo de comunicación que podría resumirse en una frase: «digamos lo justo, y que nadie pregunte más». Pero el problema con los silencios es que no rellenan el hueco: lo amplifican. Y en ese hueco crecieron los rumores, los titulares especulativos, las versiones cruzadas. No por malicia, sino por falta de algo mejor. Porque si el rey está enfermo y su heredero desaparece de la escena pública, alguien acabará contando la historia. Aunque sea mal.

La ausencia de Guillermo fue un capítulo en sí mismo. Se esperaba que diera un paso al frente, que asumiera funciones, que proyectara continuidad. En vez de eso, proyectó sombras. Un vacío que solo se llenó con teorías. Algunas absurdas. Otras incómodamente plausibles. Y aunque más tarde volvió a escena con la compostura ensayada, el daño ya estaba hecho: el futuro había parecido incierto durante demasiado tiempo.

Kate, por su parte, se convirtió en algo que nunca quiso ser. Un símbolo. Su enfermedad dejó de ser un asunto de salud para convertirse en fenómeno cultural, punto de fuga emocional, excusa de palacio, argumento de conspiración. El «efecto Kate» funcionó como escudo y como espejo. Y lo que reflejó fue una familia real tan incapaz de controlar el relato como de aceptar que había perdido el control.

Camilla, mientras tanto, se mantuvo firme. Presente. Visible. Operativa. No por ambición —esa fase ya la pasó hace tiempo—, sino por supervivencia. Alguien tenía que mantener el castillo en pie mientras los demás se curaban, se ausentaban o simplemente callaban. Y en esa gestión, que no fue ni brillante ni torpe, sino simplemente eficaz, quedó retratada la realidad de la monarquía en crisis: se sostiene no por carisma, sino por inercia. Por falta de alternativas.

2024 fue también el año en que el velo se cayó. La idea de la monarquía como institución ordenada, planificada, serena y unida fue sustituida por algo más humano y más torpe: una familia real expuesta a los mismos miedos, errores y fragilidades que el resto, pero sin el margen de equivocarse en voz alta. Y eso, que debería haber generado empatía, generó desconfianza.

Porque cuando la realeza deja de parecer invulnerable, no se vuelve más cercana. Se vuelve más prescindible.

Y sin embargo, tras tantos tropiezos, algo sigue en pie. No por méritos propios, sino por costumbre. Por esa tendencia tan británica a no cambiar nada mientras funcione «lo justo». Pero el año terrible dejó grietas visibles. Algunas no sanarán. Otras quedarán cubiertas con imágenes oficiales, con sonrisas forzadas, con esa habilidad que tienen los Windsor para convertir cualquier catástrofe en estampita institucional.

Este capítulo no es un epitafio. Pero sí una constatación. La monarquía no se cayó en 2024. Pero sí se miró al espejo y descubrió que el reflejo ya no era el mismo. Lo que venga después dependerá menos de lo que hagan... y más de lo que dejen de hacer. Porque a estas alturas, el margen de error ya no lo marca la historia. Lo marca el presente.

# MISTERIO

# Relaciones peligrosas

La monarquía británica siempre ha sabido moverse en el delicado terreno de la diplomacia, vendiendo su imagen como un símbolo de tradición, estabilidad y buenos modales. Pero tras los brindis con champán y las cenas de gala, hay amistades que harían levantar una ceja a más de uno. Porque, aunque en público la realeza británica es la encarnación de la corrección política, puedo decirle que en privado no han dudado en codearse con personajes cuyo historial de derechos humanos es, por decirlo de manera amable, cuestionable.

Uno de los casos más célebres y vergonzosos es el del rey Eduardo VIII, que no solo abdicó por amor, sino que también sintió una simpatía más que evidente por Adolf Hitler. En 1937, ya sin corona, pero aún con título, Eduardo y su esposa Wallis Simpson viajaron a Alemania y fueron recibidos con honores por el Führer en persona. Fotografías de la época muestran al exmonarca saludando con una sonrisa a los líderes nazis, un momento incómodo que la familia real británica ha intentado borrar —como viene siendo habitual— de la memoria colectiva. Pero el daño ya estaba hecho, la relación de Eduardo VIII con el Tercer Reich era tan estrecha que el Gobierno británico temía que, de haber ganado Hitler la guerra, Eduardo fuera reinstalado en el trono como un títere del régimen.

En cualquier caso, esta no es la única vez que los Windsor han protagonizado encuentros comprometedores. En tiempos más recientes, el príncipe Andrés ha hecho gala de un olfato especialmente torpe para elegir a sus amigos. Su estrecha relación con Jeffrey Epstein —de la que hablaremos mucho en este libro—, el financiero y delincuente sexual condenado, terminó por ser uno de los mayores escándalos de la familia real. Pero la cosa no acaba ahí, Andrés también se ha reunido con dictadores como Ilham Aliyev, el líder autoritario de Azerbaiyán, un país con un historial de derechos humanos nefasto. ¿Y qué hacía el príncipe allí? Supuestamente promover negocios británicos, aunque sospecho que su presencia tenía más que ver con el lujo y los beneficios personales.

## CARLOS III Y SUS AMISTADES CUESTIONABLES

Carlos III tampoco ha escapado de estas polémicas. Durante años, ha cultivado relaciones con líderes del golfo Pérsico, monarquías absolutas que, curiosamente, han sido extremadamente generosas con sus donaciones a las fundaciones del entonces príncipe de Gales. Arabia Saudita, Qatar y Bahréin han sido destinos frecuentes para Carlos, quien ha recibido millones de libras en «donaciones» de estos Gobiernos. Todo, por supuesto, en nombre de la filantropía.

Pero si hay un episodio que sigue resonando con fuerza es la estrecha relación de la familia real británica mantiene con el régimen saudí. Durante décadas, el Reino Unido ha vendido armas a Arabia Saudita, un negocio que ha generado fortunas mientras el país del golfo es acusado de violaciones sistemáticas de derechos humanos.

En 2007, la reina Isabel II recibió con honores a Abdullah de Arabia Saudita, un monarca cuya visión del mundo distaba mucho de los valores democráticos que supuestamente representa la Corona británica. En una cena de Estado, Isabel II le ofreció un

*El Príncipe Carlos visitando el Museo de Arte Islámico de Doha en 2016*

trato de cortesía, mientras que en los despachos se cerraban acuerdos de venta de armamento.

Y, más reciente, en 2022, salió a la luz que Carlos III aceptó maletines con millones de libras en efectivo de parte de jeques qataríes, en una transacción que, aunque oficialmente justificada como filantrópica, despertó sospechas sobre la influencia extranjera en la monarquía británica, y se abrió un investigación formal.

## CONTROL DE DAÑOS

Estos son solo algunos ejemplos de cómo la monarquía británica ha sabido jugar en ambos bandos, manteniendo una imagen de imparcialidad mientras establece lazos con regímenes autoritarios. A fin de cuentas, el pragmatismo político es una de las habilidades más valiosas de la realeza; hoy se brinda con un presidente democrático y mañana se cierra un acuerdo con un dictador. La pregunta es hasta qué punto estas relaciones han pasado factura a la credibilidad de la monarquía.

## ANDRÉS EL CACHONDO

Hablar de amistades peligrosas en la familia real y no mencionar al príncipe Andrés sería un descuido imperdonable. Es cierto que su asociación con Jeffrey Epstein ha sido, con diferencia, la más notoria y dañina, pero no ha sido ni de lejos la única (retomaremos este escándalo más adelante). Andrés, con su mezcla de arrogancia, ingenio y falta de sentido del ridículo, ha acumulado amistades que harían sudar frío a cualquier jefe de prensa con media neurona activa.

Durante años, se ha rodeado de empresarios y oligarcas con escasa transparencia y mucho dinero. Uno de sus amigos más habituales fue el magnate kazajo Timur Kulibayev, yerno del expresidente de Kazajistán, a quien le vendió su mansión de Sunninghill por un precio muy superior al de mercado. La operación levantó más sospechas de que una sonrisa de Isabel II en un concierto de rock, pero fue rápidamente enterrada bajo una montaña de evasivas palaciegas.

También ha sido señalado por su cercanía con figuras del entorno saudí y de otros países del golfo Pérsico, muchos de los cuales se beneficiaron de su papel como enviado especial para el comercio internacional del Reino Unido. Porque claro, si uno necesita cerrar un acuerdo opaco, ¿a quién mejor que un príncipe con inmunidad y sin demasiadas preguntas?

Andrés parecía encantado con su papel de embajador del lujo global: *jets* privados, fiestas en castillos, recepciones en yates y, sobre todo, reuniones sin actas. Sus relaciones con financieros acusados de fraude, empresarios con cuentas *offshore* y donantes con intereses dudosos eran,

*Fotograma de la entrevista del príncipe Andrés en la BBC*

como mínimo, poco prudentes. Y en más de una ocasión, esas amistades derivaron en favores institucionales o recomendaciones poco justificables.

Aunque hoy Andrés esté semiapagado de la vida pública, protegido por una especie de exilio dorado, su historial relacional sigue siendo una mina para quien quiera entender cómo la realeza ha confundido durante años cercanía con complicidad, y diplomacia con conveniencia. Porque si hay algo que el príncipe Andrés ha demostrado con creces es que, en su mundo, los amigos no se eligen por reputación, sino por utilidad.

## EL PRÍNCIPE EDUARDO Y SUS CONEXIONES CON LA ÉLITE RUSA

Si el príncipe Eduardo ha logrado algo admirable durante años es mantenerse lejos del foco, sin grandes escándalos, sin declaraciones incómodas y sin titulares ruidosos. Pero que nadie se confunda: la discreción no siempre significa inocencia. Porque incluso en su relativa irrelevancia institucional, Eduardo ha cultivado amistades y alianzas que no resisten un escrutinio serio.

La más célebre —y problemática— fue su relación con empresarios mediáticos a través de su productora, Ardent Productions. En los años noventa, cuando intentó abrirse paso en el mundo audiovisual, Eduardo no solo mezcló negocios con su estatus real (algo ya complicado de por sí), sino que lo hizo apoyado en inversionistas y socios con intereses muy alejados de la BBC y bastante más cerca de las Islas Caimán.

Uno de sus asociados durante esa etapa fue Peter Watts, un productor con historial de negocios turbios y vínculos con donantes políticos cuestionables. Aunque Eduardo terminó vendiendo la empresa en 2009, el rastro de favores cruzados, acceso privilegiado y contactos financieros sospechosos quedó flotando como un perfume incómodo.

Más adelante, su cercanía con ciertos miembros del sector inmobiliario británico —algunos bajo investigación por corrupción urbanística y evasión fiscal— también levantó discretas alarmas. Nada que llegara a juicio, claro, pero suficiente para que el equipo de comunicación de Buckingham activara el «modo silencio» durante semanas enteras.

### ■ Perfil psicológico de Eduardo, duque de Edimburgo

Eduardo es el hijo que nunca dio titulares. Ni para bien ni para mal. En una familia acostumbrada al escándalo periódico y la épica trágica, su papel ha sido el del hermano menor que no estorba, no se pelea, no se va a América a escribir memorias ni cena con financieros sospechosos. Si fuera un mueble, sería una estantería funcional: discreta, útil, siempre ahí, pero difícil de recordar.

Psicológicamente, Eduardo representa la adaptación silenciosa. No brilló como militar, no deslumbró como intelectual, no fue carismático como su padre ni popular como su madre. Pero encontró, con admirable resignación, su sitio en los márgenes del sistema. No se queja, no protesta, no exige. Cumple. Y ese verbo, tan poco glamuroso, lo define mejor que cualquier título nobiliario.

En su juventud intentó labrarse una carrera en el entretenimiento —producción televisiva, teatro, algún escarceo con los medios— pero el experimento fue tan breve como incómodo. Los tabloides lo devoraron, la institución lo miró con recelo, y él entendió rápido que lo suyo no era desmarcarse, sino integrarse. Desde entonces ha seguido la línea institucional con más disciplina que entusiasmo. No porque le apasione, sino porque es lo que se espera.

No es frío, pero sí hermético. Tiene una educación impecable, modales refinados y una inteligencia discreta. Y, sobre todo, carece del impulso autodestructivo que parece circular por las venas de sus hermanos. Eduardo es previsible. Lo cual, en el ecosistema Windsor, es casi una anomalía genética. Nunca ha levantado la voz, nunca ha lanzado un libro, nunca ha filtrado una conversación.

En su vida familiar ha encontrado un pequeño bastión. Su matrimonio con Sophie ha sido estable, sin exhibiciones ni sobresaltos. Juntos han construido una especie de mini-monarquía modelo: actos oficiales, causas solidarias, hijos educados, ausencia absoluta de drama. Son, en cierto modo, lo que Carlos hubiera querido que fuesen todos sus hermanos: funcionales, leales, fotogénicos sin pretensiones.

A medida que otros miembros de la familia caían en desgracia o se alejaban de sus deberes, Eduardo fue ascendiendo sin mover un dedo. No por méritos estruendosos, sino por eliminación. En una institución que valora la fiabilidad más que el talento, su constancia ha sido premiada con títulos, encargos y una presencia cada vez más visible en los eventos oficiales. Todo sin hacer ruido. Como siempre.

Eduardo no pasará a la historia como reformador ni como símbolo. Pero sí como el hermano que entendió que, en una monarquía frágil, sobrevivir sin molestar puede ser el acto más útil de todos.

En el plano personal, Eduardo ha mantenido vínculos con aristócratas conocidos por su afinidad con regímenes poco democráticos, y ha ayudado a cenas y recepciones en las que el nivel de respeto por los derechos humanos era, por decirlo amablemente, discutible. Siempre en calidad de «presencia simbólica», pero ya sabemos cómo funciona eso en este ecosistema: el símbolo, muchas veces, es el mensaje.

El menor de los hermanos Windsor ha sabido mantenerse bajo el radar, pero no necesariamente limpio de sombras. Sus elecciones sociales y empresariales reflejan una constante en la monarquía británica: la del miembro aparentemente anodino que, cuando uno rasca un poco, revela una sorprendente colección de amigos equivocados.

## El príncipe Guillermo y su relación con la élite financiera de Medio Oriente

Durante años, el príncipe Guillermo ha sido el Windsor de la imagen impoluta: el heredero serio, el piloto responsable, el padre ejemplar. Pero ya sabemos que en esta familia la imagen es solo eso: una fachada. Y cuando se observa con lupa su entorno, aparece un catálogo de relaciones que, como mínimo, son difíciles de justificar.

Uno de los casos más comentados en los pasillos de Westminster (aunque menos en las portadas) es su cercanía con Nicholas Soames, nieto de Winston Churchill y figura clave del ala dura del Partido Conservador. Soames no solo ha estado involucrado en escándalos relacionados con uso indebido de gastos públicos, sino que ha defendido públicamente a personajes bastante cuestionables. Guillermo, lejos de mantener distancia, ha compartido con él actos, cenas privadas y alguna que otra cacería. Qué curioso.

También ha sido señalada su relación con William van Cutsem, amigo de la infancia y parte del reducido círculo con acceso directo al príncipe. Van Cutsem ha sido investigado por irregularidades en operaciones de compraventa de tierras, y aunque nunca se le ha condenado por nada, su nombre figura en más de un expediente incómodo. Eso sí, cuando hay bautizos reales o fines de semana de descanso, allí está él, fiel y sonriente.

Y por supuesto, está la estrecha relación de Guillermo con donantes conservadores, sobre todo aquellos que financian discretamente proyectos reales o iniciativas benéficas vinculadas a la Corona. Algunos de ellos han aparecido en investigaciones por prácticas fiscales agresivas o han tenido vínculos con Gobiernos autoritarios. No pasa nada: mientras haya una gala benéfica de por medio, todo se perdona.

Guillermo no es torpe. Sabe que debe proyectar seriedad. Pero también ha heredado algo muy típico de su familia: la peligrosa costumbre de rodearse de quienes no le contradicen. Y esos, en la mayoría de los casos, no suelen ser los más transparentes.

Así que sí, podrá llevar el traje bien planchado, mantener la compostura en cada acto y soltar el discurso justo. Pero si uno mira con cuidado a quién tiene al lado, se empieza a entender por qué el heredero, a veces, hereda algo más que la corona.

## OTRAS FIGURAS DE LA FAMILIA REAL CON VÍNCULOS PROBLEMÁTICOS

LA REINA CONSORTE CAMILA: Camila nunca ha sido la más querida del cuento, eso lo sabemos. Pero a fuerza de tiempo, paciencia y un matrimonio bien calculado, se ha ganado su sitio en la familia real. Aunque claro, ese sitio incluye también su propia colección de amistades difíciles de justificar y relaciones que más de una vez han hecho fruncir el ceño a más de un asesor de comunicación en Clarence House.

Una de las relaciones más llamativas —aunque cuidadosamente mantenida en la discreción— ha sido la que mantuvo durante años con el empresario libanés Walid Juffali, un magnate del petróleo con una vida social intensa, un historial de lujos obscenos y algún que otro escándalo financiero a cuestas. Juffali fue anfitrión de varios encuentros sociales en los que Camila estuvo presente, en los que las líneas entre cortesía diplomática y trato preferente se volvieron bastante borrosas. Fue uno de los donantes de algunas de sus causas benéficas, pero ya se sabe cómo funcionan esas donaciones en ciertos entornos, lo que parece filantropía suele ser inversión con expectativas.

También ha mantenido una relación cercana con lord Ashcroft, una figura clave del Partido Conservador y un empresario con presencia en paraísos fiscales. Ashcroft ha estado rodeado de polémicas durante décadas, y, aun así, su cercanía con Camila ha sido notoria, especialmente en el contexto de eventos benéficos y patronazgos compartidos. Que una reina consorte tenga como apoyo institucional a un experto en ingeniería fiscal no es exactamente una carta de presentación impoluta.

A nivel personal, Camila ha mantenido relaciones dentro del entorno aristocrático con personajes que, si bien no han salido en portadas, son bien conocidos por sus manejos turbios en negocios inmobiliarios, tráfico de influencias o vínculos sospechosamente rentables con la realeza. Todo muy inglés, muy privado, y muy difícil de rastrear. Pero quienes han seguido su trayectoria social saben que si algo ha definido su vida pública es su capacidad para moverse entre lo aceptable y lo cuestionable sin despeinarse.

Y luego está el vínculo que nunca desapareció: su exmarido, Andrew Parker Bowles. Lejos de ser una figura del pasado, ha seguido apareciendo en eventos familiares, y no solo como invitado protocolario. Camila y Andrew han mantenido una relación que muchos califican como inusualmente estrecha. Él ha sido su apoyo emocional en los momentos más tensos, incluido durante la enfermedad de Carlos. Que el exmarido sea el confidente principal de la reina consorte dice mucho. No necesariamente malo, pero sí curioso. Y en esta familia, lo curioso siempre es sospechoso.

Camila, que durante décadas fue la villana silenciosa del relato, ha conseguido una red de lealtades que no siempre luce en los comunicados oficiales. Porque mientras algunos miembros de la familia eligen mal a sus amigos y otros simplemente se exponen demasiado, ella ha optado por mantener cerca a quienes, por influencia, dinero o lealtad inquebrantable, pueden seguir siendo útiles. Y eso, en términos reales, es casi un arte.

LA PRINCESA ANA: si hubiera un concurso dentro de la familia real para elegir a la Windsor más resistente, disciplinada y poco dada al drama, Ana se lo llevaría sin pestañear. Soldado del protocolo, adicta al trabajo y experta en pasar desapercibida pese a asistir a más actos que nadie, la princesa real ha construido una imagen de eficacia sin adornos. Pero —porque siempre hay un pero en esta familia— también ha tenido sus amistades, alianzas y conexiones que han levantado alguna que otra ceja.

Para empezar, Ana ha sido, desde hace décadas, una figura muy cercana al mundo ecuestre, donde el límite entre la alta sociedad, los negocios y la opacidad es, por decirlo suavemente, flexible. Su entorno en competiciones de equitación, ferias de cría y subastas de caballos incluye a magnates con sociedades en paraísos fiscales, criadores envueltos en litigios financieros y empresarios que han sabido mantener una mano en el lomo del poder. Y si bien Ana no ha sido acusada de nada, el problema no es lo que hace: es con quién lo hace.

Una de sus amistades más duraderas fue la del millonario canadiense Conrad Black, magnate de los medios que llegó a ser encarcelado por fraude y obstrucción a la justicia. Ana siempre mantuvo el trato, incluso cuando muchos en la familia optaron por guardar distancia. Black fue recibido por ella en actos privados y, según algunas fuentes, fue uno de sus donantes en causas relacionadas con la cría de caballos. La amistad fue discreta, pero no invisible. Y sí, incómoda.

También se la ha vinculado —con el lenguaje típico del periodismo británico— a círculos ultraconservadores dentro de las Fuerzas Armadas, donde ocupa cargos honoríficos. Su apoyo constante a ciertos militares retirados con posturas controvertidas sobre inmigración y política exterior ha generado malestar en sectores más moderados. Ella, por supuesto, niega implicaciones políticas. Pero en este país, los gestos también votan.

La princesa Ana es lo más parecido a una fuerza de la naturaleza que tiene la familia real británica. No por temperamento, sino por consistencia. Lleva más de cinco décadas trabajando a destajo sin quejarse, sin reinventarse y sin pedir aplausos. Es la royal que más actos oficiales ha cumplido durante años, y probablemente la única que haría lo mismo aunque no hubiera nadie mirando. Su lema interno parece ser: «hacer lo que toca, sin líos».

Psicológicamente, Ana es eficiencia con mandíbula apretada. No tiene paciencia para la tontería, la frivolidad o el sentimentalismo. Es directa, seca, práctica. Una mujer a la que no se le ocurriría soltar una lágrima en público, a menos que se le hubiera metido un corgi en el ojo. Tiene el carácter de su padre y la resistencia institucional de su madre, pero con menos necesidad de caer bien que cualquiera de los dos.

No busca protagonismo y, de hecho, lo esquiva. A lo largo de los años, ha conseguido lo que muchos en su familia ni siquiera entienden: el respeto sin necesidad de adulación. Nunca ha vendido una imagen dulce, ni ha jugado a la cercanía forzada. Su idea de la popularidad es tan anticuada como funcional: trabaja más que nadie, cobra menos titulares, y le da exactamente igual. En una casa obsesionada con la prensa, Ana es la única que parece inmunizada contra la vanidad.

Tiene un sentido del deber casi marcial. Viaja, inaugura, visita, representa. Sin gestos dramáticos, sin discursos memorables, sin escándalos. Cuando le preguntan por su ritmo de trabajo, responde que «si no lo hago yo, alguien más tendría que hacerlo». No es falsa modestia. Es lógica pura. En Ana todo es función, no forma.

Su estilo personal es tan inalterable como su agenda: moños imposibles, abrigos reciclados, expresión de sargento. Pero su sentido del humor —áspero, sarcástico, muy británico— sorprende a quienes logran atravesar la coraza. En privado, dicen, es divertida. En público, es un bloque de granito con nombre real.

Fue madre joven, esposa dos veces, olímpica en equitación y poco amiga de hablar de sí misma. A sus hijos los crió con una mezcla de afecto y autodisciplina, y les evitó la carga de los títulos reales. Decisión que, con el tiempo, parece haber sido de las más inteligentes en esa casa. No le gusta el drama, no lo provoca y, cuando ocurre, lo ignora con tal contundencia que uno sospecha que ni lo registra.

Ana no es entrañable. No quiere serlo. Pero en una monarquía plagada de crisis existenciales, es posiblemente la más estable de todos. No intenta salvar la institución, pero la sostiene sin ruido. Si la familia Windsor fuera un barco, Ana sería la que está en la sala de máquinas, sudando en silencio, mientras los demás posan en cubierta.

Y luego está su relación con Tim Laurence, su segundo marido y exoficial de la Marina, que fue también asesor personal de la reina. Aunque nunca ha sido objeto de escándalos públicos, su ascenso meteórico dentro de la estructura palaciega y su influencia sobre Ana generaron murmullos persistentes sobre si algunas de sus lealtades estaban más alineadas con la Casa Real que con el bien común.

Por último, Ana ha sabido mantener el equilibrio entre lo público y lo privado con una destreza que sus sobrinos —y su hermano— podrían envidiar. Pero eso no significa que esté libre de zonas grises. Sus apariciones en cacerías privadas con empresarios polémicos, sus patrocinios compartidos con compañías bajo investigación fiscal, y su negativa sistemática a explicar sus vínculos, hacen que su hoja de servicio tenga más asteriscos de los que parece a simple vista.

Ana no busca protagonismo. Pero en esta familia, incluso los silencios tienen eco. Y cuando uno repasa con detalle su entorno, descubre que, bajo el uniforme y la mirada severa, hay un tejido de lealtades, favores y conveniencias tan complejo como el de cualquiera de sus parientes más mediáticos.

SOPHIE, DUQUESA DE EDIMBURGO: si hay un miembro de la familia real que parece siempre fuera del radar mediático, esa es Sophie, la duquesa de Edimburgo. Siempre sonriente, siempre apropiada, y casi siempre irrelevante en los titulares. Pero como suele ocurrir en los círculos de la realeza, lo que no se ve suele ser lo más interesante.

Sophie Rhys-Jones, esposa del príncipe Eduardo, ha cultivado una imagen de sobriedad y servicio. Pero durante los primeros años de su matrimonio, su relación con los negocios privados —y con ciertos personajes poco recomendables— dejó más de una ceja levantada en los pasillos de palacio. Y no sin motivo.

Antes de casarse con Eduardo, Sophie era una profesional de las relaciones públicas. Cofundadora de la agencia RJH Public Relations, intentó continuar con su carrera tras la boda. Error de cálculo. Combinar los favores comerciales con el apellido Windsor era, como poco, una receta para el escándalo. Y no tardó en llegar.

En el año 2001, se vio envuelta en un episodio embarazoso cuando fue grabada por un periodista encubierto del *News of the World* haciéndose pasar por un jeque árabe. En la grabación, Sophie ofrecía contactos con el Gobierno británico y compartía opiniones poco amables sobre varios miembros del Gabinete. Todo esto mientras dejaba entrever que su título real podía facilitar negociaciones. Nada grave penalmente, pero sí devastador para su credibilidad institucional.

Ese mismo año, tuvo que cerrar su empresa de relaciones públicas. El escándalo, conocido como el «Sophie *Tapes*», fue el último clavo en el ataúd de su vida profesional independiente. Desde entonces, se reinventó como «miembro leal de la realeza», evitando cualquier sombra de conflicto de intereses. Pero las cicatrices quedaron.

En cuanto a relaciones personales, Sophie ha mantenido la cercanía con figuras del mundo empresarial que no siempre han sido bien vistas por el *establishment* británico. Sus vínculos con donantes conservadores polémicos, y ciertas conexiones en Oriente Medio con intereses cruzados, han sido convenientemente silenciados, pero nunca desmentidos.

## ■ Perfil psicológico de Sophie, duquesa de Edimburgo

Sophie, condesa de Wessex y ahora duquesa de Edimburgo, es el ejemplo más claro de cómo pasar de figura secundaria a pilar silencioso. Durante años fue «la otra»: la esposa del príncipe que no salía en portadas, que no daba escándalos, que no protagonizaba dramas. Y sin embargo, poco a poco, sin prisa ni alardes, se ha convertido en uno de los rostros más fiables —y discretamente valiosos— de la familia real.

Psicológicamente, Sophie es pragmatismo con buenos modales. No tiene una personalidad expansiva, pero sí una intuición social muy afinada. Sabe leer la habitación, el protocolo y el clima emocional del momento. Habla cuando hay que hablar, sonríe cuando conviene, y desaparece justo a tiempo para que no la acusen de querer robar protagonismo. Su gran talento ha sido saber estar sin ocupar demasiado espacio. Y eso, en un entorno repleto de egos y heridas, es una forma de maestría.

Viene del mundo de la comunicación, pero no de la farándula. Fue relaciones públicas, lo cual le enseñó a gestionar crisis, sonreír ante preguntas incómodas y mantener la calma mientras todo se tambalea. A diferencia de otras consortes que llegaron a palacio como protagonistas de su propia historia, Sophie llegó sabiendo que su papel era de reparto. Y lo aceptó. Lo cultivó. Lo convirtió en virtud.

Durante un breve período en los años noventa, tuvo su propio traspié mediático. Una grabación, una indiscreción, unas declaraciones incómodas. Pero aprendió rápido. Desde entonces, ha sido ejemplar en la forma más desapasionada de la palabra. Ni una queja, ni una excentricidad, ni un titular innecesario. Solo constancia. Solo presencia. Solo utilidad.

En lo familiar, ha sido un contrapeso tranquilo para Eduardo, y una figura materna sólida para sus hijos. En lo institucional, ha demostrado ser capaz de asumir tareas ingratas, viajes poco glamurosos y actos sin flashes. Mientras otros abandonaban, ella cubría huecos. Cuando la reina necesitó manos leales cerca, Sophie

A diferencia de otros miembros de la familia, Sophie aprendió rápido a no dar titulares. Pero eso no significa que no haya tenido los suyos. Simplemente, la maquinaria de comunicación palaciega fue más eficaz con ella. O tal vez, simplemente supo retirarse a tiempo, justo antes de que las cosas explotaran.

Hoy, convertida en duquesa de Edimburgo y figura estable de los eventos oficiales, parece que todo aquello fue un mal sueño. Pero si algo nos ha enseñado esta familia, es que los trapos sucios no se lavan: se esconden. Hasta que alguien, por error o por capricho, decide sacarlos otra vez.

**Sarah Ferguson (duquesa de York)**: cuando se habla de los Windsor y sus escándalos, Sarah Ferguson —más conocida como Fergie— es como ese personaje secundario que, sin querer, termina acaparando la atención en cada episodio. Exesposa del príncipe Andrés, madre de dos princesas y protagonista de más titulares de los que Buckingham quisiera recordar, su historial está repleto de relaciones, tanto personales como empresariales, que más que convenientes, han sido francamente incómodas.

Fergie nunca encajó del todo en la pompa palaciega. Tenía demasiado carácter, demasiada risa alta y muy poca paciencia para el protocolo. Pero su verdadero talón de Aquiles ha sido su desbordante necesidad de mantenerse relevante. Y para eso, no ha dudado en acercarse a inversores de dudoso perfil, empresarios de medio pelo con aspiraciones de nobleza y hasta magnates que terminaron siendo… menos magnates y más estafadores.

Uno de los episodios más bochornosos fue el escándalo de 2010, cuando fue grabada por un periodista encubierto ofreciendo acceso al príncipe Andrés —sí, el mismo— a cambio de medio millón de libras. Sarah pedía el dinero con una copa de vino en la mano, como quien pide azúcar prestado. El vídeo dio la vuelta al mundo, y aunque pidió disculpas públicas, quedó claro que la ética no siempre acompañaba a su necesidad económica.

## ◼ Perfil psicológico de Sarah Ferguson

Sarah Ferguson nunca fue una royal convencional. Ni siquiera lo intentó. Llegó a la familia como un torbellino pelirrojo con carcajada escandalosa y la dignidad justa para pasar el filtro de entrada. No era aristócrata de cuna, ni discreta, ni especialmente buena para las normas del palacio. Pero traía algo que los Windsor no sabían gestionar: espontaneidad. Y eso, en el ecosistema rígido de la realeza británica, es como soltar una cabra en la cristalería de Sèvres.

Psicológicamente, Sarah es exceso: emocional, expresiva, caótica, creativa. Una mujer que siente en voz alta, actúa antes de pensar y pide perdón después, si hace falta. Tiene alma de superviviente, pero poca vocación para la estrategia. Ha metido la pata tantas veces que el público ya ni lleva la cuenta: desde escándalos económicos hasta aquella famosa escena en la que se dejó grabar negociando acceso a su exmarido por dinero. Y, sin embargo, siempre ha vuelto. Nadie cae tan bien como ella después de tropezar.

Tiene una autoestima frágil, alimentada a base de aplausos y validación externa. Necesita gustar, ser querida, sentirse útil. Eso la ha llevado a sobreexponerse, a escribir libros infantiles, novelas románticas, autobiografías, entrevistas llorosas. Sarah no sabe guardar silencio. Su necesidad de afecto público es tan grande como su torpeza para gestionarlo. Cada vez que consigue recomponerse, algo la empuja —o se empuja— de nuevo a la polémica.

Su matrimonio con Andrés fue un experimento raro: dos adultos emocionales sin freno que se entendieron mejor divorciados que casados. Nunca se cortaron del todo: vivieron juntos años después del divorcio, criaron a sus hijas a dúo, compartieron casa, vacaciones, incluso rumores de reconciliación. En el fondo, Sarah nunca abandonó su sitio. Aunque le quitaran el título de «Su Alteza Real», nunca dejó de sentirse parte de «la Firma». Y ellos, quizás por pena o por pragmatismo, nunca la terminaron de echar.

Fergie es uno de esos personajes que genera más ternura que respeto. Porque es fácil verla como la mujer que lo estropeó todo, pero también como la que nunca tuvo una oportunidad justa. Comparada con Diana —la estrella solar de su época—, Sarah parecía siempre demasiado bulliciosa, demasiado normal, demasiado ella. Nunca supo hacer de esfinge. Y eso la condenó a ser secundaria incluso en su propio escándalo.

Hoy sigue siendo una figura híbrida: sin cargo, pero siempre cerca. Aparece en actos menores, opina sobre la familia con desenfado, publica libros como quien busca su sitio a golpes de palabra. Tiene un corazón generoso, pero una brújula averiada. Es fácil quererla, pero difícil confiarle el volante.

Sarah Ferguson es, en definitiva, la royal que nunca lo fue del todo. Y eso, con los años, se ha vuelto su marca personal. Ya no necesita gustar a palacio. Le basta con saber que, al menos para el público, sigue siendo parte del espectáculo.

Sus negocios han sido un carrusel de desastres: desde libros que no vendieron, pasando por colaboraciones con empresas nutricionales de credibilidad discutible, hasta inversiones fallidas en productos de bienestar que rozaban lo esotérico. En más de una ocasión, se ha visto obligada a declararse prácticamente en bancarrota, solo para reaparecer con algún nuevo patrocinador misterioso dispuesto a «ayudar». Qué curioso, ¿no?

Y no olvidemos sus relaciones con miembros del entorno financiero internacional. Fergie ha sabido moverse entre millonarios árabes, banqueros suizos y ejecutivos de fondos opacos. Siempre con una sonrisa, siempre como si no supiera —o no quisiera saber— de dónde salía el dinero que la sostenía a flote. Una especie de aristocracia *freelance*, sin corona, pero con contactos.

A nivel personal, sus amistades también han levantado cejas. Ha sido cercana a personajes con reputación volátil, y su relación continua con el príncipe Andrés —viviendo juntos pese a estar divorciados— ha generado todo tipo de especulaciones. ¿Una alianza emocional? ¿Una complicidad conveniente? ¿Un blindaje mutuo? Usted elija la versión que más le entretenga.

Fergie es, en resumen, la prueba viviente de que, en la monarquía, se puede dejar de ser princesa, pero nunca se deja de estar en el ojo del huracán. Y en su caso, a veces parece que el huracán lo provoca ella misma, con una copa en la mano y una propuesta sobre la mesa. Por si cuela.

## Control de daños

¿Hasta qué punto afectan estas amistades a la monarquía?

Porque claro, usted podría preguntarse —con razón— si tener amigos dudosos, socios imprudentes o confidentes de moral elástica afecta realmente a la monarquía. Total, llevan siglos pasando, ¿no? Pero ahí está el detalle, lo que antes se susurraba en clubes privados, hoy se difunde en tiempo real. Y esa diferencia, aunque parezca mínima, lo cambia todo.

Estas amistades —incómodas, impropias o directamente sospechosas— no solo erosionan la credibilidad de cada miembro. Erosionan a la institución en conjunto. Porque cuando el pueblo mira hacia Buckingham no lo hace con una lupa, sino con un espejo. Y si lo que ve es una familia que se codea con evasores fiscales, millonarios opacos, donantes interesados o magnates corruptos, la pregunta ya no es si siguen siendo respetables… sino si alguna vez lo fueron.

El verdadero problema no es la amistad. Es el privilegio sin consecuencia. Y ahí, es donde la monarquía pierde no solo simpatía, sino sentido.

# Cuando la política y la diplomacia se vuelven un juego de tronos

Si algo ha demostrado la familia Windsor a lo largo de la historia es que mantenerse neutral en política es una de esas normas que existen solo en teoría. Oficialmente, la monarquía británica no opina, no influye y, por supuesto, no interfiere en asuntos de gobierno. Sin embargo, si uno rasca un poco la superficie, empieza a notar que, tras los muros del palacio, la política se juega con las mismas reglas de siempre: influencia, poder y, sobre todo, conveniencia.

A diferencia de cualquier ciudadano corriente, los Windsor no necesitan hacer campaña ni someterse a elecciones. No obstante, esto no significa que no tengan sus propios intereses políticos. Y aunque su papel, en teoría, es puramente ceremonial, las evidencias demuestran que la Corona ha sabido mover sus piezas en el tablero de la política británica con una sutileza que haría envidiar a cualquier estratega. Desde, como hemos visto, las amistades incómodas con líderes de dudosa reputación, hasta reuniones privadas donde se toman decisiones clave sin que el público siquiera lo sospeche, la monarquía británica ha jugado un papel mucho más activo de lo que admite.

Y si hablamos de maniobras discretas, no podemos olvidar ese poder en las sombras que los respalda. No son solo coronas y capas de armiño, sino también un ejército de asesores, miembros del Consejo Privado y los famosos «hombres del traje gris» —a quienes tanto temía la princesa Diana—, quienes se aseguran de que el equilibrio de poder nunca se incline demasiado en una dirección inconveniente. Son ellos quienes facilitan el veto real en ciertas leyes —lo explicamos después—, quienes susurran al oído de los ministros y quienes convierten en arte la protección de los intereses reales sin que nadie parezca darse cuenta. Y, si el problema es muy grave, ahí entrará en acción desplegando todo su arsenal el *establishment.*

Por supuesto, el gran truco de la monarquía ha sido mantener la ilusión de que todo esto es mera coincidencia, que la familia real es un símbolo vacío y que sus vínculos con el poder real son cosa del pasado. Pero ¿cuánto de esta aparente neutralidad es genuina y cuánto es parte de un juego bien calculado? Y más importante aún: ¿hasta qué punto estas maniobras han terminado volviéndose en su contra? Veamos.

## LOS HOMBRES DEL TRAJE GRIS, EL PODER ENTRE BASTIDORES

No se presentarán a elecciones. No dan discursos. No figuran en los tabloides ni hacen reverencias frente a las cámaras. Pero en la estructura de poder de la monarquía británica, los llamados hombres del traje gris —miembros clave del Consejo Privado— son quienes realmente velan por la estabilidad de la institución. O, siendo más exactos, quienes aseguran que todo siga igual… incluso cuando todo está ardiendo.

El Consejo Privado es esa reliquia legal del pasado que suena ceremonial, pero que sigue latiendo con fuerza en las venas del sistema monárquico. Oficialmente, asesora al monarca. En la práctica, actúa como una especie de comité de crisis permanente con licencia para intervenir donde la Corona no debe mancharse.

Lo integran figuras del Gobierno, jueces, obispos, ex primeros ministros, y, por supuesto, los cortesanos profesionales: los que no salen en la foto, pero están siempre detrás del telón.

A estos cortesanos se les llama «los hombres del traje gris», un apodo poco halagador que Diana popularizó cuando intuyó —con toda la razón del mundo— que ellos deciden más que el propio príncipe de Gales. Son los que manejan las agendas, los comunicados, las relaciones públicas, los silencios oportunos y las salidas estratégicas por la puerta de atrás.

Cuando hay una crisis, son ellos quienes la gestionan. Cuando hay un escándalo, son ellos quienes escriben el guion del perdón o del olvido. Y cuando un miembro de la familia se convierte en problema, son ellos quienes deciden si hay que silenciarlo, aislarlo o, directamente, hundirlo con elegancia institucional.

Fueron decisivos durante el caos tras la muerte de Diana. Gestionaron el exilio mediático de Sarah Ferguson. Trazaron el plan de salida para Harry y Meghan con precisión quirúrgica, vendiéndolo como una «decisión personal». Y recientemente, han sido los cerebros detrás de la estrategia de opacidad que envolvió la enfermedad de Carlos III y la desaparición de Kate Middleton.

No son muchos, pero son constantes. Leales no al rey ni a la reina, sino a «La Firma». Operan bajo la lógica del bien mayor —el de la monarquía, claro— y están dispuestos a sacrificar lo que haga falta para preservarla. Incluso a los propios Windsor.

Mientras los reyes envejecen, los príncipes se equivocan y los escándalos se acumulan, los hombres del traje gris siguen ahí. Callados. Imperturbables. Y vestidos perfectamente. Porque el verdadero poder, como ya sabemos, no necesita trono. Solo necesita que nadie lo vea venir.

## El Consejo Privado: anatomía del poder entre bambalinas

A simple vista, el Consejo Privado del monarca británico parece una institución ceremonial, de esas que suenan a legado del siglo XVII y que uno imagina llena de señores con peluca leyendo pergaminos. Pero basta rascar un poco —solo un poco— para descubrir que este órgano, tan discreto como funcional, es uno de los centros neurálgicos del verdadero poder que respalda a la Corona.

El Consejo Privado (Privy Council, si queremos ponernos técnicos) está compuesto por más de setecientos miembros, la mayoría cargos públicos, jueces, obispos, altos funcionarios, líderes políticos y, por supuesto, miembros de la realeza. Aunque en teoría todos tienen voz, en la práctica solo un núcleo reducido —los llamados «consejeros activos»— participa en las decisiones clave.

Estos consejeros activos son los que suelen aparecer en las reuniones verdaderamente relevantes. Entre ellos encontramos al primer ministro en funciones, ciertos ministros del gabinete, líderes de la oposición, el arzobispo de Canterbury, algunos jueces del Tribunal Supremo y figuras institucionales con acceso directo al soberano. No se eligen por votación ni por carisma: se eligen por utilidad, por lealtad y por saber cuándo llamar.

¿Y dónde se reúnen? Aunque algunas reuniones se celebran en el Palacio de Buckingham o Windsor, la sede oficial del Consejo Privado está en el edificio del Ministerio de Justicia, en Whitehall. Las sesiones suelen durar menos de media hora, y muchos de sus actos —firmas de proclamación, juramentos, órdenes reales— se hacen de pie, con una eficiencia que haría llorar de emoción a cualquier burócrata suizo. El monarca asiste en contadas ocasiones; en su ausencia, se designa a un lord presidente del Consejo que actúa en su nombre.

Pero más allá del protocolo, el Consejo tiene funciones mucho más prácticas de lo que se suele imaginar. Aprueba cartas patentes, emite órdenes en consejo que pueden tener efectos legislativos sin pasar por el Parlamento, y asesora al rey en momentos de crisis constitucional. También tiene un rol clave en cuestiones de seguridad nacional, herencias de poder y validación de títulos reales.

Y aquí entran los llamados «hombres del traje gris», ese selecto grupo de cortesanos, secretarios privados, asesores políticos y funcionarios veteranos que no aparecen en organigramas pero que controlan el flujo de decisiones entre el Gobierno y la Corona.

Son ellos quienes filtran lo que el rey debe o no debe saber, quienes redactan los comunicados, quienes trazan las estrategias para contener la crisis y proteger la institución. Su lealtad no está con el soberano de turno, sino con la estructura que lo sostiene.

Tenga en cuenta que el Consejo Privado es el punto de encuentro entre tradición, legalidad y control. Un órgano que parece inofensivo hasta que uno descubre que muchas de las decisiones que afectan directamente al país —y a la monarquía misma— pasan por sus manos. Calladamente, claro. Como todo lo que verdaderamente importa en Windsor.



## Gestión de la crisis: silencio, estrategia y la receta de siempre

Cuando la salud del rey Carlos y de la princesa de Gales se convirtió en noticia, la maquinaria palaciega entró en acción con su receta habitual, primero negar, después minimizar y, finalmente, comunicar a cuentagotas. Nada nuevo bajo el sol de Buckingham ni de Kensington, salvo que esta vez el asunto no se podía enterrar bajo una alfombra con forma de comunicado oficial.

El diagnóstico de Carlos fue gestionado como si se tratara de una ligera indisposición. Se anunció con un comunicado breve, frío y perfectamente calibrado. ¿Qué tipo de cáncer? Silencio. ¿Cuál es el pronóstico? No proceder. ¿Estará ausente por cuánto tiempo? Se informará en su debido momento. O lo que es lo mismo: cuando les convenga.

En paralelo, la situación de Kate Middleton requería aún más contención. El secreto fue tal que ni los empleados de Kensington sabían exactamente qué estaba ocurriendo. Durante semanas, todo se gestionó con mensajes ambiguos, imágenes manipuladas y desapariciones justificadas con una vaga «cirugía abdominal». Nadie decía la palabra cáncer. Nadie mencionaba complicaciones. Solo cuando el clamor público se volvió ensordecedor, se emitió un vídeo cuidadosamente editado en el que la princesa, visiblemente afectada, reveló la verdadera dimensión del problema.

¿Y quién estaba detrás de esta estrategia? El Consejo Privado y los hombres del traje gris, por supuesto. Ellos decidieron los tiempos, aprobaron los comunicados y diseñaron cada frase del relato institucional. Se aseguraron de mantener a la prensa a raya (hasta que fuera imposible) y de coordinar a los médicos reales con los equipos de comunicación. Cualquier error habría sido interpretado como debilidad. Y la monarquía no puede permitirse mostrar debilidad, aunque esté en quimioterapia.

También se encargaron de proteger a Guillermo, cuyo comportamiento errático —ausencias inexplicables, silencios prolongados— requería su propio control de daños. La falta de claridad sobre su paradero durante eventos clave se justificó con frases hechas, mientras el foco se desviaba hacia la recuperación de su esposa. Un clásico.

Lo que ha demostrado esta crisis es que, más allá de los nombres propios, la monarquía sigue fiel a su ADN, controlar la relación, blindar la intimidad y minimizar el coste político y emocional de sus propios problemas. En fin, la salud se deteriora, pero el control sigue intacto. Al menos por ahora.

## El Consejo Privado y el futuro en medio de la crisis de salud

El Consejo Privado sigue manteniendo la estrategia de minimizar la gravedad de la enfermedad del rey y de la princesa de Gales, asegurando que sigue en funciones, aunque su agenda pública ha sido drásticamente reducida. De vez en cuando filtran imágenes del monarca trabajando con el objetivo de proyectar una imagen de normalidad. Sin embargo, en los círculos políticos se sabe que el Consejo Privado ha intensificado sus reuniones para establecer un plan de contingencia en caso de que su estado se deteriore.

Entre las opciones que se han manejado, se encuentra la implementación de una regencia temporal liderada por el príncipe Guillermo, y que el mismo príncipe también la adopte. Sin embargo, el Consejo teme que un movimiento prematuro de poder debilite la autoridad de la monarquía. Por ello, han optado por una estrategia gradual en la que Guillermo asuma más responsabilidades de manera informal, evitando que el público perciba la transición como una abdicación encubierta.

A nivel mediático, la enfermedad de Carlos ha sido utilizada para reforzar la imagen de la monarquía como una institución resiliente. Se han potenciado los discursos sobre la «dedicación al deber» del rey, trazando paralelismos con su madre, Isabel II. Sin embargo, la falta de detalles sobre su estado de salud sigue alimentado la especulación sobre si su condición es más grave de lo que se admite públicamente.

### ■ Estrategias del Consejo Privado para desviar la atención

El Consejo Privado ha utilizado múltiples estrategias para desviar la atención y mantener el control de la narrativa:

**Campañas de distracción mediática:** se han promovido historias alternativas en la prensa británica, desde eventos benéficos de la familia real hasta la cobertura de otras noticias de alto impacto político.

**Imágenes cuidadosamente editadas:** se han publicado fotografías oficiales de la princesa para calmar la especulación, pero la manipulación digital en una de ellas terminó por generar una crisis aún mayor.

**Apariciones públicas calculadas:** la reaparición de Kate en eventos selectos ha sido planeada minuciosamente para evitar que se note cualquier señal de deterioro en su salud.

A medida que el tiempo avance, el Consejo Privado se enfrentará a un problema de Estado: cómo mantener la estabilidad de la monarquía cuando dos de sus figuras más importantes continúan enfermas. La estrategia de ocultación y manipulación que han utilizado hasta ahora ha sido un parche con fecha de caducidad.

En círculos internos, algunos asesores han sugerido que el Palacio de Buckingham debería adoptar una postura más transparente sobre la salud del rey y la princesa para evitar un daño irreversible a la credibilidad de la monarquía. Sin embargo, el Consejo Privado sigue apostando por el secretismo como mecanismo de control. La gran pregunta es hasta cuándo podrán sostener esta estrategia antes de que la presión pública y política los obligue a cambiar de rumbo.

Por el momento, lo que puedo decir es que el rey continúa luchando contra un cáncer que no ha remitido, y la princesa de Gales aún no tiene el alta médica. Las apariciones públicas que ambos hagan de aquí en adelante serán muy hiperbolizadas, y la información de escasas intervenciones se repetirán constantemente para magnificar la presencia de cualquiera de ellos, aunque sea dentro de un vehículo, comprando en un súper o paseando por sus jardines. Dará igual, porque todo será publicado como si se tratara de un importante tema de Estado.

## ■ Otros momentos clave del Consejo Privado

Otro caso llamativo fue el referéndum de independencia de Escocia en 2014. Si bien la monarquía británica debía mantenerse neutral, está claro que el Consejo Privado trabajó tras bambalinas para influir en el resultado. La famosa declaración de la reina Isabel II, cuando dijo que los escoceses debían «pensar con mucho cuidado» antes de votar, fue interpretada como una intervención estratégica. No fue casualidad. El Consejo Privado entendía que la separación de Escocia pondría en jaque el legado de la monarquía y, por lo tanto, movió los hilos para preservar la unión.

Y no menos controvertido fue el escándalo de los Papeles de Panamá en 2016. Se reveló que la familia real británica tenía inversiones en paraísos fiscales, lo que generó un enorme malestar entre la población. Aunque el caso apuntaba directamente a la monarquía, el Consejo Privado se encargó de minimizar el impacto mediático, gestionando una estrategia de control de daños para que el escándalo se diluyera con rapidez.

Además, el Consejo Privado ha jugado un papel fundamental en la gestión de las crisis que amenazaban la estabilidad de la monarquía. Cuando la princesa Diana murió en 1997 y la familia real enfrentó una de sus mayores crisis de reputación, fueron estos consejeros quienes diseñaron la estrategia para contener el daño. Cada comunicado, cada movimiento de la reina y cada aparición pública fueron calculados al milímetro para garantizar que la institución sobreviviera intacta. Y funcionó.

En tiempos recientes, el Consejo Privado también ha sido clave en la transición del trono tras la muerte de Isabel II. Carlos III ha heredado no solo la corona, sino también este aparato de poder que garantiza que la monarquía continúe siendo intocable. Mientras el público ve un rey que firma documentos con fastidio y asiste a actos de caridad, en las sombras se siguen tomando decisiones que garantizan que, pase lo que pase, la monarquía siga teniendo el control real sobre ciertos aspectos del país.

¿Hasta qué punto el Consejo Privado representa un peligro para la democracia británica? La existencia de un grupo de poder que opera en secreto, sin control democrático y con la capacidad de influir en decisiones clave, plantea serias preguntas sobre la transparencia y la rendición de cuentas en el Reino Unido. Mientras se mantenga en las sombras, su influencia seguirá siendo desconocida para la mayoría de la población. Pero aquellos que entienden cómo funciona el verdadero poder en el Reino Unido saben que la monarquía británica no es tan ceremonial como nos quieren hacer creer. Porque en el ajedrez del poder, los peones pueden moverse de un lado a otro, pero el rey nunca cae. Al menos, no mientras los guardianes de las sombras sigan moviendo las piezas en su favor.

## CONTROL DE DAÑOS

En última instancia, la enfermedad de Carlos III y Kate Middleton no solo ha puesto a prueba la capacidad del Consejo Privado para gestionar crisis, sino que también ha revelado las fisuras en el modelo de comunicación de la monarquía británica. En una era donde la información se difunde al instante y donde el público exige transparencia, el mayor enemigo de la Casa de Windsor podría no ser la enfermedad de sus miembros, sino la obsolescencia de sus propias tácticas de control.

# El *establishment*: el poder que no lleva corona… ni da explicaciones

Si el Consejo Privado es el engranaje visible del poder institucional, el *establishment* británico es el aceite invisible que lo engrasa todo. Y, a veces, lo contamina. Nadie lo nombra oficialmente, nadie lo elige y, sin embargo, está ahí, gobernando desde las sombras con una eficacia que ya quisiera cualquier gabinete ministerial.

¿Quién lo forma? No hay una lista. No hay una estructura con cargos, ni convocatorias, ni ruedas de prensa. Pero todos saben quiénes son: los jefes de los grandes medios, los altos ejecutivos de la City, los aristócratas con título y cartera, los jueces que almuerzan con ministros y los ministros que almuerzan con el rey. Es ese grupo compacto y bien conectado que, aunque cambien los Gobiernos, permanece. Y manda.

El *establishment* no dicta leyes, las inspira. No designa primeros ministros, los fabrica. Y cuando algo amenaza el equilibrio del sistema —pongamos por caso, una princesa carismática que habla demasiado, un príncipe díscolo que reniega del protocolo o una periodista que se acerca demasiado a ciertos archivos—, se activa. Discretamente. Sin huellas.

La diferencia con el Consejo Privado es fundamental. Este último tiene una estructura legal, por más vetusta que parezca. Tiene miembros juramentados, roles definidos, funciones específicas. El *establishment*, en cambio, es atmósfera. Una red de poder informal, pero omnipresente. Si el Consejo Privado aprueba decisiones, el *establishment* decide qué decisiones se deben aprobar.

¿Dónde se reúnen? En cenas privadas, clubes exclusivos, partidas de caza, consejos de administración, recepciones diplomáticas y, a veces, en la fila de un palco en Wimbledon. No necesitan una sede porque ya tienen todas. Su poder no se basa en leyes, sino en vínculos, lealtades, chantajes civilizados y favores que se devuelven con elegancia británica y absoluta falta de remordimientos.

Cuando Diana se incomodó, ellos estaban. Cuando Harry y Meghan rompieron el guion, también. Y cuando un miembro de la familia real enferma, desaparece o se vuelve un problema de comunicación, no se preguntan qué siente, se preguntan cómo se gestiona.

En última instancia, el *establishment* es el responsable de que la monarquía británica haya sobrevivido a guerras, escándalos, divorcios, traiciones, pódcast y Netflix. Su misión no es proteger al rey o a la familia real, es proteger la idea misma de monarquía. Y si para eso hay que sacrificar un príncipe, una princesa, un periodista o una verdad incómoda… pues se sacrifica. Con la naturalidad de quien cambia de copa en una recepción oficial.

El *establishment* suena a algo inofensivo, burocrático, casi administrativo. Pero no se engañe. Detrás de este término elegante y casi aburrido se esconde una estructura de poder tan sólida como invisible, una red de influencia tejida durante siglos con la destreza de quienes han aprendido que gobernar no siempre significa estar en el foco, sino mover los hilos desde la sombra. El *establishment* británico es esa mano que no se ve, pero que se siente. No firma decretos, no se presenta a elecciones y, desde luego, no tiene que rendir cuentas a nadie. Y, sin embargo, ahí está, asegurándose de que todo funcione como debe. ¿Y cómo debe funcionar todo? Fácil, protegiendo a la monarquía, manteniendo el *statu quo* y eliminando cualquier amenaza que ponga en peligro el sistema. Sí, ha entendido bien, eliminando.

Son los guardianes del orden —su orden—, los que controlan que cualquier cambio en el sistema político, económico o social del Reino Unido se haga dentro de los márgenes que les beneficien. Su función es mantener la continuidad del poder, asegurándose de que la monarquía, el Parlamento y las instituciones sigan operando sin alteraciones significativas.

Su poder no radica en la fuerza —y con esto me estoy refiriendo a que no utilizan la fuerza como tal, porque lo que es fuerza sí que ejercen, aunque de una manera mucho más discreta—, sino en el control de la información, las conexiones estratégicas y una habilidad casi artística para moldear la opinión pública. La prensa, la política, los negocios... todo pasa, de un modo u otro, por las manos de este grupo selecto que vela por los intereses de la Corona sin que nadie tenga que pedírselo. Porque, y esto es clave, en el *establishment* no hacen falta órdenes explícitas, basta con que todos sepan cuál es su lugar y qué es lo que conviene proteger. Y no necesariamente todos saben la finalidad de lo que están haciendo, no. Los «soldados» del *establishment* que conforman cada uno de los ministerios, instituciones o agencias para las que trabajan solo cumplen las órdenes de sus superiores. Van dónde les dicen, cortan las cámaras de seguridad cuando reciben órdenes, limpian escenarios a la velocidad del rayo porque se lo han mandado, y después se van a casa y se toman su té con galletas sin saber que han podido ser parte de la maquinaria solucionadora de un «problema de Estado». Tan contentos.

Y no, no se trata de una teoría conspirativa. Es simple lógica de poder. ¿Cree que la monarquía ha sobrevivido a crisis, escándalos y cambios de régimen por puro azar? No. Ha sido gracias a la existencia de un escudo protector compuesto por líderes del sistema, todos dispuestos a hacer lo necesario para garantizar la continuidad de la institución. Si hay que silenciar a alguien, se hace. Si hay que desviar la atención, se manipula la narrativa. Si hay que destruir una reputación para salvar otra, ni se pestañea.

*Cuando no pueden silenciar a alguien en vida, el* establishment *trabaja para controlar cómo se le recuerda en el futuro. Esto implica censurar documentos, reinterpretar sus acciones y desacreditar sus ideas con el paso del tiempo.*

*__Ejemplo:__ en el caso de la princesa Diana, la narrativa oficial se construyó rápidamente tras su muerte para presentarla como una figura trágica, pero sin cuestionar el papel del establishment y la familia real en su aislamiento.*

¿Ejemplos? No hay que buscar demasiado lejos. Desde la cobertura mediática calculadamente favorable hasta la desaparición de informaciones comprometedoras, pasando por el control quirúrgico de los escándalos reales, el *establishment* siempre está ahí, trabajando en segundo plano para asegurarse de que la monarquía siga en pie, sin importar el precio. Un trabajo bien sincronizado.

···⟩ Obstaculización legal y burocrática

*Si un opositor persiste en desafiar al* establishment, *se pueden emplear herramientas legales para dificultar su trabajo o directamente impedirle actuar. Esto puede incluir demandas, auditorías fiscales sorpresivas, investigaciones oficiales y otras medidas diseñadas para agotarlo financiera y emocionalmente.*

*__Ejemplo:__ Julian Assange, fundador de WikiLeaks, fue objeto de un largo proceso legal que lo dejó atrapado en la embajada de Ecuador en Londres durante años, mientras el* establishment *británico trabajaba en su extradición a EE. UU.*

El mayor logro del *establishment* no es su capacidad de actuar, sino su capacidad de hacer que todo parezca casual. Porque cuando un escándalo amenaza con desbordarse, siempre ocurre algo más importante que desvía la atención. Cuando un miembro de la familia real se convierte en un problema, la maquinaria mediática se encarga de suavizar su imagen o, si es necesario, de sacrificarlo en el altar del «daño controlado». Y cuando alguien se acerca demasiado a la verdad, misteriosamente deja de tener voz o credibilidad.

De alguna manera, el *establishment* ejerce como el guardián silencioso de la monarquía, la red que evita caídas estrepitosas y suaviza aterrizajes forzosos. No actúa por convicción ideológica ni por lealtad ciega, sino por algo mucho más simple: interés propio. Porque si un día la monarquía cae, se cae con ella un sistema de poder que ha sabido beneficiarse de su existencia durante siglos. Y eso, por supuesto, no es una opción.

■ **¿Quiénes forman el *establishment*?**

**Miembros de la aristocracia británica:** las familias con apellidos ilustres que han dominado la política y la economía del país desde hace generaciones.

**Altos funcionarios del Gobierno y el servicio civil:** independientemente del partido que gobierne, aseguran que el Reino Unido siga un rumbo que beneficie los intereses de la élite.

**Jueces y miembros de la judicatura:** encargados de interpretar las leyes de manera que nunca pongan en peligro el *statu quo*.

**Ejecutivos de los principales medios de comunicación:** dueños y editores de periódicos y cadenas de televisión que controlan la narrativa y deciden qué información llega al público.

**Bancos y grandes empresarios:** las corporaciones financieras y comerciales que mantienen la estructura económica británica bajo un modelo que favorece a las élites.

**Altos mandos militares:** en momentos de crisis, han intervenido para evitar cambios que puedan debilitar la estructura de poder tradicional.

**Servicios de inteligencia y seguridad nacional:** encargados de salvaguardar no solo la seguridad del país, sino también los intereses de la clase dominante.

# Los métodos del *establishment*: cómo moldear la realidad a conveniencia

Si hay algo que el *establishment* ha perfeccionado a lo largo de los siglos, es el arte de controlar sin que parezca que controla. No necesita golpes de Estado ni declaraciones pomposas. Su forma de actuar es mucho más elegante, un sutil ajuste aquí, una información convenientemente filtrada allá, un escándalo que desaparece justo cuando otro, mucho más útil, ocupa los titulares. Suma y sigue.

Lo primero que hay que entender en todo este tinglado es que el *establishment* no improvisa. Cada movimiento está calculado para mantener el orden, para que nada ni nadie perturbe la estabilidad del sistema. Y si hay un problema, se gestiona con una mezcla de sutileza y contundencia. Porque nada desaparece por sí solo, todo es gestionado.



*Los miembros del* establishment *saben que, en política y en los negocios, la reputación y las conexiones son clave. Por eso, una táctica común es el aislamiento de la persona o entidad problemática, retirándole apoyo, contactos y oportunidades.*

*Ejemplo: cuando Edward Snowden filtró información sobre la vigilancia masiva, el Gobierno británico colaboró con EE. UU. para revocarle su pasaporte y evitar que encontrara asilo en países aliados.*

Uno de sus métodos más eficaces que podrá comprobar es el control de la narrativa mediática. Si un miembro de la familia real se ve envuelto en un escándalo —un hecho que sucede a menudo—, lo primero que ocurre es un reajuste informativo. De repente, los periódicos ya no hablan tanto de él, sino de algo completamente distinto. Y si la cosa se pone fea, se recurre a un método infalible como por ejemplo dar en sacrificio a alguien más débil. ¿Un asistente indiscreto? ¿Un funcionario que actuó «sin autorización»? ¿Un político caído en desgracia que puede servir de distracción? Siempre hay alguien listo para recibir el golpe. Un cabeza de turco preparado.



Después viene el segundo nivel de acción, el silenciamiento selectivo. Esto no significa necesariamente eliminar a alguien —tal vez sí—, sino algo mucho más efectivo como que su voz deje de importar. Se desacredita su testimonio, se revisa su pasado en busca de cualquier detalle que pueda usarse en su contra, se le tacha de conspiranoico, de oportunista, de alguien con intenciones ocultas. Y cuando el *establishment* señala a alguien como «no creíble», la opinión pública se encarga del resto. También sus voceros, algunos de ellos bien pagados, por cierto.

Otro de sus métodos estrella es la dilación estratégica. Si algo puede perjudicar a la monarquía, el mejor aliado no siempre es la censura directa, sino el tiempo. Se anuncian investigaciones que nunca llegan a ninguna parte —como el robo en el hospital de los informes médicos de la princesa de Gales—, se crean comisiones eternas, se promete transparencia mientras los documentos clave siguen sellados por «razones de seguridad nacional». Y cuando por fin se permite que la verdad salga a la luz… ya no importa. El público se ha olvidado, ha encontrado otro escándalo al que prestar atención.

Y si todo lo anterior falla, siempre queda la solución más drástica, la reestructuración de la historia. Porque la memoria colectiva es moldeable y la versión oficial de los hechos puede ajustarse según convenga. Lo que en un momento fue un escándalo imperdonable con el paso de los años se transforma en un «malentendido», en un episodio desafortunado pero irrelevante dentro de una historia mayor. Y lo que una vez fue un error monumental, con el tiempo se convierte en «un sacrificio necesario por el bien de la institución».

Así funciona el *establishment*, sin aspavientos, sin necesidad de esconderse demasiado, porque lo más brillante de su estrategia es que, cuando hace su trabajo bien, la gente ni siquiera se da cuenta de que ha sido manipulada. Y esa, sin duda, es la forma más efectiva de poder.

## ■ Los métodos del *establishment*

**La manipulación mediática:** los grandes periódicos y cadenas de televisión, con sus vínculos dentro del *establishment*, han jugado un papel clave en la construcción o destrucción de reputaciones.

**La presión sobre los Gobiernos:** independientemente de quién gane las elecciones, las políticas económicas y de seguridad rara vez cambian de manera radical. Esto se debe a la influencia del *establishment* en los altos niveles del Gobierno.

**El control del sector financiero:** desde la City de Londres, el *establishment* se asegura de que las grandes fortunas y corporaciones mantengan su estatus privilegiado, protegiéndolos de reformas fiscales y regulaciones que podrían amenazar su poder.

**La relación con la monarquía:** aunque oficialmente la monarquía está por encima de la política, la realidad es que el *establishment* y la familia real están profundamente entrelazados. Los Windsor dependen de esta red para proteger su posición, y a cambio, la monarquía sigue siendo una pieza clave en la legitimación del sistema británico.

**Control del flujo de información:** la prensa británica, con sus fuertes lazos con el *establishment*, juega un papel clave en moldear la opinión pública y proteger a la élite cuando es necesario.

**Puertas giratorias entre el sector público y privado:** exfuncionarios del Gobierno terminan en altos puestos de bancos, corporaciones y medios, y viceversa, asegurando que siempre haya una alineación de intereses.

**Silenciamiento de voces incómodas:** cuando una figura pública o política desafía el *statu quo*, es común que enfrente campañas de desprestigio en la prensa o presiones que terminan apartándola del poder.

En fin, que si hay algo que el *establishment* británico domina a la perfección, es el arte de hacer desaparecer problemas sin necesidad de alzar la voz con su especial y refinado toque artístico. Porque si una historia amenaza con convertirse en un problema, lo mejor no es enfrentarse a ella directamente, sino diluirla hasta que deje de importar. Así es.

La estrategia es simple y letal. El primer paso es desacreditar. Un testigo empieza a hablar más de la cuenta, un periodista encuentra algo demasiado jugoso o alguien, en un acto de valentía suicida, decide desafiar a la maquinaria real. ¿Solución? Convertirlos en «poco fiables». De repente, ese testigo resulta tener «problemas de memoria», el periodista es acusado de tener una agenda oculta y el denunciante, qué coincidencia, tiene un pasado que se puede manipular para sembrar dudas.

Si eso no funciona, pasamos al control de la narrativa. No es necesario prohibir que algo se publique; basta con enterrarlo bajo toneladas de información irrelevante. Se inunda la prensa con otros titulares, se filtran historias escandalosas sobre cualquier otro tema y, cuando alguien intenta recuperar la historia original, ya ha sido devorada por el ciclo informativo. Lo que ayer parecía una bomba informativa, hoy es apenas un pie de página perdido entre chismes de celebridades.

Ahora bien, si la historia sigue resistiendo, es momento de activar el método de desgaste. Se abre una investigación, una comisión, un proceso «transparente» que, curiosamente, avanza con la velocidad de un caracol paralítico. Se hacen promesas de esclarecer todo, pero la burocracia se encarga del resto. Los documentos cruciales quedan sellados «por seguridad nacional», los testimonios clave se diluyen en el tiempo y, cuando finalmente se da alguna respuesta, nadie la está esperando ya. El escándalo ha caducado, la opinión pública ha pasado a otra cosa.

Y, por supuesto, si nada de esto funciona, siempre queda el sacrificio de un peón. Cuando la presión es insoportable y la historia se niega a morir, el *establishment* elige a su chivo expiatorio. Puede ser un asesor real, un funcionario, un asistente, alguien de menor rango cuya caída pública sea suficiente para apaciguar a las masas. Se admite «un error», se ofrecen disculpas simbólicas y se promete que «se han tomado medidas para que no vuelva a ocurrir». Y listo, problema resuelto sin que la estructura real sufra el menor daño.

Así es como se hace en Buckingham y sus alrededores. Sin estridencias, sin grandes conspiraciones. Solo con una maquinaria perfectamente engrasada que entiende que el verdadero poder no se ejerce gritando, sino haciendo que las voces molestas se apaguen por sí solas. Veamos algunas.

# Control de daños, conclusión: un poder silencioso, pero letal

El *establishment* británico ha perfeccionado el arte de la manipulación y el control, garantizando que cualquier amenaza a su dominio sea neutralizada antes de que cause un verdadero daño. Su capacidad para destruir reputaciones, fabricar escándalos y moldear la opinión pública lo convierte en uno de los poderes más formidables del Reino Unido. Y lo más inquietante es que, mientras las víctimas caen una por una, la maquinaria del *establishment* sigue funcionando sin ser realmente cuestionada.

Porque en la política británica, las monarquías pueden tambalearse y los Gobiernos pueden cambiar, pero el *establishment* siempre sobrevive.

# Las voces silenciadas: cuando hablar demasiado cuesta caro

El *establishment* tiene muchas habilidades, pero su especialidad es hacer que ciertas voces desaparezcan del debate público sin necesidad de recurrir a métodos burdos. No hacen falta complots espectaculares ni giros de guion. Basta con que la maquinaria se ponga en marcha y que, poco a poco, el problema se diluya, se desacredite o, si es absolutamente necesario, se sacrifique a alguien menor para apaciguar a las masas.

Y no es que esto sea nuevo. La historia de la monarquía británica está plagada de personas que, en el momento en que decidieron hablar más alto de lo debido o preguntar excesivamente, descubrieron que su suerte cambiaba de manera repentina y, curiosamente, siempre para peor.

## EL CASO DE DIANA, LA PRINCESA DEMASIADO INCÓMODA

Si hay alguien que desafió a la Casa Real y pagó el precio de manera más que trágica, fue Diana, princesa de Gales. Desde el momento en que su matrimonio con Carlos empezó a desmoronarse, dejó de ser la princesa perfecta y se convirtió en un problema que gestionar. Y, como sabemos, los problemas se solucionan.

Primero fue desacreditada. La prensa, esa misma que antes la adoraba, empezó a filtrar historias sobre su inestabilidad emocional, su «imprevisibilidad» y, por supuesto, sus relaciones sentimentales fuera del matrimonio. Luego vinieron las campañas para restarle credibilidad. Si decía que la estaban vigilando o que temía por su seguridad, se la presentaba como una mujer paranoica. Y cuando, finalmente, comenzó a hablar de las cosas realmente incómodas —desde las minas antipersona hasta los manejos internos del palacio—, sucedió el accidente de París.

¿Fue el *establishment* quien lo provocó? Oficialmente, no. Pero lo que sí sabemos es que, tras su muerte, la Casa Real recuperó el control. Lo incómodo dejó de estar sobre la mesa, la imagen de la monarquía se protegió y, con el tiempo, la narrativa oficial se reescribió. Diana pasó de ser una amenaza a convertirse en un mito, uno que podían gestionar a su favor.

Permita que me extienda en el caso de Diana, pero hay mucho más que quiero contarle. No voy a repasar aquí lo que usted seguramente ya sabe sobre las versiones oficiales, incluso sobre las sospechas que siempre he mantenido sobre su muerte, porque si está leyendo este libro posiblemente también ha leído los anteriores: *Diana de Gales, me van a asesinar* y *Diana, réquiem por una mentira*. No es mi intención aquí volver a repetir la historia. Si bien, como nunca dejo abandonados los temas que investigo, sigo actualizando los nuevos datos que encuentro, los nuevos testimonios que consigo y los nuevos archivos que se desclasifican. Eso es lo que me gustaría incluir en este punto. Porque si tengo claro que alguien fue silenciado, esa es la princesa Diana.



Diana no fue una mujer: fue un fenómeno. No por lo que hizo, sino por lo que simbolizó. Fue madre, princesa, víctima, santa, mártir, rebelde y *fashion icon*, todo al mismo tiempo. Demasiadas identidades para una sola persona. Y, desde luego, demasiadas para una muchacha insegura, lanzada a los leones a los veinte años con una tiara en la cabeza y un mundo que esperaba que sonriera mientras se deshacía por dentro.

Psicológicamente, Diana fue un cóctel de fragilidad emocional, intuición aguda y necesidad insaciable de amor. No cariño: amor. Absoluto, incondicional, arrebatado. Lo buscó en su marido, en sus hijos, en la prensa, en el pueblo. A veces lo encontró. Otras, lo confundió con necesidad, adulación o manipulación. Nunca supo del todo cómo recibirlo. Pero tampoco sabía vivir sin él.

Tenía un talento natural para conectar con la gente. No

porque lo fingiera, sino porque ella misma se sentía rota. Y nada genera más empatía que el dolor reconocible. Cuando abrazaba a un enfermo de sida o se arrodillaba junto a un niño herido, no era un gesto coreografiado. Era honestidad emocional. Era ella. Sin filtros, sin protocolo. Por eso la adoraron. Y por eso también, dentro de palacio, nunca la entendieron.

Su salud mental fue un campo de batalla constante. Trastornos alimentarios, depresiones, crisis de pánico. Lo admitió, lo dijo en voz alta, cuando nadie lo hacía. Y eso fue revolucionario, pero también fue una amenaza para la maquinaria real, que prefería las sonrisas congeladas a los temblores auténticos. Diana se desbordaba. Hablaba de lo que dolía. Lloraba cuando no debía. Contaba lo que pasaba a puertas cerradas. Y eso, en la Casa Windsor, es traición.

Tenía una personalidad adictiva: al afecto, al conflicto, al drama. Se enamoraba como quien cae al vacío. Vivía cada emoción como si fuera la última. Su impulsividad emocional la llevó a decisiones contradictorias, a rodearse de aliados dudosos, a convertirse en una especie de espectáculo andante. Pero también fue su forma de sobrevivir. No tenía estructura, pero sí instinto. No tenía estrategia, pero sí un magnetismo innegable.

Como madre, fue posesiva, afectuosa, absolutamente entregada. Los niños eran su ancla, su prioridad, su línea directa con algo parecido a la paz. Rompió moldes: los llevó de vacaciones, los abrazó en público, los trató como personas. No como futuros reyes. Y eso marcó a sus hijos de por vida. Sobre todo a Harry, que heredó no solo sus gestos, sino su herida.

Diana estaba hecha para ser reina. Lo sabía. Pero no estaba hecha para que la ignoraran. En la jaula dorada de la monarquía, gritó, arañó, se reinventó. Y cuando se liberó —cuando por fin pudo caminar sola frente a los flashes— ya era demasiado tarde. Había perdido el miedo, pero no el vértigo.

Murió en un túnel, en una ciudad que la idolatraba, perseguida por el mismo amor tóxico que ella había alimentado. Seguida de cerca por un establishment responsable de su muerte. Su funeral fue un acto de redención nacional, pero también una escena cruel: dos hijos caminando tras su ataúd vacío mientras los adultos se protegían tras el protocolo.

Diana fue, y sigue siendo, la figura más humana que ha producido la realeza moderna. Justamente porque fue la menos apta para soportarla tal cual estaba diseñada.

## LUCHA E INVESTIGACIÓN DE DIANA CONTRA LAS MINAS TERRESTRES

De entre todo el material nuevo del que dispongo sobre la investigación de la muerte de la princesa Diana, este punto es uno de los más importantes.

Posiblemente usted recuerde que, durante el último verano de la princesa, justo el fin de semana en que perdió la vida, ella dijo que tenía un gran anuncio que hacer. Desde entonces se ha especulado mucho de si era una posible boda con Dodi Al Fayed, un embarazo o, tal vez, de las dos cosas a la vez. Mis conclusiones son otras.

Cómo ve, la lucha contra las minas terrestres fue uno de los últimos temas de la labor humanitaria de la princesa.

Pues bien, mucho antes de que los Windsor adoptaran causas nobles como parte del uniforme, le puedo decir que Diana Spencer ya caminaba entre minas. Literalmente. Su cruzada contra las minas antipersona no fue solo una campaña humanitaria —que también—, fue un desafío directo a los intereses políticos,

económicos y hasta diplomáticos de su país. Y, cómo no, una nueva oportunidad para incomodar al palacio.

En enero de 1997, Diana visitó Angola con la organización HALO Trust. Allí se la vio recorriendo campos minados con casco y chaleco antibalas, saludando a víctimas mutiladas, abrazando a niños que habían perdido extremidades. Las imágenes dieron la vuelta al mundo. Y lo que para muchos fue un acto de valentía, para ciertos sectores del *establishment* fue una interferencia política.

Porque —no nos engañemos— hablar de minas no es hablar solo de caridad. Es hablar de armamento, de contratos, de exportaciones, de influencia militar. Y Diana, sin pertenecer ya formalmente a la familia real, pero con un poder mediático intacto, osó poner el foco donde no convenía. El Gobierno británico no tardó en acusarla de ser «una persona sin formación en asuntos internacionales», lo cual, viniendo de quienes también eran parientes por matrimonio, sonaba más a rencor que a protocolo.

Pero Diana no se detuvo. En vez de pedir perdón, siguió adelante y duplicó su apuesta. Planeaba revelar un informe con nombres y apellidos de traficantes de armas. Y había anunciado que tenía algo importante que decir y había pensado organizar una rueda de prensa para exponerlo, justo antes del viaje a París. Ya sabemos cómo acabó esa historia.

Durante años, el tema de las minas fue cuidadosamente desplazado a un segundo plano. Hasta que, con el tiempo —y la conveniente pérdida de memoria institucional—, Guillermo decidió calzarse el chaleco antibalas de su madre y continuar la causa. Un gesto bonito, sin duda, aunque algo descafeinado. Porque una cosa es posar en terreno seguro con cámaras oficiales y otra muy distinta es enfrentarse al complejo militar-industrial británico con un dosier en la mano y un objetivo claro.

Diana no fue una experta en política internacional. Pero sí fue una experta en lo que dolía. Y dolía ver a un niño sin pierna por culpa de una mina que alguien, en algún despacho británico, consideró aceptable. Dolía ver cómo la Casa Real, tan rápida para cortar lazos con ella, tardaba tanto en apoyar la causa. Dolía, sobre todo, la frialdad con la que se permitió que una princesa caminara por campos minados sin más protección que su convicción.

Diana pisó el terreno que otros evitaban. Y lo hizo sabiendo que eso tendría consecuencias.

Hablar de minas antipersona no era solo un acto de compasión. En el contexto en que lo hizo Diana, fue un desafío directo. Y eso, como es bien sabido en los pasillos del poder, no se perdona tan fácilmente. La princesa sabía que incomodaba, pero no imaginaba hasta qué punto. Y lo peor, no lo imaginábamos nosotros. Hasta que comenzaron las amenazas.

No fueron amenazas explícitas —esto no es una película barata de espías—, pero sí claras para quien sabe leer los signos del poder. Diana recibió advertencias de figuras cercanas al Gobierno, a los *lobbies* armamentísticos y, según algunos informes confidenciales nunca oficialmente confirmados —nunca lo son—, incluso del entorno diplomático. «No es un asunto para usted», le dijeron. «Debería tener cuidado con lo que dice en público». Y mi favorita, «Sería una tragedia que su popularidad eclipsara el trabajo institucional». Ya.

La inteligencia británica, tan solícita cuando se trata de proteger intereses nacionales, estaba más preocupada por el impacto mediático de Diana que por la seguridad de la princesa. No se reforzó su protección. No se le dio asesoramiento formal. Se dejó,

casi literalmente, que caminara entre minas —en todos los sentidos posibles— sin respaldo alguno.

Cuando se filtró que Diana tenía previsto publicar un informe detallado con nombres de proveedores, vínculos políticos y cifras de exportación, la incomodidad se convirtió en alarma. Esa información, de salir a la luz, podía dinamitar acuerdos internacionales, comprometer aliados estratégicos y, por supuesto, exponer al Reino Unido como facilitador de una tragedia global.

La respuesta fue inmediata: presiones al equipo de la ONG, llamadas a altos cargos de relaciones exteriores, y un intento soterrado de desacreditar la imagen pública de la princesa. Todo sin dejar huella. Todo sin mover un solo papel oficial.

Diana sabía lo que estaba haciendo. Lo sabía y lo temía. Lo dejó por escrito: «Me van a asesinar». Lo compartió con amigos íntimos. Lo insinúo en entrevistas con sonrisa educada. No fue paranoia. Fue intuición. Y tal vez, fue advertencia.

Por eso, cuando semanas después su vida terminó bajo un puente en París, la sospecha no fue un exceso morboso, sino una reacción lógica. No se trataba de teorías de la conspiración, sino de preguntas que nadie había respondido. Y que, probablemente, nadie quiso que se hicieran. Siguen sin querer.

Aunque Diana murió antes de ver el cambio con sus propios ojos, el mundo no tardó en demostrar que su activismo no había sido en vano. Si su lucha en vida fue incómoda, su legado póstumo fue revolucionario. Y ahí está lo irónico. La princesa que fue tachada de ingenua, de entrometida, de emocional, terminó provocando uno de los mayores avances humanitarios del siglo.

El Tratado de Ottawa, firmado en diciembre de 1997 —solo cuatro meses después de su muerte—, fue el resultado más visible. La Convención sobre la Prohibición de Minas Antipersona marcó un antes y un después. En sus primeros años, más de ciento veinte países se adhirieron, comprometiéndose a cesar la producción, almacenamiento y uso de minas terrestres. Hoy son más de ciento sesenta. No es poca cosa.

Y aunque el Reino Unido ya negociaba su participación, fue la presión mediática y emocional desatada por la figura de Diana lo que convirtió el tema en urgente. Las fotos de una princesa caminando entre minas calaron más que mil informes diplomáticos. Fue una diplomacia emocional, pero eficaz. Imposible de ignorar. Los Gobiernos no firmaron por amor a la paz, sino por temor a quedar en el lado equivocado de la historia. Una historia que ya llevaba el rostro de Diana.

Organizaciones como The HALO Trust y la Campaña Internacional para la Prohibición de Minas Antipersona (ICBL) crecieron exponencialmente tras su intervención. Se multiplicaron las donaciones, aumentaron las operaciones de limpieza y se amplificó el compromiso internacional.

Incluso su hijo, el príncipe Harry, ha intentado seguir sus pasos. Lo ha hecho con dignidad, aunque sin la carga política que su madre sí asumió. Diana no solo se limitó a una causa: la encarnó. Y con ello, incomodó a quienes viven mejor cuando las cosas no cambian.

Por suerte, su lucha tuvo consecuencias legales, humanitarias y simbólicas. Y, lo más importante, demostró que una princesa podía, efectivamente, hacer temblar a un sistema armado hasta los dientes. Lo pagó caro.

Entre sospechas y silencios, hay un detalle que me sigue provocando escalofríos. Una carta. Una hoja de papel que llegó en 1997 a la oficina del entonces jefe de Scotland Yard, con un mensaje tan inquietante como preciso: «Diana morirá en septiembre».

La carta no era una broma. No era un anónimo sin pies ni cabeza. Estaba fechada, sellada, y dirigida con nombre y apellido. Quien la recibió, el comisario de policía sir Paul Condon, optó por guardarla en su caja fuerte personal. Una caja fuerte que hereda cada nuevo jefe de policía. No se hizo pública. No se investigó abiertamente. No se consultó con la princesa. Solo se archivó como quien guarda un secreto que quema.

¿El contenido? Breve, pero perturbador. Le advierto que no he tenido acceso al contenido completo, pero una parte de la transcripción —aunque era más extensa— decía:

*«La princesa Diana sufrirá un accidente provocado en un túnel. El vehículo será manipulado y las condiciones parecerán casuales. El propósito es silenciarla… firmado: una persona peligrosa».*

Sí, leyó usted bien, un túnel. Un accidente. Septiembre. Curiosamente, la princesa fallece en un «accidente», en un túnel, y el último día de agosto.

Tengo que insistir aquí en que la carta continúa siendo un secreto, y si a alguna parte de ella he tenido acceso ha sido en el transcurso de una investigación interna. Como imaginará, no puedo mencionar mi fuente.

Y aunque se le intentó restar importancia —como suele hacerse cuando las coincidencias son demasiado perfectas—, lo cierto es que el texto existe. Y su predicción de los hechos es demasiado exacta como para atribuirla a la casualidad.

¿Por qué nadie avisó a Diana? ¿Por qué se consideró prudente guardar una carta así en lugar de tomar medidas preventivas? ¿Y por qué, incluso después de su muerte, se minimizó su existencia?

Son preguntas que siguen sin respuesta. Y eso, en este caso, vale más que mil teorías conspirativas.

Una advertencia ignorada, una predicción cumplida, y un silencio que, aún hoy, retumba más fuerte que cualquier comunicado oficial.

## El día en que murió Diana

Ahora quiero dejarle un documento clave para mí. Se trata del *timing* de la grabación de las cámaras de seguridad que fue aportada como prueba en el juicio de 2007, y que captó las últimas horas de la princesa de Gales, de Dodi Al Fayed y del chófer Henri Paul. El motivo por el que le muestro estas imágenes aquí es sencillo: demuestran mucho de lo que sostengo que pasó la última noche y aportan datos importantes de lo que sucedió. Obviamente, las capturas que he realizado no resultan igual de identificativas que el propio vídeo, pero intentaré decirle los puntos en los que debe fijarse en alguna de ellas.

Este documento le proporciona un resumen cronológico de los eventos clave ocurridos la noche del 30 y 31 de agosto de 1997, relacionados con las muertes de Diana, princesa de Gales, y Dodi Al Fayed. Estos son los momentos más importantes, pero antes, le dejo una pequeña presentación de quiénes eran las personas que iban en el Mercedes esa noche, junto a la princesa Diana.

**Dodi Al Fayed:** pareja de la princesa Diana, hijo del magnate empresarial egipcio Mohamed Al Fayed, en ese momento, propietario de Harrods y del hotel Ritz de París. Falleció en el accidente.

**Trevor Rees-Jones:** exparacaidista, guardaespaldas de Diana. En el accidente sufrió graves lesiones cerebrales, se rompió los huesos de la cara y pasó diez días en coma. Para reconstruir su rostro, tomando como guía fotografías, los cirujanos utilizaron ciento cincuenta piezas de titanio.

**Henri Paul:** jefe de seguridad del hotel Ritz. Era quien conducía el vehículo. Posiblemente, era un informante de los servicios de inteligencia. Murió en el accidente.

*Una foto del vehículo tomada por los paparazis. En primer plano, el guardaespaldas Trevor Rees-Jones y el chófer Henry Paul. A la derecha, documento de las «Investigaciones forenses sobre las muertes de Diana, princesa de Gales, y el Sr. Dodi Al Fayed. Resumen cronológico. Acontecimientos clave del 30 al 31 de agosto de 1997 (registro gráfico)»*

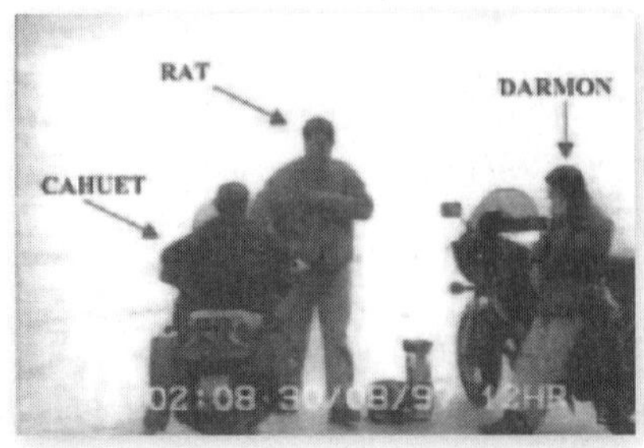

• 15:55:00 a 15:57:08: los primeros *paparazzi* llegan al hotel Ritz después de no poder seguir al Mercedes hasta Villa Windsor.

• Llegada a la *suite* imperial del hotel Ritz de la princesa Diana y Dodi Al Fayed, acompañados de Roulet.

···> Visita de Dodi Al Fayed a la joyería Repossi:

17:37:58 a 17:38:58: Dodi Al Fayed sale de la *suite* imperial y se dirige a la joyería Repossi con Rees-Jones.

**Nota:** estas imágenes son importantes porque, en un principio, las investigaciones, tanto francesa como británica, negaron que Dodi visitara esa tarde la joyería de Alberto Repossi.

Teniendo en cuenta este nuevo factor, decidí visitar a Alberto Repossi en sus oficinas de Montecarlo. Lo que me contó ya lo he publicado en alguna ocasión, pero le dejo aquí un resumen de su testimonio porque es relevante y clarificador.

■ **Testimonio de Alberto Repossi ante la Policía**

«Me interrogaron tres veces. En todas las ocasiones les conté exactamente lo mismo, que no era otra cosa que la confirmación, con todo lujo de detalles, de cómo Dodi compró personalmente el anillo de compromiso en Repossi de París —y digo de compromiso porque, además, así se hizo constar en el recibo de compra que tiene en estos momentos la Policía—, y cómo había sido escogido en mi tienda de Saint-Tropez, por la misma Diana de Gales.

No obstante, en mi última declaración, a la que también llamaron a mi esposa, nos retuvieron durante cinco horas —separados en todo momento— e interrogando, una y otra vez, sobre lo mismo, hasta que, de pronto, me "amenazaron" para que cambiara el testimonio. Fue muy desagradable, pero no lo cambié. Me mantuve en lo que siempre he dicho. La verdad solo tiene una versión».

Repossi tiene las cosas claras, y no cambiar su versión, incluso bajo amenazas, hace que su testimonio sea una pieza muy valiosa para la investigación periodística.

• 17:49:28 a 17:50:22: Dodi Al Fayed regresa al Ritz y vuelve a la *suite* imperial con un folleto doblado.

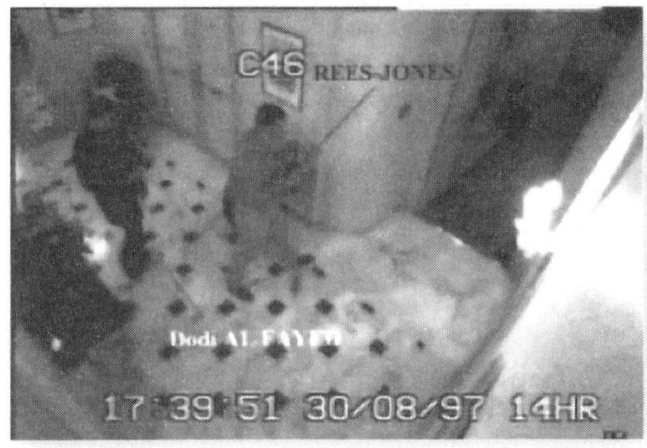

**Nota:** Dodi regresa de la joyería sin el anillo que en ese momento están envolviendo para regalo.

- 18:42:39 a 18:43:43: Roulet entra en el vestíbulo de la *suite* imperial con una bolsa de Repossi.
**Nota:** es el anillo que acaba de comprar Dodi y que Roulet recoge de la joyería.

- 18:48:21 a 18:50:13: Roulet deposita la bolsa de Repossi con el anillo en una caja fuerte del hotel.

···✧ Salida hacia Rue Arsene Houssaye:

- 18:56:48 a 18:57:18: la pareja sale del Ritz en un Mercedes, protegida por el guardaespaldas y personal del hotel.

···> Henri Paul se retira de su turno:

• 19:00:16 a 19:01:06: Henri Paul se despide del personal del hotel después de ver partir a la pareja.

···> Segunda llegada de la pareja al hotel Ritz:

• 21:49:48 a 21:50:33: la pareja llega al Ritz y es fotografiada por los *paparazzi* mientras entra al hotel.

**Nota:** Aunque vemos *paparazzi*, aún son pocos los que hay en la puerta de la entrada principal del hotel.

···> Henri Paul llega al Bar Vendôme:

• 22:06:57 a 22:07:30: Henri Paul entra al hotel y es recibido por Cavalera, Rocher y Tendil.

···> Dodi Al Fayed habla con Rocher fuera de la *suite*:

• 22:19:23 a 22:21:03: Dodi Al Fayed sale de la *suite* imperial y conversa con Rocher.

### ⤳ Henri Paul visita la Place Vendôme:

• 22:34:31 a 22:36:40: Henri Paul sale a Place Vendôme y fuma un cigarrillo.

### ⤳ Henri Paul recibe una llamada telefónica:

• 23:30:23 a 23:34:20: Henri Paul recibe una llamada telefónica y luego conversa con Rocher y Tendil.

**Nota:** es aquí posiblemente cuando Paul propone la nueva estrategia, y la nueva ruta a seguir cuando la pareja se disponga a regresar al apartamento de Dodi, donde tienen su equipaje.

Es importante recordar que tenían que regresar al apartamento porque al día siguiente volvían a Londres y todas sus pertenencias se encontraban allí.

### ⤳ El número de *paparazzi* aumenta en la Place Vendôme:

• 23:46:24 a 23:50:40 **Nota:** aquí vemos como en menos de una hora el número de *paparazzi* aumenta. De hecho,

había una cantidad de *paparazzi* tal que parecía que hubiesen sido convocados.

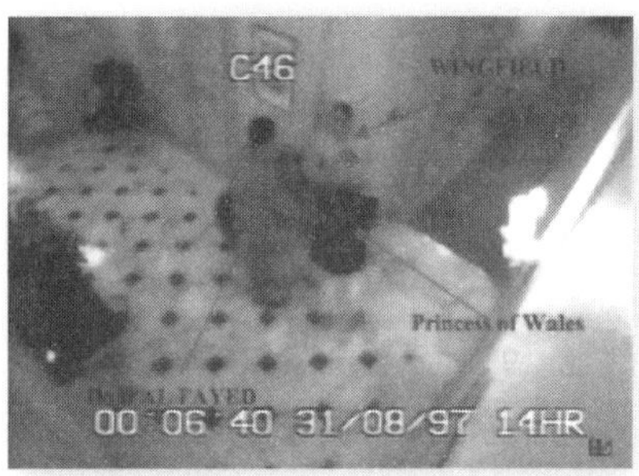


···> Preparativos para la salida de la pareja:

• 00:05:38: Dodi Al Fayed y Diana, princesa de Gales, se preparan para salir del hotel.

···> La pareja sale por la salida de servicio:

• 00:08:11 a 00:08:31: Henri Paul, Diana, Dodi Al Fayed y Rees Jones están en el ascensor camino hacia la salida de servicio.

···> Salida final de la pareja:

• 00:16:57 a 00:17:29: La pareja sale del hotel en un Mercedes conducido por Henri Paul, seguido por *paparazzi*.

**Nota:** estas últimas imágenes de la princesa y Dodi esperando junto a la puerta de servicio muestran claramente la complicidad que ambos tenían. No puede pasarle desapercibido esas manos entrelazadas y escondidas en la espalda.

Cinco minutos después, su vehículo impactó contra el pilar número 13 del Puente del Alma.

Hay mucho más. Pero aquí el espacio es limitado. Espero que con estas pinceladas haya podido dar un poco más de luz a los nuevos datos que voy recibiendo sobre la trágica y prematura muerte de tres personas en un túnel de París.

# El príncipe Andrés, una vergüenza bien gestionada

Cuando estalló el escándalo, la estrategia inicial fue el silencio absoluto. No declaraciones, no comentarios, esperar a que la tormenta pasara. Luego, cuando eso no funcionó, vino el intento de «control de daños», pero la infame entrevista con la BBC, que fue un desastre total con el que no contaban, hizo que pasaran a la estrategia de desgaste. Esto es, prolongar el proceso hasta que la gente pierda el interés.

El escándalo del príncipe Andrés y su relación con Jeffrey Epstein es otro ejemplo de cómo funciona el *establishment* cuando no puede enterrar completamente una historia. Aquí la estrategia fue distinta, y en lugar de negarlo todo, se optó por la dilación y la erosión del relato.

Sin embargo, el caso avanzaba, y la justicia estadounidense puso en «jaque» al príncipe Andrés anunciando el interrogatorio de lo que sería un más que

posible juicio en EE. UU. La única solución: llegar a un acuerdo millonario y pagar.

## ■ Perfil psicológico del príncipe Andrés

Andrés fue el hijo favorito de la reina. Y ese es el tipo de bendición que, con el tiempo, puede volverse maldición. Nació con las etiquetas de «el simpático», «el valiente», «el apuesto», y durante un tiempo supo representar ese papel con soltura. Héroe de las Malvinas, soltero codiciado, embajador sin corbata. Pero bajo el encanto de la sonrisa fácil y el uniforme ajustado, siempre hubo una personalidad marcada por la superficialidad, la impulsividad y una confianza desmedida en que todo —todo— le sería perdonado.

Psicológicamente, Andrés es un niño grande. No en el sentido afectuoso, sino en el clínico. Tiene un ego desproporcionado, una conciencia intermitente de las consecuencias y una tendencia preocupante a rodearse de personas que lo adulan sin exigirle nada. Su falta de autocrítica no es una pose, es estructural. En su mundo, lo que le ocurre es siempre culpa de otros. Él simplemente estaba allí. Como quien pasa por la vida sin mancharse, aunque deje un reguero detrás.

Nunca tuvo el aplomo de Carlos ni el carisma de Diana. Tampoco la disciplina de Ana ni la discreción de Eduardo. Pero durante años fue útil en su papel de «royal moderno»: viajaba, cenaba con empresarios, inauguraba cosas. Hasta que dejó de ser útil. Su caída fue menos un accidente que una consecuencia lógica. Demasiadas amistades turbias, demasiadas decisiones erráticas, demasiado convencimiento de que el apellido lo protegía de todo.

El escándalo Epstein no solo dinamitó su reputación, sino que reveló hasta qué punto había perdido el contacto con la realidad. Su famosa entrevista televisiva —ese festival de negaciones sin asesoramiento ni conciencia de imagen— fue un retrato clínico de arrogancia desinformada. No sudar, no recordar, no arrepentirse. Todo dicho con el tono de quien está convencido de que aún puede salirse con la suya.

Desde entonces, vive en una especie de limbo institucional. No trabaja para la Corona, pero tampoco ha sido expulsado formalmente. Se le ha retirado casi todo, menos el sentido de que algo se le debe. No se considera culpable, sino malinterpretado. Y esa narrativa es la que le permite seguir jugando al duque retirado con dignidad, aunque la dignidad se haya quedado en alguna pista de esquí hace dos décadas.

Su psicología es la del hombre que nunca tuvo que madurar del todo. Protegido por su madre hasta el último momento, Andrés ha vivido bajo una burbuja emocional que le impide entender que el mundo ha cambiado. Él sigue siendo, en su cabeza, el príncipe joven, con el uniforme de gala y la mirada aprobadora de la reina. Lo que la opinión pública piense no le interesa. Lo que su familia piense, le irrita. Y lo que él piense de sí mismo... probablemente no lo haya cuestionado nunca.

En este punto le añado un dato que le puede resultar relevante. En febrero de 2022, hablé personalmente con David S. Wenstein, exfiscal de EE. UU. Él no tenía claro que el caso del príncipe Andrés llegara a juicio. Concretamente me dijo «no creo que vaya a juicio. Creo que habrá un acuerdo. Sin embargo, si el caso fuera a juicio sería frente a un jurado. Es un caso civil y el juicio tendría que llevarse a cabo en los EE. UU. y no en el Reino Unido. El príncipe tendría que viajar a EE. UU., tendría que sentarse en la sala del tribunal de los EE. UU., y ahí es donde se llevaría a cabo este caso… Pero creo que el daño que el príncipe Andrés ya tiene en su imagen pública no mejorará en absoluto si este caso va a juicio. Aunque habrá más litigios, y el proceso de investigación seguirá, creo que esto se resolverá sin un juicio con jurado». Y así fue.

Ahora le pido que haga un inciso y visualice el escándalo en lo que eso resultaría. Le recuerdo que anteriormente a ese juicio estaba previsto un interrogatorio que hubiese tenido lugar en Londres, y no se iba a tratar de un interrogatorio cualquiera. Hasta allí se hubiesen desplazado los abogados, el fiscal, un fotógrafo y un médico forense para llevar a cabo una investigación exhaustiva, incluso de la anatomía privada del príncipe. Me explico. Si recuerda el escándalo que hubo cuando Michael Jackson fue detenido por varias acusaciones de abuso a menores —resultó inocente de todos los cargos—, una parte crucial fue la inspección de su anatomía. Las supuestas víctimas habían descrito con detalle cómo eran las partes de Jackson que no podíamos ver y se tenía que verificar. Es entonces cuando la Policía de Los Ángeles obtuvo el permiso para entrar en la casa de Jackson y tomar fotografías y vídeo de las partes más íntimas del cantante, incluyendo su pene, ano, cadera y glúteos. Por supuesto, antes fue avisado de que negarse a ello sería tomado como un claro indicio de su culpabilidad. De modo, que un 20 de diciembre de 1993, en Neverland, se llevó a cabo ese tremendo «registro». Como ve, la profundidad del tema es impactante. Pues eso es lo que le esperaba al príncipe Andrés si no hubiese llegado a un acuerdo. Ni más ni menos.

Y aquí tenemos tres partes implicadas. Por un lado, tenemos a la monarquía y al sistema mirando su ombligo más allá de tener en cuenta a la otra parte implicada: las víctimas. Y a ellas precisamente es a las que Wenstein no quería que se olvidara. Él tenía claro que las víctimas buscaban justicia, sí, pero también, con su denuncia y exposición pública de los abusos a los que habían sido sometidas siendo menores, buscaban el alivio más que cualquier otra cosa.

El exfiscal lo tenía claro: «La mayor parte de nuestro sistema funciona, hay algunas peculiaridades y esta sin duda es una de ellas, y será interesante ver cómo se desarrolla y cuál es el resultado, y si finalmente se procede a la nueva prueba —la que le he descrito hace un momento—, pero yo creo que el alivio que de esta forma se da a las víctimas para que sus historias sean escuchadas es una cosa que no puedo pasar por alto. Así que gracias, muchas gracias por tu interés en el caso».

Y, ciertamente, mi interés en el caso, en este preciso momento, es que usted vea que mientras el engranaje de la manipulación se esmera para liberar de responsabilidad a un príncipe —y mucho más allá de si es culpable o no—, hay víctimas reales que son ignoradas por el Consejo Privado, y también el *establishment*, porque para ellos no tienen calidad de víctimas, para ellos, las víctimas son el problema. Y, si hay un problema hay que buscar una solución. Punto. Le dejo con esto porque a mí se me dispara la respiración.

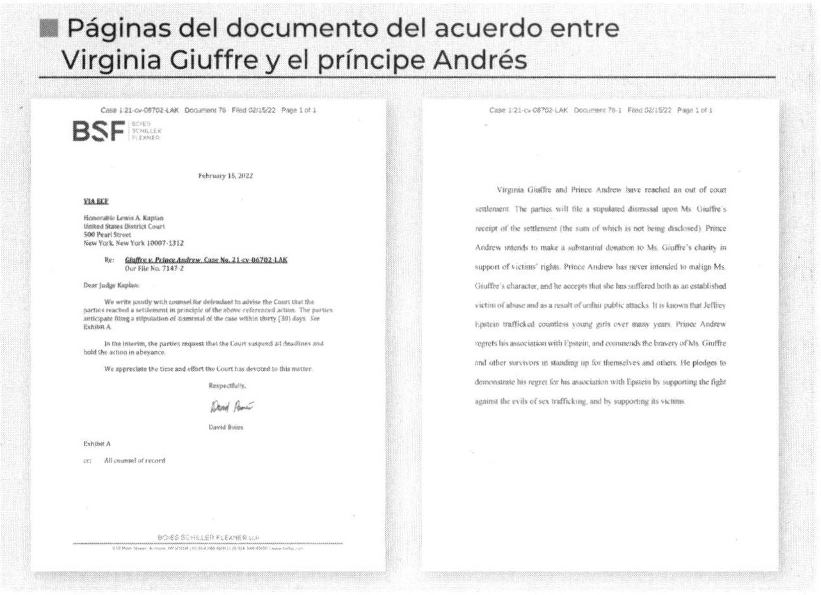

■ **Páginas del documento del acuerdo entre Virginia Giuffre y el príncipe Andrés**

Case 1:21-cv-06702-LAK   Document 78   Filed 02/15/22   Page 1 of 1

**BSF** | BOIES SCHILLER FLEXNER

February 15, 2022

**VIA ECF**

Honorable Lewis A. Kaplan
United States District Court
500 Pearl Street
New York, New York 10007-1312

Re:   *Giuffre v. Prince Andrew, Case No. 21-cv-06702-LAK*
Our File No. 7147-2

Dear Judge Kaplan:

We write jointly with counsel for defendant to advise the Court that the parties reached a settlement in principle of the above-referenced action. The parties anticipate filing a stipulation of dismissal of the case within thirty (30) days. *See* Exhibit A.

In the interim, the parties request that the Court suspend all deadlines and hold the action in abeyance.

We appreciate the time and effort the Court has devoted to this matter.

Respectfully,

David Boies

Exhibit A

cc:   All counsel of record

BOIES SCHILLER FLEXNER LLP

Case 1:21-cv-06702-LAK   Document 78-1   Filed 02/15/22   Page 1 of 1

Virginia Giuffre and Prince Andrew have reached an out of court settlement. The parties will file a stipulated dismissal upon Ms. Giuffre's receipt of the settlement (the sum of which is not being disclosed). Prince Andrew intends to make a substantial donation to Ms. Giuffre's charity in support of victims' rights. Prince Andrew has never intended to malign Ms. Giuffre's character, and he accepts that she has suffered both as an established victim of abuse and as a result of unfair public attacks. It is known that Jeffrey Epstein trafficked countless young girls over many years. Prince Andrew regrets his association with Epstein, and commends the bravery of Ms. Giuffre and other survivors in standing up for themselves and others. He pledges to demonstrate his regret for his association with Epstein by supporting the fight against the evils of sex trafficking, and by supporting its victims.

El resultado es que Andrés sigue oficialmente apartado, pero no ha enfrentado ninguna consecuencia legal más allá del daño a su imagen. Y, lo más importante, el resto de la familia real salió indemne. Misión cumplida del poder.

Y sí, aquí me quiero permitir recordar brevemente el caso que llevó a Virginia Giuffre a demandar al príncipe Andrés, y describirle a usted este caso que tanto me impactó.

Empecemos por el principio. Andrés, el segundo hijo de Isabel II, llevó una vida que combinaba el privilegio extremo con una notable falta de propósito. Sin un papel político ni un perfil público demasiado útil, se dedicó a lo que mejor sabía hacer: vivir del apellido —no es el único, claro—. Y en ese camino, terminó rodeándose de personajes que, por decirlo suavemente, no eran las mejores compañías.

Uno de ellos fue Jeffrey Epstein, el financiero estadounidense que utilizaba su inmensa fortuna y conexiones para encubrir una red de tráfico sexual de menores. Andrés y Epstein se conocieron en los años noventa, y no tardaron en convertirse en amigos cercanos. De esos que se visitan en sus mansiones, se van de fiesta juntos y, por supuesto, se benefician mutuamente.

Andrés viajaba con Epstein, se alojaba en sus propiedades y disfrutaba del acceso privilegiado a un mundo de lujos que solo unos pocos pueden permitirse. Y aquí es donde la cosa se complica. Según consta en la demanda que le interpone Virginia Giuffre, una de las víctimas de Epstein, ella fue obligada a mantener relaciones sexuales con el príncipe cuando tenía solo diecisiete años. Y esto no lo dice cualquiera, lo dice una mujer cuya historia ha sido corroborada por testimonios, registros de vuelos y fotografías que muestran a Andrés con el brazo alrededor de ella.

■ **Páginas del documento de demanda de Virginia Giuffre**

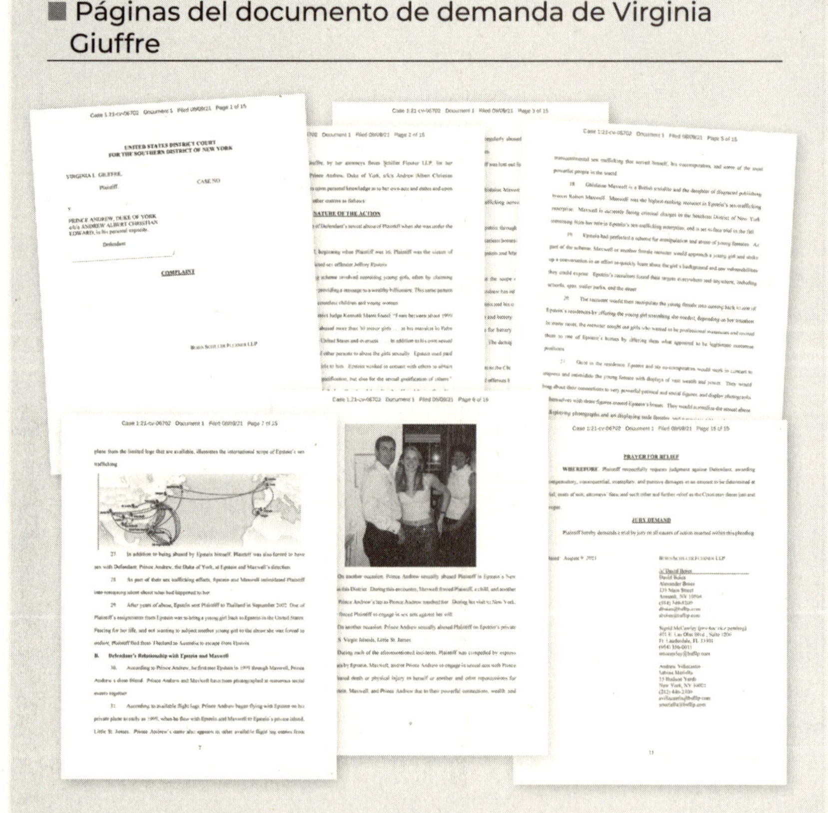

Ante un escándalo de esta magnitud, cualquier figura pública con un mínimo de inteligencia habría optado por el silencio absoluto o por una disculpa bien calculada. Pero Andrés decidió hacer algo radicalmente estúpido, decidió dar una entrevista en televisión para «limpiar su nombre». Y, madre mía, qué desastre fue aquello para él. Lejos de su propósito, lo que Andrés consiguió fue hundirse, autoinculparse.

En noviembre de 2019, la BBC emitió la ya desastrosa entrevista en *Newsnight*, donde Andrés intentó defenderse y terminó cavando su propia tumba. Para empezar, negó haber conocido a Virginia Giuffre, a pesar de que había una fotografía bastante clara de ambos juntos. Pero lo mejor fue su intento de desmentir las acusaciones de abuso sexual con una excusa… peculiar.

Según él, no podía haber sudado en la discoteca de Londres donde Giuffre aseguraba haber estado con él porque tenía «una condición médica» que le impedía sudar. Así, tal cual. Como si ese detalle absurdo pudiera desacreditar toda la historia.

Foto: BBC/Mark Harrison

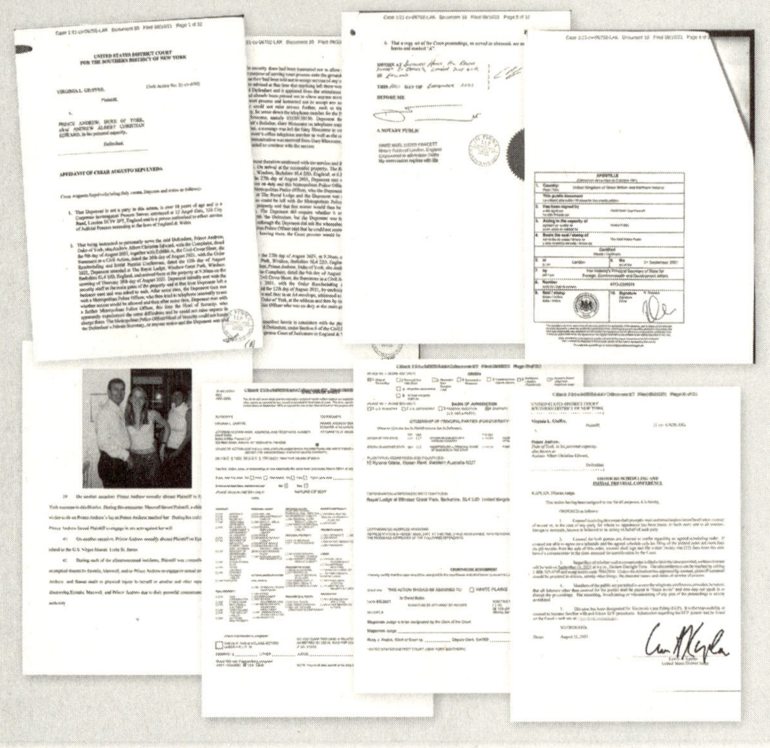

## La operación para salvar la imagen de la familia real

Y en cuanto todo esto se descontrola, cuando la presión mediática se volvió insoportable, la maquinaria de salvamento de la monarquía hizo lo que mejor sabe hacer: actuar rápido para cortar la gangrena antes de que infecte a todo el cuerpo. Y la solución fue clara, Andrés debía desaparecer. En este caso no sería del «mapa», sino como miembro de alto rango de la institución.

A los pocos días, el Palacio de Buckingham anunció que el príncipe Andrés se retiraba de sus funciones reales «por el bien de la institución». Adiós a los eventos oficiales, a las recepciones diplomáticas y a cualquier vestigio de representación pública. En otras palabras: lo apartaron como si nunca hubiera existido.

Pero ojo, no nos engañemos. Puede que lo hayan apartado, pero no lo han expulsado del todo. Sigue siendo hijo de la reina Isabel II, el hermano del rey Carlos III, es el duodécimo en la línea de sucesión, sigue viviendo en una residencia real y, por supuesto, sigue disfrutando de los privilegios que su linaje le garantiza.

Aquí comparto con usted un esquema personal que no estaba pensado ni escrito para incluir en este libro. Son unos puntos que redacté para tenerlos en cuenta después de hablar con una fuente, tras la retrasmisión del documental *Secretos del príncipe Andrés*, emitido en tres partes, y que me dijera que en la Casa Real pensaban que el príncipe Andrés «se había convertido en un problema a largo plazo». Aquí le dejo mis notas, que también me sirvieron para comentar el tema más a fondo en el programa *Cuarto Milenio* con Iker Jiménez y Carmen Porter.

## ■ El príncipe Andrés, «un problema a largo plazo»

Hace cuatro años (2019), J. Epstein, que cumplía condena por tráfico sexual de menores, apareció muerto en su celda de la prisión, en circunstancias muy misteriosas. Y el misterio continúa, la versión oficial dice que fue un suicidio por ahorcamiento, pero las pruebas no dicen eso.

El día 21 de agosto de 2023 se emitió en Reino Unido una serie documental de tres capítulos titulada *Secretos del príncipe Andrés*, que revisa las acusaciones de que Epstein traficaba sexualmente con mujeres y niñas para entregarlas al príncipe Andrés.

El caso es que Epstein no ha dejado de ser noticia, ni de ser un personaje incómodo para muchos ricos y poderosos que se encontraban en el círculo íntimo de este pedófilo, y a los que la



*Foto: Amazon Prime Video*

No voy a extenderme más con las barbaridades del príncipe Andrés, porque hay mucho más. Sin embargo, el príncipe Andrés no es el único caso que merece ser reseñado aquí. Seguimos.

## CONTROL DE DAÑOS

Todo sigue. Me deja helada cómo un caso tan grave terminó con tan pocas consecuencias reales. Un príncipe acusado de abuso sexual, una red de tráfico de menores y una conexión con uno de los criminales más infames del siglo… y, sin embargo, la justicia nunca lo tocó realmente.

# Harry y Meghan

## *Una campaña de odio con facturación incluida*

Entre 2020 y 2021, quiero ser muy clara con este tema, mientras el mundo lidiaba con una pandemia global, en el Reino Unido se orquestaba otra clase de infección: una campaña digital, mediática y calculada contra el príncipe Harry y Meghan Markle. Lo que comenzó como una cobertura incómoda terminó convirtiéndose en un asedio tóxico. Y no fue casualidad. Fue estrategia. Y alguien la pagó.

Los datos hablan solos. Según una investigación independiente de Bot Sentinel, el 70 % del contenido negativo en Twitter contra Meghan y Harry provenía de solo ochenta y tres cuentas altamente activas, algunas con vínculos cruzados, automatización evidente y patrones de comportamiento diseñados para amplificar el odio. Una microred organizada y coordinada. No eran opiniones espontáneas. Eran ataques.

A esto se sumaban columnas de opinión con titulares venenosos en tabloides como el *Daily Mail* o *The Sun*, que convirtieron cualquier gesto, palabra o silencio de los Sussex en un escándalo. Meghan no podía cerrar la puerta del coche sin que se convirtiera en una ofensa. Harry no podía protegerla sin que se dijera que estaba «controlando». ¿Exageración? No. Patrón.

Y aquí viene lo más turbio de todo, y es que, según las denuncias públicas y declaraciones posteriores de los propios duques, algunos de estos ataques estaban incentivados —cuando no directamente alimentados— desde dentro del sistema real. Sí, el mismo sistema que los desprotegió cuando ella confesó pensamientos suicidas. El mismo que se ofendió cuando dijeron, en voz alta, que había racismo dentro de palacio.

¿Quién pagaba estos ataques? Nadie lo ha dicho con nombres y apellidos. Pero el blindaje mediático del heredero, la prensa palaciega y ciertos exasesores reales coincidieron demasiado a menudo en la narrativa. Cada vez que Meghan subía, el escándalo se activaba. Cada vez que Harry hablaba, se encendía una tormenta. Es difícil no ver ahí una coreografía.

El resultado fue devastador. Los Sussex dejaron el Reino Unido. Se mudaron a California. Hablaron. Rompieron el pacto de silencio. Y eso, para una monarquía adicta al control del relato, fue imperdonable. El castigo, entonces, no fue el exilio, fue la difamación.

Pero lejos de desaparecer, Harry y Meghan aprendieron a jugar otro juego. Uno donde no hay palacio, pero sí plataforma. Y desde ahí, han devuelto cada golpe con una sonrisa y una productora de contenido.

La campaña de odio fue real. Medible. Visible. Coordinada. Y aunque ya no esté tan activa como en 2021, sigue siendo uno de los episodios más vergonzosos de una institución que prefiere la destrucción al cuestionamiento.

Páginas del documento oficial de la investigación de Bot Sentinel INC: «Cuentas de odio en Twitter dirigidas a Harry y Meghan, duques de Sussex»

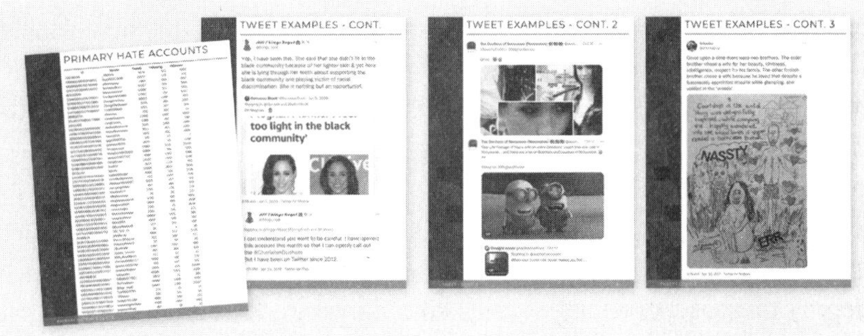

## ■ Perfil psicológico del príncipe Harry

Harry es el hijo que no iba a reinar y lo supo desde pequeño. Eso le dio, en teoría, libertad. Pero en la práctica, fue una condena. Creció como espectador de un cuento que no era el suyo. Con la gloria destinada a su hermano, la memoria trágica de su madre convertida en mito, y el afecto nacional repartiéndose siempre con medida. Nunca fue el protagonista, pero siempre estuvo en la foto. El resultado, un hombre que nunca supo si era parte de la institución o su daño colateral.

Foto: DFID – UK Department for International Development

Su psicología es contradictoria, impulsiva y profundamente emocional. Harry no filtra, no calcula, no guarda. Cuando algo le duele, lo dice. Cuando algo le molesta, lo grita. No heredó la contención de los Windsor, sino el desgarro emocional de Diana, multiplicado por la falta de estructura y la atención mediática constante. Ha sido soldado, fiestero, activista, marido devoto, padre ansioso y, sobre todo, el rebelde oficial de la casa. A veces parece no saber quién quiere ser, pero sí tiene muy claro quién no quiere ser.

Harry carga con un trauma mal cerrado, la muerte de su madre. Lo ha dicho tantas veces que ya no suena a confesión, sino a advertencia. Su duelo quedó congelado en el niño que caminó tras el ataúd en televisión. Todo lo demás —las peleas familiares, las memorias publicadas, las entrevistas incómodas— tiene el mismo punto de partida: la sensación de haber sido desprotegido por el sistema que debía cuidarlo.

El problema es que Harry quiere comprensión y justicia, pero también quiere atención. Y ambas cosas no siempre vienen juntas. Su necesidad de contar su versión roza lo compulsivo. Publicó un libro donde explicó tanto que al final nada quedó en pie, ni su privacidad, ni su reputación, ni la posibilidad de reconciliación. A veces parece no entender que cada palabra que lanza contra su familia es una piedra que también cae sobre él. Y otras, uno sospecha que sí lo entiende... pero no puede parar.

Su relación con Meghan ha sido su refugio y su catapulta. Ella le dio estructura, relato, dirección. Pero también le ofreció algo nuevo, una causa. Con ella dejó de ser el príncipe díscolo para convertirse en el exiliado con propósito. El problema es que no termina de soltar del todo a la familia que dejó atrás. Vive entre el despecho y la añoranza, como quien corta pero sigue mirando el WhatsApp.

Harry quiere autenticidad, pero la busca con cámaras delante. Quiere curación, pero a golpe de documental. Dice odiar el escrutinio mediático, pero ha convertido su vida en contenido. Ese dilema lo persigue. No puede escapar de la institución sin llevarse consigo su sombra. Y aunque renunció a los títulos operativos, el príncipe sigue ahí, en la mirada, en el reclamo, en la narrativa.

En el fondo, Harry es un hombre que quiere que le digan que hizo lo correcto. Que lo escuchen sin juzgarlo. Que lo miren y digan, «te entendemos». Pero está en una familia que no sabe hablar ese idioma. Así que grita. Publica. Se exilia. Y en ese ruido constante, a veces uno se pregunta si no quiere volver, aunque sea solo para que lo echen de nuevo.

## El otro pacto: cuando la reina sí sabía

Mucho se ha dicho sobre la sorpresiva decisión de Harry y Meghan de abandonar sus funciones reales y mudarse fuera del Reino Unido. Se habló de ruptura, de desafío, de fuga. Pero lo que se ha silenciado con más empeño es que la reina Isabel II estaba al tanto. Y más aún, la reina dio su visto bueno.

La narrativa oficial fue convenientemente sencilla. Los duques de Sussex querían «una vida más privada», «ser financieramente independientes», y la Casa Real los había acogido con resignación educada. Nada más lejos de la realidad. La reina sabía. Sabía desde antes del anuncio. Y no solo lo permitió, sino que participó en la arquitectura de una salida temporal, discreta y reversible.

La propuesta original era simple, irse a Canadá, país de la Commonwealth, donde podrían mantener su papel institucional en representación de la Corona, pero a distancia. Una especie de exilio estratégico, pactado y con billete de vuelta. Porque, aunque pocos lo digan, la idea de la reina era que, cuando el clima mejorara, pudieran regresar. Así de claro.

De ahí el matiz contundente que quiero transmitirle. No fue una salida por rebeldía, sino por preservación. Isabel II, que no era ingenua, entendía el poder destructivo del aparato palaciego. Había vivido los sucesos con Diana. Y estaba viendo lo que le estaban haciendo a Meghan. La presión mediática, las filtraciones interesadas, los ataques coordinados, las amenazas… Era una maquinaria que ya no podía controlar del todo. Así que prefirió evitar el escándalo futuro. Poner tierra de por medio y mantener la relación abierta.

Pero el plan se torció porque, en el momento más delicado, la reina murió. Y con ella, la última figura que garantizaba una tregua. Lo que era un acuerdo de ida y vuelta, se convirtió en una salida definitiva. Carlos III, menos conciliador, optó por romper los puentes que su madre había tendido. Sin tacto. Sin elegancia. Y sin considerar las consecuencias.

Los Sussex, ya instalados en EE. UU., entendieron el mensaje: ellos ya no eran parte del nuevo guion. Lo que había comenzado como una solución diplomática terminó convirtiéndose en una ruptura forzada. Y el relato, claro, lo reescribieron los de siempre con tinta de «traición», «deslealtad» y «ambición».

Pero entre las bambalinas, los que realmente estuvieron allí lo saben. No fue una traición. Fue un pacto frustrado. Uno que la reina apoyó. Uno que, de haber sobrevivido ella, quizá también habría sobrevivido a la institución.

Meghan no llegó a la familia real británica, la irrumpió. Lo hizo con sonrisa perfecta, dominio absoluto del lenguaje mediático y una biografía de superación que parecía escrita para la ficción. Y tal vez por eso mismo, nunca terminó de encajar en una institución que sigue funcionando como si el tiempo se hubiera detenido en la posguerra. Ella quería cambiar las reglas del juego. Ellos apenas saben jugar sin tablero.

Psicológicamente, Meghan es una estratega emocional. Sabe cómo construir un relato, cómo posicionarse en una entrevista, cómo dosificar la lágrima, la indignación, la ternura. No significa que todo sea falso —sería injusto—, sino que nada es dejado al azar. Su experiencia como actriz no está en los premios, sino en su manejo del guion. Donde otros improvisan o se excusan, ella afina el discurso. La narrativa es su territorio natural.

Su autoestima es alta, su necesidad de validación, también. Tiene una visión clara de sí misma como figura de cambio, como símbolo, como víctima del sistema. Y esa convicción le ha servido tanto para empoderarse como para romper puentes. Está convencida de que tuvo razón en irse, de que fue maltratada por la prensa, ignorada por palacio y subestimada por la maquinaria Windsor. Lo cree de verdad. Y lo cuenta como quien necesita que el mundo lo crea también.

Pero el problema de Meghan no ha sido su historia, sino su expectativa. Pensó que su llegada a la familia real sería celebrada como un giro moderno en la historia. Que su voz traería aire nuevo, multiculturalismo, cercanía. Que bastaría con ser auténtica y brillante para ser acogida. Y cuando descubrió que esa institución no se mueve con la lógica de la meritocracia, sino con la de la inercia, el desencanto fue brutal. El castillo no estaba hecho para una estrella, aunque, incongruentemente, todos quieran serlo.

La herida principal de Meghan no es solo el rechazo externo, sino la sensación de haber sido silenciada dentro. Se sintió sola, y esa soledad alimentó una narrativa interna poderosa, la de ser incomprendida, desprotegida, expuesta. Su salida fue tanto una ruptura como una respuesta: si no me dais voz aquí, la tomaré fuera. Y lo hizo. Entrevistas, documentales, podcasts, memorias. Cada medio fue un altavoz para un relato que mezcla verdad, interpretación y ajuste de cuentas.

Meghan es inteligente, segura y carismática. Pero también rígida en su visión. Tiene poco margen para la autocrítica, y un talento nato para convertir cualquier agravio en reivindicación. No retrocede. No duda en público. No se disculpa. Y aunque eso la vuelve admirada por muchos, también alimenta la desconfianza en quienes la ven como alguien que siempre necesita tener razón.

En pareja, es el centro. Ha dado a Harry la estructura emocional que él nunca tuvo. Lo protege, lo representa, lo explica. Pero también lo arrastra a su lógica narrativa, donde todo se ordena en torno a su vivencia. Para bien o para mal, lo ha convertido en su causa. Y él, agradecido, la sigue.

Meghan Markle no destruyó la monarquía británica, pero la obligó a mirarse en el espejo. No le gustó lo que vio. Y entonces la rompió. Y se fue.

*Los duques de Sussex en una visita a Nueva Zelanda en el año 2018*

# Otros escándalos silenciados

## *El príncipe y el depredador: la amistad silenciada entre Carlos III y Jimmy Savile*

### Un amigo poco convencional del príncipe

Jimmy Savile fue durante décadas una estrella excéntrica de la BBC y un filántropo célebre en el Reino Unido. Con sus chándales de colores chillones, puros y joyas ostentosas, era una figura omnipresente en la cultura pop británica, conocida tanto por sus programas de televisión como por recaudar millones para obras benéficas.

Gracias a esa imagen de «gran benefactor», Savile se movía con sorprendente soltura en los círculos de la élite. De hecho, llegó a trabar amistad con el príncipe Carlos, el heredero al trono, hasta el punto de convertirse en visitante habitual de las residencias reales.

No era raro verlo codearse con la realeza; según portavoces palaciegos, Carlos y Savile se conocieron a finales de los años setenta a través de eventos de caridad (como competiciones de deporte para personas en silla de ruedas) y desarrollaron una relación personal cercana.

A los ojos del joven príncipe de Gales, Jimmy Savile representaba una mezcla curiosa de bufón y asesor extraoficial. No pertenecía al rígido entorno cortesano, lo que quizás le permitiría a Carlos relajarse en su compañía. «La realeza está rodeada de gente que no sabe cómo tratarla; yo aporto un enfoque fresco», presumía Savile sobre por qué los Windsor lo recibirían con los brazos abiertos.

Y durante años, así fue. El estrafalario presentador era invitado a eventos privados, cenas y actos benéficos de la familia real como un amigo más. El propio Carlos «lideró los tributos» cuando Savile falleció en 2011, emitiendo un comunicado conjunto con Camilla donde decían estar «entristecidos» por su muerte.

En vida, nadie habría imaginado nada siniestro en aquel excéntrico personaje al que la Casa Real trataba con familiaridad y hasta cariño.

## CONSEJERO EN LA SOMBRA DE LA REALIDAD

Más allá de la camaradería, Savile terminó desempeñando un papel insólito: consejero oficioso de Carlos en asuntos de imagen pública. Con el paso de los años ochenta, el príncipe empezó a solicitarle consejos sobre cómo afrontar retos mediáticos y situaciones delicadas. Correspondencia privada revelada posteriormente mostró que, durante dos décadas, Savile se convirtió en asesor extraoficial del heredero

En 1987, por ejemplo, Carlos le escribió pidiéndole sugerencias sobre «cómo llegar a partes del país que otros no alcanzan», e incluso describió a Savile como «ese tío que sabe lo que pasa».

No le aconsejaba solo en asuntos abstractos. En otra nota, Carlos directamente le pidió a Savile que facilitara una reunión con su cuñada Sarah Ferguson, duquesa de York, creyendo que «le vendría bien algo de tu sensata franqueza».

El presentador, orgulloso de su acceso a la realeza, cumplió encantado estos roles de conseguidor y consejero.

La influencia de Savile alcanzó incluso el manejo de crisis públicas de la Corona. En 1989, tras un sonado desliz del príncipe Andrés (quien hizo comentarios insensibles al visitar Lockerbie tras un atentado), Savile redactó a instancias de Carlos un memorando de recomendaciones para la familia real.

Ese «manual de relaciones públicas» incluía consejos sobre cómo debían comportarse la reina y los demás miembros de la Casa Real ante tragedias públicas, e incluso advertencias de no competir entre ellos por protagonismo.

Carlos tomó muy en serio esas sugerencias: «Adjunto una copia de mi memo sobre desastres, que incorpora tus puntos y que le mostré a mi padre. Él se lo enseñó a la Reina», le escribió luego al propio Savile, evidenciando que trasladó las ideas del presentador hasta la cúpula del Palacio de Buckingham.

El príncipe llegaría a elogiar por carta la astucia de Savile, diciéndole que era «muy bueno entendiendo qué motiva a la gente, espectacularmente escéptico y práctico».

Sorprendentemente, ciertos consejos de Savile terminaron plasmados en la política de comunicación de la monarquía británica.

La proximidad llegó a tal punto que Savile revisaba borradores de discursos de Carlos, aconsejándole mejoras en el tono y el contenido.

Una biografía del príncipe reveló que confiaba en Savile incluso para temas personales, desde pedirle orientación sobre su matrimonio con Diana hasta invitarlo a reuniones con altos funcionarios de salud.

En una ocasión, unos directivos del sistema sanitario acudieron a Highgrove para tratar con Carlos la posible clausura de un hospital… y se quedaron *boquiabiertos* al encontrar a Jimmy Savile sentado a la mesa.

El presentador, vestido por el príncipe como su emisario informal, no dudó incluso en hacer alarde de su influencia: tras aquella reunión, y en ausencia de Carlos, amenazó a los funcionarios diciéndoles que si lo contrariaban podrían «perder su posibilidad de un título de caballero».

Que un simple animador televisivo se tomara semejantes atribuciones demuestra el nivel de acceso y poder que llegó a sentir Savile bajo el amparo del príncipe.

## Señales de alarma ignoradas

Hoy resulta escalofriante repasar cómo nadie en palacio detectó (o quiso detectar) el lado oscuro de Jimmy Savile. Ciertamente, *algunas señales inquietantes* estuvieron allí. Empleados reales comentaron luego que Savile tenía comportamientos extraños durante sus visitas. Dickie Arbiter, exportavoz de la Casa Real, reveló que cuando el presentador acudía a la oficina de Carlos en el Palacio de St. James a finales de los ochenta, solía saludar a las jóvenes asistentes pasando sus labios por sus brazos desnudos de forma repugnante.

Aquellas escenas ponían «en guardia y sospecha» a más de uno, pero el árbitro admite que nunca levantó una queja formal al respecto.

En retrospectiva, Savile «actuaba como una suerte de consejero matrimonial» entre Carlos y Diana por esa misma época, una ironía perversa, considerando que era un depredador sexual en serie operando impunemente. Pero en aquel entonces la idea de que el popular sir Jimmy pudiera hacer daño a alguien era impensable, y cualquier incomodidad se silenciaba con un encogimiento de hombros.

Savile, por su parte, cultivaba activamente su aura de intocable valiéndose de sus conexiones. No perdía oportunidad de publicitar su cercanía con los Windsor, insinuando que contaba con la aprobación de la más alta esfera de la sociedad.

En 1988 incluso actuó como organizador de un cóctel en palacio en nombre de Carlos, llamando personalmente a productores de televisión para invitarlos al Palacio de Kensington como si fuera ayudante del príncipe.

Varios invitados encontraron «muy raro» que Savile estuviera involucrado en ese menester, pero la oficina de Carlos confirmó su papel en la organización del evento.

Estos gestos no hacían sino afianzar la reputación respetable de Savile: ¿quién iba a sospechar de alguien tan cercano a la realeza? El propio Jimmy alardeaba en privado de cómo los honores recibidos acallaban rumores. «Menuda tranquilidad cuando obtuve el título; me quitó un peso de encima», confesó tras ser nombrado caballero, refiriéndose a que su flamante señor había silenciado las dudas que algunos periodistas sensacionalistas tenían sobre él.

Y es que no faltaron voces de alarma antes de su nombramiento: durante años circularon rumores incómodos sobre Savile, al punto de que Margaret Thatcher tuvo que insistir hasta en cuatro ocasiones para lograr que la reina Isabel II lo hiciera caballero en 1990.

Pero las dudas fueron barridas bajo la alfombra roja: pesó más su imagen de filántropo que cualquier sospecha. El *establishment* al completo —políticos, prensa, Casa Real— contribuyó a encumbrar a Savile, blindándolo con prestigio y dejándolo «ocultar sus crímenes a plena vista» bajo el manto de la respetabilidad.

## CUANDO ESTALLÓ EL ESCÁNDALO

Jimmy Savile murió en octubre de 2011 a los ochenta y cuatro años, celebrado públicamente como una figura casi heroica. Sus obituarios elogiaron su personalidad y sus obras de caridad, y la realeza no escatimó en condolencias.

Pero apenas un año después, ese recuerdo benigno quedó hecho trizas. En octubre de 2012, un documental explosivo de ITV destapó décadas de abusos sexuales cometidos por Savile. La policía confirmó lo inimaginable: el excéntrico presentador había sido en realidad uno de los peores depredadores sexuales en la historia británica, con cientos de víctimas vulnerables.

Se estima que abusó de alrededor de quinientas personas (muchos niños y adolescentes) a lo largo de su vida.

El país entero cayó en estado de *shock* y rabia: ¿cómo semejante monstruo había recibido un funeral con honores y hasta un título de sir?

En el Palacio de Buckingham, la revelación de la verdadera cara de Savile supuso un golpe embarazoso. El príncipe Carlos, al igual que el resto del país, aseguró no haber sabido nada. Clarence House, su oficina oficial, emitió un comunicado enfatizando que Carlos no tenía conocimiento de los crímenes de Savile y que no había mantenido contacto con él desde 1999.

Ese dato —1999— indicaba que, efectivamente, la amistad se había enfriado en los últimos años, quizás coincidiendo con la retirada de Savile de la vida pública. Aun así, el vínculo anterior resultaba ahora comprometido. De cara al público, la Casa Real se apresuró a tomar distancia. Un portavoz palaciego llegó a recordar que «no hay indicio de que ningún miembro de la familia real supiera nada» del lado oculto de Savile.

Internamente, es fácil imaginar el horror y la indignación de Carlos al descubrir que alguien a quien él llamaba «mi querido Jimmy» resultara ser un pederasta en serie. Pero externamente, la estrategia fue clara: marcar territorio y desvincularse cuanto antes del antiguo amigo hoy infame.

Las implicaciones institucionales también causaron revuelo. Muchos exigieron que a Savile se le despojara póstumamente del título de caballero británico que ostentaba. Sin embargo, el palacio se negó alegando que no existía precedente para revocar un *Knight Bachelor* una vez fallecido el titular.

De hecho, técnicamente sir Jimmy Savile siguió siendo sir incluso después de muerto, un tecnicismo que enfureció a víctimas y ciudadanos. Otras entidades sí actuaron: el Vaticano, por ejemplo, retiró rápidamente el honor pontificio que le había concedido años atrás.

Pero la Corona británica optó por no reescribir el pasado en el libro de los honores, confiando en que el tiempo y el oprobio público serían un castigo suficiente para la memoria de Savile. En adelante, su nombre quedó borrado discretamente de cualquier asociación con la familia real.

## Distanciamiento y control de daños

Tras el escándalo, Buckingham y Clarence House maniobraron para controlar daños y proteger la imagen de la monarquía. La táctica principal fue el silencio cuidadosamente orquestado. Salvo el comunicado inicial reconociendo la conmoción de Carlos y su ignorancia del tema, no hubo más comentarios públicos. Cuando en años posteriores la prensa sacó a la luz las cartas entre Carlos y Savile, los portavoces reales rechazaron hacer declaraciones.

Cualquier periodista que preguntara recibía la misma respuesta cortante: *no comments*. Se canceló efectivamente a Savile de la historia oficial de la Casa Real —nunca más se le mencionó en discursos ni se le recordó en público—. Las fotografías y anécdotas de su antigua cercanía fueron archivadas con discreción. En actos privados, según fuentes cercanas, el tema era tabú. La instrucción era clara: poner tierra de por medio y dejar que la atención mediática se enfoque en otros asuntos.

De puertas afuera, la maquinaria de relaciones públicas del palacio logró que la indignación resbalara sin salpicar directamente a la institución monárquica. La narrativa que caló fue que Savile había engañado a todos, reales y plebeyos por igual, por lo que la vergüenza recaía únicamente en él. Cierto cinismo asomó en tabloides y redes sociales —no faltaron memes de «vaya amigos que tiene el príncipe» acompañados de la foto de Carlos con Savile—,

pero oficialmente el asunto jamás escaló a una crisis institucional. A diferencia de otros escándalos posteriores más sonados, este vínculo tóxico se manejó con negación suave y olvido tácito. En última instancia, el príncipe (hoy rey) nunca tuvo que pedir perdón públicamente por haber sido íntimo de un pederasta; la empatía se centró en las víctimas de Savile, mientras la Casa Real pasaba página con rapidez.

## Reacción pública

La opinión pública, sin embargo, no dejó de hacer preguntas incómodas. El caso Savile supuso en el Reino Unido una crisis de confianza en las instituciones: ¿cómo pudo el *establishment* — BBC, hospitales, policías, nobles— mirar hacia otro lado tanto tiempo? Que el futuro rey hubiera tenido como confidente a un abusador en serie fue un trago amargo. Algunos críticos de la monarquía aprovecharon para argumentar que la diferencia ciega de la realeza hacia celebridades y *outsiders* «peculiares» podía traer consecuencias nefastas. En círculos republicanos se hizo hincapié en este desliz de juicio de Carlos, señalando que reflejaba cierta desconexión de la Casa Real con la realidad, o al menos un exceso de ingenio peligrosamente conveniente.

No obstante, la reacción institucional fue limitar el daño y avanzar. Se lanzaron investigaciones exhaustivas sobre *cómo* Savile burló todos los controles: la BBC encargó informes independientes, el NHS (sistema de salud) destapó fallos en los hospitales donde Savile campaba a sus anchas y hasta el Gobierno revisó los procesos de concesión de honores.

Pero la familia real quedó exenta de escrutinio formal. Ningún comité parlamentario citó a Carlos para rendir cuentas de su amistad con Savile; después de todo, no había indicios de complicidad, solo de un enorme error de carácter. Así, con el tiempo, el escándalo fue siendo eclipsado por otros (irónicamente, pocos años después otro amigo inconveniente de la realeza llenaría titulares). La figura de Savile pasó a la infamia absoluta, su tumba fue profanada y todos sus reconocimientos repudiados, pero el palacio sobrevivió relativamente ileso a esta tormenta.

En la actualidad, la relación entre Jimmy Savile y el ahora rey Carlos III permanece como un capítulo bochornoso y semiolvidado. En las biografías oficiales de Carlos apenas se menciona, y cuando salió en 2022 un documental de Netflix sobre el tema, la reacción fue un encogimiento de hombros oficial y un mero «no teníamos cómo saberlo».

Sin embargo, la historia de esta amistad silenciada es reveladora. Muestra cómo la combinación de ingenio, deferencia y secretismo permitió que un depredador construyera su reputación a la sombra del palacio, protegido por el aura de respetabilidad que este confiere. Es un recordatorio cínico de que, en ocasiones, la Corona británica también ha brillado sobre cabezas indignas, y de que las instituciones, por sacrosantas que sean, pueden sin quererlo servir de escudo a la oscuridad. En el caso de Savile y Carlos, la amistad fue real —por improbable que parezca—, y también muy real fue el rápido olvido con que se intentó enterrarla cuando la verdad salió a la luz. La monarquía siguió adelante, incólume, mientras el nombre de Jimmy Savile se hundía en la infamia… y en un silencio incómodo en los pasillos de Buckingham.

# Paul Burrell, el mayordomo que sabía demasiado

Paul Burrell, mayordomo y confidente de Diana, fue otro ejemplo de lo que pasa cuando alguien tiene información que no debería tener. En 2002, fue arrestado bajo la acusación de haber robado objetos personales de la princesa. La prensa lo destrozó, lo pintaron como un oportunista y un traidor.

El juicio estaba a punto de empezar cuando, de repente, la reina recordó casualmente que Burrell le había informado en su momento de que guardaba algunas de las pertenencias de Diana para protegerlas. Así que, de un día para otro, el caso se derrumbó y la fiscalía retiró los cargos. ¿Una coincidencia? O, más bien, ¿un mensaje? Burrell entendió la lección. Después de eso, dejó de hablar de ciertos temas y, aunque publicó algunos libros, nunca tocó los asuntos realmente peligrosos.

Estos casos muestran un patrón claro. Cualquiera que desafíe los intereses del *establishment*, ya sea desde dentro del sistema o desde fuera, enfrenta una campaña de aislamiento, desprestigio o, en los casos más extremos, consecuencias más siniestras. La monarquía, lejos de ser una institución pasiva en este entramado de poder, ha sido una pieza clave en la protección de la estructura que garantiza su supervivencia.

Sin duda, el *establishment* ha demostrado ser implacable con aquellos que desafían su control, y a lo largo de la historia británica, diversas figuras han sido apartadas del camino de maneras sutiles o, en algunos casos, de forma más evidentes. Entre los ejemplos más notables se encuentran algunas que le dejo a continuación en el recuadro.

**La princesa Diana:** como ya hemos comentado, su creciente popularidad y su postura independiente amenazaban la imagen de la monarquía. Su activismo y relaciones fuera del círculo de poder tradicional, así como su capacidad de comunicarse directamente con el pueblo sin el filtro del *establishment*, la convirtieron en una figura incómoda. Su muerte en 1997 sigue siendo objeto de teorías y sospechas, especialmente por la rapidez con la que la maquinaria de poder gestionó la narrativa oficial.

**David Kelly:** el científico británico que filtró información clave sobre la falsedad de las justificaciones para la invasión de Irak. Poco después de su revelación, fue encontrado muerto en circunstancias sospechosas. Su caso mostró cómo el *establishment* protege sus intereses en asuntos de política exterior y defensa.

**Jeremy Corbyn:** aunque no fue silenciado de manera literal, el exlíder del Partido Laborista se convirtió en un objetivo del *establishment* debido a su postura contra el militarismo, su propuesta de reformas económicas radicales y su cuestionamiento del poder de la monarquía. Durante su liderazgo, los medios de comunicación controlados por el *establishment* desataron una campaña de desprestigio en su contra, asegurándose de que nunca llegara a ser primer ministro.

**El príncipe Harry y Meghan Markle:** ya hemos hablado de ello. Su ruptura con la familia real y su denuncia de prácticas internas del Palacio de Buckingham los convirtió en blanco de una maquinaria de difamación constante. La presión mediática y las filtraciones estratégicas contra ellos reflejan cómo el *establishment* castiga a aquellos que osan desafiar su estructura de poder desde dentro.

**Edward Snowden y Julian Assange:** aunque no directamente relacionados con la monarquía, sus revelaciones sobre la vigilancia masiva y el papel del Reino Unido en operaciones encubiertas los convirtieron en enemigos del *establishment*. Assange, en particular, fue perseguido de manera implacable con el respaldo de la élite británica, que vio en él una amenaza para su control sobre la información.

## CONTROL DE DAÑOS: HABLAR DEMASIADO ES UN MAL NEGOCIO

Si hay algo que todos estos casos tienen en común, es que el *establishment* nunca deja un cabo suelto. No hace falta eliminar físicamente a nadie (aunque a veces las coincidencias son demasiado sospechosas), porque hay métodos mucho más sutiles y eficaces.

Se desacredita, se silencia, se entierra la historia bajo toneladas de información irrelevante o se deja que el tiempo haga su trabajo. Y si todo lo anterior falla, siempre hay un peón dispuesto a ser sacrificado en nombre de la estabilidad.

Así es como el *establishment* protege a la monarquía: asegurándose de que aquellos que saben demasiado se vuelvan irrelevantes, pierdan credibilidad o simplemente desaparezcan del debate público. Porque en Buckingham, hay muchas cosas que pueden ser toleradas. Pero hablar demasiado alto nunca ha sido una de ellas.

Y, para terminar de aclarar la fina línea que distingue a estas dos fuerzas de poder como son el Consejo Privado y el *establishment*, le dejo en el recuadro algún apunte que puede ser clarificador en momentos de duda.

■ **Diferencias entre el Consejo Privado y el** *establishment*

Aunque ambos grupos operan en las sombras y comparten el objetivo de preservar el *statu quo*, sus métodos y alcances son distintos:

El Consejo Privado es una estructura formal, con funciones definidas y un acceso directo al monarca. Su poder radica en su capacidad para asesorar, vetar leyes y gestionar crisis institucionales.

El *establishment* es una red informal de poder que no depende del monarca, sino de la influencia acumulada por sus miembros. Actúa de manera difusa, influyendo en múltiples sectores a la vez.

El Consejo Privado protege la monarquía, asegurando que siga existiendo sin que el público perciba su intervención.

El *establishment* protege el sistema británico en su conjunto, asegurándose de que ni la monarquía, ni el Parlamento, ni las grandes corporaciones pierdan su posición dominante.

## CONTROL DE DAÑOS: LA MONARQUÍA COMO PIEZA DE UN ENGRANAJE MAYOR

El *establishment* y el Consejo Privado son los dos pilares invisibles que sostienen la monarquía británica y el sistema de poder en el Reino Unido. Mientras que el Consejo Privado gestiona las crisis internas y protege a la familia real desde dentro, el *establishment* se encarga de que el entorno exterior siga favoreciendo sus intereses.

La pregunta clave es: ¿quién gobierna realmente el Reino Unido? ¿El Parlamento, el monarca o este entramado de élites que se han asegurado de mantener el control generación tras generación? La monarquía, lejos de ser una reliquia del pasado, sigue siendo una pieza central en este tablero de poder. Pero como cualquier otra institución, su destino depende de lo que estos guardianes del *statu quo* decidan.

Porque en la política británica, los reyes y primeros ministros pueden cambiar, pero el *establishment* siempre permanece.

# *Way ahead*: las reuniones reales donde todo se decide (y nadie lo admite)

Entre bastidores, lejos de las cámaras y de los discursos con sonrisas medidas, existe un espacio donde se cuece —en silencio y con precisión quirúrgica— el verdadero poder de la Corona. Se llama Way Ahead Group, y si no le suena, no se preocupe, eso es exactamente lo que ellos prefieren.

Este grupo fue creado a principios de los años noventa como un mecanismo informal de coordinación entre altos cargos de la Casa Real, representantes del Gobierno británico, asesores de comunicación y miembros clave del *establishment*. ¿Su función? Ser informados, tomar decisiones estratégicas, anticiparse a las crisis y, sobre todo, preservar la estabilidad de la institución por encima de cualquier miembro individual.

Para entendernos, en estas reuniones los miembros de alto rango de la familia real se sientan con los altos cargos del Consejo Privado. Todas las partes actualizan su información y después se ponen de acuerdo en cómo, cuándo, dónde y quién se implica en solucionar el tema que les preocupe en ese momento, y después se sincronizan las agendas y se pone el sistema en marcha.

Las reuniones del Way Ahead no aparecen en la agenda pública. No se filtran. No se comentan. Pero están ahí, marcando el ritmo de todo lo que después se presenta como «decisión personal» de algún Windsor. Desde qué tratamiento dar a un escándalo, hasta cómo manejar una desaparición incómoda o reconfigurar una narrativa familiar, todo pasa primero por ese círculo.

Cuando Diana estaba en pleno proceso de divorcio, el grupo fue clave para diseñar la estrategia de aislamiento y posterior encuadre de su figura como una «ex» molesta. Cuando Harry y Meghan comenzaron a distanciarse, también se convocaron reuniones extraordinarias para evaluar los daños (y, dicho sea de paso, gestionar los silencios selectivos que vendrían después).

Y sí, cuando la salud de Carlos y Kate comenzó a generar alarma pública, es en ese grupo —no en el salón privado de ningún palacio— donde se definió qué se contaba, qué se callaba y qué se disfrazaba de «iniciativa propia».

Way Ahead no manda, pero orquesta. No aparece, pero está en todo. Y es la prueba viviente de que, en la monarquía británica, el verdadero trono no siempre lo ocupa quien lleva la corona.

## Las reuniones clave del Way Ahead Group: cuando el guion se reescribe

Que el Way Ahead Group existe no es una teoría, sino una certeza bien documentada entre los que han seguido los entresijos de la Corona británica. Pero lo que suele pasarse por alto es cuándo se han reunido y por qué. En el recuadro le anoto algunas fechas clave.

> ■ **El divorcio de Diana y Carlos (1996)**
>
> Cuando la situación entre el entonces príncipe de Gales y Diana se volvió insostenible, el Way Ahead fue convocado de urgencia. El objetivo: definir cómo desactivar a Diana sin parecer crueles. El resultado: una estrategia de aislamiento institucional que culminó con un divorcio exprés disfrazado de mutuo acuerdo. La reina intervino tarde y solo para evitar daños mayores.

### ◼ La salida de Harry y Meghan (2020)

Cuando los Sussex anunciaron que querían un papel más independiente, la reunión fue inmediata. El grupo debatió qué concesiones hacer sin ceder el control. Se diseñó el marco del llamado «Megxit» y se decidió la línea dura con los medios: ni concesiones, ni apoyo emocional. Todo lo que parecía improvisado fue, en realidad, producto de muchas horas de debate entre asesores, cortesanos y estrategas.

### ◼ La salud de Isabel II y el plan London Bridge (2021–2022)

Con la salud de la reina deteriorándose, el Way Ahead se reunió para activar el plan «London Bridge» (el protocolo para su fallecimiento). Se discutió desde el momento exacto para anunciar la noticia hasta quién debía aparecer primero en la televisión. Todo cronometrado. Todo coreografiado.

### ◼ La desaparición pública de Kate Middleton (2024)

El caso más reciente. Cuando Kate fue ingresada y después retirada del foco público durante semanas, el Way Ahead definió la estrategia de silencio institucional, la manipulación de imágenes y el momento de emisión del comunicado sobre su cáncer. También se acordó cómo debía comportarse Guillermo en público: más ausente que presente, para evitar preguntas incómodas.

### ◼ La enfermedad de Carlos III (2024–2025)

Con el diagnóstico de cáncer del monarca, el grupo se reunió para evaluar escenarios, desde una comunicación medida hasta el posible inicio de una regencia encubierta. Las decisiones clave —cuándo hablar, qué tratamientos mencionar, qué apariciones cancelar— salieron de ahí. No del corazón de la familia, sino de la maquinaria del Way Ahead.

## CONTROL DE DAÑOS

Cada vez que usted ha pensado «qué curioso esto», es probable que el Way Ahead lo hubiera previsto meses antes.

# La monarquía y los servicios de inteligencia: una alianza en la sombra

Reconozco que la primera vez que leí sobre la conexión de la Corona y los servicios de inteligencia me sorprendí.

Desde la Segunda Guerra Mundial, la monarquía ha desempeñado un papel estratégico en operaciones de inteligencia. El propio duque de Edimburgo, Felipe, participó en misiones navales con acceso a información altamente clasificada. Isabel II, aunque aparentemente alejada de estos asuntos, mantenía reuniones regulares con los jefes del MI5 y el MI6 para recibir informes sobre amenazas al trono, crisis internacionales y, por supuesto, cualquier actividad subversiva que pudiera poner en peligro la estabilidad de la monarquía.

Uno de los episodios más notables ocurrió en la Guerra Fría, cuando el MI5 vigilaba activamente a políticos y figuras públicas sospechosas de simpatizar con el comunismo. ¿Quién recibía los informes de estas operaciones? La reina, quien tenía conocimiento de los posibles «subversivos» en la política británica. Y esto no es una especulación: documentos desclasificados han demostrado que el MI5 operaba con el consentimiento de la monarquía para neutralizar cualquier amenaza al status quo.

De hecho, uno de los roles más inquietantes de los servicios de inteligencia ha sido el de encubrir los escándalos de la familia real. Si un escándalo amenazaba con manchar la imagen de la monarquía, los servicios secretos británicos intervenían discretamente.

El caso del príncipe Andrés y Epstein es un ejemplo reciente. Aunque su relación con el financiero estadounidense se hizo pública, los esfuerzos para minimizar el impacto del escándalo fueron evidentes. Se rumorea que el MI5 trabajó en la sombra para frenar ciertas investigaciones, garantizando que el escándalo no escalara a niveles más peligrosos para la familia real.

Otro caso famoso es el de Diana, princesa de Gales, que usted conoce bien, y que mucho tuvo que ver la implicación de los servicios de inteligencia británicos. Aunque la versión oficial sostiene que fue un accidente causado por la imprudencia del conductor —ya le digo yo que no—, muchas preguntas siguen sin respuesta, y el papel de las agencias de seguridad en la vigilancia de Diana antes de su muerte sigue siendo un tema de debate.

Y, esto no es todo, en temas mediáticos puede estar seguro de que no únicamente la prensa toma el control de la información. El MI5 y el MI6 no solo trabajan en la defensa del país, sino que son una herramienta clave para el control de la información. Cualquier amenaza mediática que pueda perjudicar a la familia real es gestionada de inmediato con mano firme. Se han usado tácticas como la presión a periodistas, la censura de informes comprometidos y la vigilancia a exmiembros de la familia real o a personas cercanas a ellos. Todo vale.

Cuando Harry y Meghan Markle dejaron la monarquía y empezaron a hablar públicamente sobre sus experiencias dentro de la Casa Real, hubo rumores de que ciertos medios recibieron «recomendaciones» de no profundizar en ciertos temas. El poder de la monarquía no solo se ejerce a través del Gobierno, sino también a través de las instituciones que controlan la narrativa pública, y esta no es solo de la prensa.

## CONTROL DE DAÑOS: LA MONARQUÍA Y EL ESPIONAJE, UNA SIMBIOSIS CONVENIENTE

Si la monarquía británica se ha mantenido intacta durante tanto tiempo, no ha sido solo por el apoyo popular o la tradición, eso ya lo hemos visto, sino porque ha contado con los servicios de inteligencia más eficientes a su disposición. Desde espionaje político hasta la eliminación de amenazas mediáticas, la monarquía y los servicios secretos han trabajado codo a codo para proteger una institución que, sin estos mecanismos de defensa, quizás ya no existiría.

Porque al final, cuando un escándalo debe ser enterrado o una crisis necesita ser manejada en las sombras, siempre hay alguien en los servicios de inteligencia listo para actuar.

# Disimulo real
# y política

Es un hecho que la monarquía británica tiene una de las mejores estrategias de relaciones públicas del mundo. Ha logrado convencer a la mayoría de la población de que es una institución simbólica, un vestigio pintoresco del pasado sin verdadero poder. Sin embargo, la realidad es mucho más confusa. Los Windsor no han sobrevivido a los embates de la historia simplemente sonriendo y saludando desde los balcones, no. A pesar de lo que hemos visto sobre la maquinaria de poder que trabaja en la sombra para que la institución siempre esté a salvo, la influencia real sigue presente en las decisiones políticas más importantes del Reino Unido, pero de una manera lo suficientemente discreta como para que el público no lo note, no lo sepa. ¿Cómo lo hacen? A través de un juego de poder que combina el veto real, el cabildeo silencioso y la manipulación estratégica de sus conexiones con el Consejo Privado.

Para empezar, el veto real es una de las herramientas más poderosas de la monarquía, pero pocas personas saben cómo funciona realmente. Oficialmente, la reina Isabel II y ahora Carlos III han mantenido la apariencia de no involucrarse en la política, pero documentos filtrados han revelado que la familia real tiene el derecho de revisar ciertas leyes antes de que sean aprobadas por el Parlamento. Si alguna legislación afecta directamente sus privilegios, finanzas o propiedades, la monarquía tiene el derecho de bloquearla o modificarla antes de que llegue a debate público. De eso se encargará el Consejo Privado. Ojo, que esto también funciona a la inversa. Quiero decir, que cuando el Consejo Privado esté interesado en que una ley no prospere, la Corona tendrá que devolverle el favor. Un arma de doble filo.

Un claro ejemplo de esto sucedió en 2021, cuando investigaciones periodísticas revelaron que Isabel II había utilizado el veto real para modificar leyes sobre transparencia financiera y propiedades privadas, asegurándose de que sus bienes no fueran objeto de escrutinio público.

Otra maniobra que tal vez no conozca es la del cabildeo real. Los Windsor no necesitan pronunciar discursos políticos. Para influir en la política británica, cuentan con un ejército de consejeros, abogados y lobistas que actúan en su nombre. A través de reuniones privadas con ministros, parlamentarios y líderes empresariales, la monarquía se asegura de que las decisiones estratégicas del país nunca perjudiquen sus intereses.

Sin ir más lejos, Carlos III, cuando aún era príncipe de Gales, envió durante años las llamadas «cartas de la araña negra» a distintos ministros, presionando sobre temas que iban desde la agricultura hasta el diseño urbano. Aunque se intentó ocultarlas, finalmente fueron divulgadas en 2015, revelando el grado de intervención que ejercía en la política nacional.

También la influencia real en la diplomacia y relaciones internacionales es más que evidente. Aunque oficialmente la monarquía no tiene un rol en la política exterior, los miembros de la familia real realizan visitas de Estado que, en la práctica, funcionan como una herramienta diplomática del Gobierno británico. Estas visitas no son meras formalidades y suelen estar diseñadas para promover acuerdos económicos, defender intereses estratégicos del Reino Unido y fortalecer alianzas con regímenes afines.

Un claro ejemplo lo encontramos en las estrechas relaciones de la familia real con Arabia Saudita, un país acusado de violaciones sistemáticas a los derechos humanos, que han facilitado acuerdos multimillonarios en materia de comercio y defensa. Las visitas de los Windsor han sido clave para asegurar el flujo de contratos con la industria armamentística británica.

Y, si bien este punto ya lo he tocado al hablar de la manipulación, tanto del Consejo Privado como del *establishment*, me parece importante recalcar aquí que el control de la narrativa a través de los medios de comunicación no es solo exclusivo de ellos. La monarquía, para influir en la política, ejerce el control de su imagen pública a través de su pacto firmado en 2012 con los medios.

Los medios de comunicación británicos, en su mayoría alineados con el *establishment*, han jugado un papel más que importante en la protección de la familia real. A través de filtraciones controladas, escándalos fabricados y la omisión de ciertas noticias, la monarquía mantiene su aura de neutralidad mientras maniobra en las sombras. Si un medio tiene algún «escándalo» que pasaría a la primera página, el pacto hará que sea cambiado por otra noticia sin ninguna relevancia para los *royal*, como un posado, una exclusiva de algún miembro de alto rango comiendo, comprando o retozando en el jardín de su casa.

# El pacto secreto con la prensa: la tregua de 2012

Uno de los ejemplos más claros de la influencia de la monarquía sobre los medios de comunicación es el acuerdo alcanzado en 2012 entre la familia real y los principales periódicos y agencias británicas. Este pacto, resultado de años de tensiones entre los Windsor y la prensa, estableció un marco de cooperación en el que los medios británicos se comprometían a limitar la cobertura intrusiva de la familia real a cambio de acceso privilegiado a ciertos eventos y entrevistas exclusivas.

El pacto surgió tras el escándalo de las fotos de Kate Middleton en toples, publicadas por una revista francesa en 2012, lo que llevó a la familia real a endurecer su postura frente a los *paparazzi* y la prensa amarilla. Como parte del acuerdo, se establecieron restricciones implícitas para evitar la publicación de imágenes no autorizadas y para controlar la narrativa sobre los miembros de la familia real.

A partir de entonces, las filtraciones sobre escándalos internos han sido gestionadas con extremo cuidado, y la prensa británica ha mostrado una notable deferencia en comparación con otros medios internacionales. Este pacto aún vigente ha permitido a la monarquía evitar situaciones incómodas y mantener su imagen pública sin enfrentamientos directos con los medios.

Y aquí tenemos la explicación de porqué los medios de comunicación británicos no actualizaban el estado de salud de la princesa de Gales.

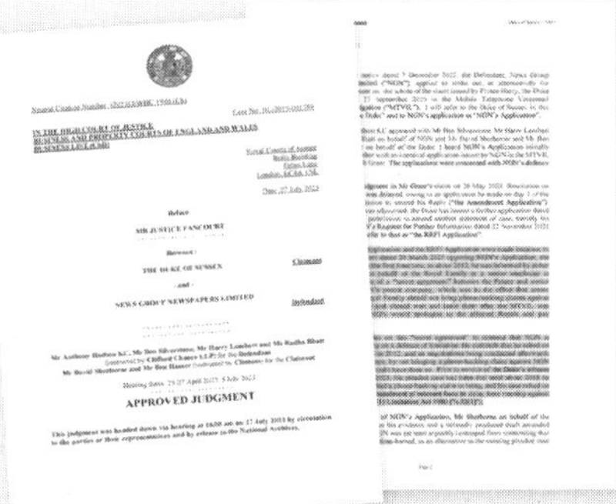

## ■ Traducción de los puntos 4 y 5

4. La solicitud de Enmienda y la Solicitud de RRFI se presentaron porque, en su declaración testimonial de fecha 20 de marzo de 2023 oponiéndose a la Solicitud de NGN, el Duque describió por primera vez cómo, aproximadamente en 2012, fue informado pror un abogado que actuaba en nombre de la Familia Real y un alto empleado del Palacio de Buckingham de un «acuerdo secreto» entre el Palacio y altos ejecutivos de la empresa matriz de NGN, según el cual los altos ejecutivos y los miembros de la Familia Real no deberían presentar demandas por escuchas telefónicas y deberían esperar y emitirlas después... cuando NGN se disculparía con los miembros de la realeza afectados y pagaría una compensación.

5. El Duque ahora se basa en este «acuerdo secreto» para sostener que NGN no puede invocar una defensa de limitación. Sostiene que se basó en el acuerdo secreto de 2012 y en las negociaciones que se llevaron a cabo posteriormente entre los dos bandos, al no presentar una demanda.

## ■ Ejemplos de la aplicación del pacto con la prensa

**La ausencia de cobertura crítica sobre las finanzas reales:** mientras que otros líderes y políticos en el Reino Unido enfrentan escrutinio sobre sus gastos y patrimonio, la familia real ha logrado mantener en gran parte ocultos los detalles sobre su riqueza. La prensa británica rara vez cuestiona el financiamiento de la monarquía y evita profundizar en investigaciones sobre el dinero de la Casa Real, en contraste con medios internacionales que han publicado reportajes sobre sus inversiones en paraísos fiscales.

**El caso del príncipe Andrés y Jeffrey Epstein:** a pesar de la gravedad del escándalo, la cobertura en los principales periódicos británicos fue sorprendentemente tibia hasta que la presión internacional obligó a la familia real a tomar medidas. Incluso después de que Andrés fuera apartado de sus funciones públicas, los medios británicos han evitado tratar el caso con la dureza con la que abordarían un escándalo similar de cualquier otra figura pública.

**La protección de Camila Parker Bowles antes de la muerte de Diana:** durante los años previos a la trágica muerte de la princesa Diana, la cobertura de los medios británicos sobre la relación de Carlos con Camila fue muy limitada. Solo después de su fallecimiento y una estrategia planificada de relaciones públicas, la prensa comenzó a rehabilitar la imagen de Camila, convirtiéndola de la «mujer más odiada de Reino Unido» en la actual reina consorte.

**El escándalo de los documentos de los paraísos fiscales:** en los *Paradise Papers* de 2017, se reveló que la Casa Real británica había invertido dinero en fondos *offshore* en el extranjero. Mientras que la prensa internacional cubrió el caso con detalle, la prensa británica minimizó el impacto, presentando la historia como una mera anécdota financiera y sin cuestionar la legalidad o ética de dichas inversiones.

**La omisión de detalles sobre la salud de los miembros de la familia real:** la cobertura de enfermedades y problemas de salud de la realeza británica se maneja con extremo control. En el caso del cáncer de Carlos III o la prolongada ausencia de Kate Middleton en 2024 y 2025, los medios británicos han evitado formular preguntas incómodas o investigar en profundidad, limitándose a difundir los comunicados oficiales sin más cuestionamiento.

**El blindaje mediático de los herederos al trono:** la prensa británica ha evitado publicar historias que puedan dañar la imagen del príncipe Guillermo y su familia, manteniendo una cobertura positiva en todo momento. A diferencia de la prensa internacional, los tabloides británicos han ignorado rumores sobre crisis matrimoniales o disputas internas en la Casa de Windsor.

La monarquía británica ha logrado hacer creer al público que su papel es meramente ceremonial, cuando en realidad sigue ejerciendo un poder significativo de manera encubierta. A través del veto real, el cabildeo político, la diplomacia informal y el control de los medios, la familia Windsor sigue siendo una de las instituciones más influyentes del Reino Unido. Mientras la población siga creyendo en la farsa de su neutralidad, la monarquía seguirá metiendo las manos en la política sin que parezca que lo hace.

# La supuesta neutralidad real

Este punto es importante. Fíjese, que la monarquía británica lleva siglos vendiéndose como el epítome de la neutralidad política. Nos dicen que son un símbolo de unidad, que están por encima de los conflictos partidistas y que su función es meramente representativa. Y, sin embargo, basta con prestar un poco de atención para ver que esa supuesta imparcialidad es, en el mejor de los casos, una farsa bien ensayada. Porque los Windsor, como ya he dicho, pueden no dar discursos partidistas ni hacer campaña, pero su influencia se siente en cada decisión clave del Reino Unido. Lo que ocurre es que lo hacen con elegancia, entre bastidores, sin ensuciarse las manos. En el Brexit, sin ir más lejos. Ojo con este caso porque es un claro ejemplo de cómo la monarquía mueve hilos sin que parezca que lo hace. Durante el referéndum del Brexit en 2016, la familia real mantuvo una postura oficialmente neutral, pero no faltaron las filtraciones y «comentarios privados» que insinuaban su verdadera postura.

En plena campaña, *The Sun* publicó un explosivo titular asegurando que la reina Isabel II apoyaba la salida de la Unión Europea. Supuestamente, había hecho comentarios en reuniones privadas sobre su preferencia por un Reino Unido independiente de Bruselas. ¿Casualidad? Permítanme dudarlo. Aunque Buckingham negó la veracidad de la información, el daño ya estaba hecho. El mensaje quedó en el aire, justo lo suficiente para que los sectores conservadores usaran la imagen de la reina como respaldo implícito a su causa.

Y luego, después del referéndum, ¿qué pasó? Que la familia real fue utilizada estratégicamente para reforzar las relaciones diplomáticas con Europa. De pronto, teníamos a los Windsor visitando líderes europeos con una sonrisa encantadora y palabras conciliadoras, mientras el Gobierno lidiaba con las consecuencias del divorcio político. Sin decir nada abiertamente, ayudaron a suavizar la crisis.

Otro caso fascinante es el mensaje entre líneas en la independencia de escocia. En 2014, Escocia celebró su referéndum de independencia y, por supuesto, la monarquía no podía quedar al margen. Oficialmente, la reina Isabel II se mantuvo imparcial, pero a pocos días de la votación soltó una frase cargada de significado: «Espero que la gente piense con mucho cuidado en el futuro».

¿Sutil? Sí. ¿Inocente? Ni de broma. Esa declaración, en apariencia neutral, fue interpretada como una llamada a la unidad del Reino Unido. No hizo falta más. Los medios británicos amplificaron el mensaje, los voceros del trono lo multiplicaron en las redes y los políticos unionistas lo usaron como argumento. Al final, Escocia votó por quedarse. ¿Influyó la reina en el resultado? No hay pruebas… pero tampoco dudas.

Además, hubo reuniones discretas entre el Gobierno británico y el Palacio de Buckingham para coordinar estrategias en caso de que el resultado fuera adverso. Que no nos vendan cuentos, en este caso la monarquía tenía mucho que perder si Escocia se independizaba, y es evidente que movieron sus fichas para evitarlo.

Otros terrenos donde los Windsor pueden jugar su partida sin levantar sospechas son las elecciones generales y también las relaciones con los líderes políticos. Históricamente, han mantenido un vínculo más cálido con ciertos líderes políticos, especialmente aquellos que garantizan la continuidad del sistema.

Isabel II, por ejemplo, tenía una evidente sintonía con figuras como Winston Churchill y Margaret Thatcher, mientras que con otros, como Harold Wilson o Jeremy Corbyn, el trato fue bastante más frío. De hecho, el propio Corbyn, con su programa de reformas radicales y su postura republicana, parecía un enemigo natural de la monarquía. No es de extrañar que la prensa ligada al *establishment* se encargara de destruir su imagen con una precisión quirúrgica.

Carlos III, por su parte, también ha dejado claras sus inclinaciones políticas a lo largo de los años. Ya lo hemos comentado, cuando era príncipe se descubrió que enviaba cartas privadas a ministros —las famosas «cartas de la araña negra»— en las que presionaba sobre temas como el medioambiente, la agricultura y la educación. El Gobierno intentó ocultarlas, pero su publicación en 2015 reveló que Carlos no solo tenía opiniones políticas, sino que no dudaba en expresarlas en privado.

## CONTROL DE DAÑOS: NEUTRALIDAD A CONVENIENCIA

Lo más curioso es que, la monarquía británica puede seguir insistiendo en que es neutral, pero los hechos cuentan otra historia. No necesitan hacer declaraciones oficiales ni salir en campaña porque su influencia opera de forma más sutil: mensajes velados, relaciones estratégicas, gestos simbólicos y, sobre todo, silencios bien calculados.

Si de verdad fueran imparciales, no veríamos estos patrones repetirse una y otra vez. No veríamos cómo sus acciones —o la falta de ellas— siempre terminan favoreciendo al *statu quo*. Así que, si alguien sigue creyendo en la imparcialidad de los Windsor, quizá debería *pensarlo con mucho cuidado*, como diría la mismísima Isabel II.

Hay secretos que duelen. Otros que comprometen. Y otros, los más eficaces, que simplemente se convierten en parte del paisaje. En la monarquía británica, el misterio no es una anomalía. Es un método. Una forma de gestión. Una herramienta de poder tan pulida que ya no parece tal. A estas alturas, la casa Windsor no solo sobrevive a base de instituciones, escudos y ceremonias. Sobrevive, sobre todo, gracias a lo que no se dice.

Porque detrás de cada gesto institucional hay una coreografía ensayada. Y detrás de cada coreografía, una puerta cerrada. Y tras esa puerta, lo de siempre: intereses cruzados, favores viejos, deudas nunca canceladas. Relaciones que no figuran en la biografía oficial. Llamadas que no quedan registradas. Encuentros que nadie admite haber solicitado, pero que siempre terminan ocurriendo. El verdadero palacio no está en las fotos. Está en las listas de llamadas.

El rey ha sabido moverse en ese terreno durante décadas. Ha cultivado amistades que no conviene documentar, simpatías políticas que se niegan con elegancia, y conexiones empresariales tan antiguas como incómodas. Y si ahora parece menos peligroso es solo porque su pasado está mejor archivado. Pero los que han estado cerca saben que el verdadero Carlos nunca fue neutral. Solo fue prudente.

El duque de York no fue tan hábil. Ni tan discreto. Las relaciones que mantuvo, los nombres que repitió, las casas que visitó y los vuelos que compartió no podían esconderse siempre. Y cuando ya no pudo evitar el foco, la institución optó por la técnica de emergencia: aislar, despojar, silenciar. No para hacer justicia, sino para que no salpicara.

Guillermo también ha aprendido la lógica del silencio. La misma que lo aleja de ciertos amigos, lo protege de ciertas preguntas, lo rodea de un equipo blindado que funciona como dique y como filtro. No es solo una cuestión de imagen: es control. De qué se dice, cuándo se dice y sobre todo, quién puede decirlo. Y cuando eso falla, se activan los mecanismos de siempre: campaña, desmentido, cortina.

Camilla, Sarah Ferguson, Paul Burrell. Cada uno a su manera, ha sido parte del engranaje que sabe más de lo que cuenta. Y que, por eso mismo, incomoda. No por lo que han hecho, sino por lo que han visto. Por lo que podrían decir. En una monarquía construida sobre la previsibilidad, quien sabe demasiado siempre acaba sobrando.

Después están los que nunca aparecen en la foto. El consejo privado. Los intermediarios con acceso directo. Las reuniones que no se registran pero definen más que un discurso del trono. Los que se sientan en los comités way ahead y deciden qué conviene filtrar, qué se puede sacrificar y a quién es mejor mantener cerca, aunque no se le invite a cenar.

Y en los márgenes, la inteligencia británica. Siempre al tanto, siempre formalmente ajena. Pero nadie que nadie se engañe. Si un miembro de la familia real hace algo que puede poner en riesgo la seguridad nacional, o simplemente el prestigio del Estado, alguien lo sabrá. Alguien lo medirá. Alguien lo gestionará. Porque los secretos reales no son una cuestión familiar. Son un asunto de Estado. O eso dicen.

Y luego está el caso más incómodo de todos, el del hijo que se fue. Porque Harry y Meghan no rompieron solo el protocolo. Rompieron el pacto tácito de los Windsor: todo puede discutirse dentro, pero fuera, jamás. Lo que provocaron no fue una crisis de relaciones públicas. Fue una crisis de confianza. Y la respuesta institucional no fue diálogo. Fue campaña. Fría, meticulosa, constante. Una campaña que aún hoy sigue latente, disfrazada de indiferencia. Porque quien se va, pero puede hablar, siempre es una amenaza.

Este apartado no es una teoría de la conspiración. Es un inventario de lo que no se ha contado. O no se ha podido contar. Porque el verdadero misterio no está en lo que se oculta. Está en lo que todos saben, pero nadie se atreve a confirmar. No por falta de pruebas, sino por exceso de consecuencias.

Así se sostienen las monarquías en el siglo XXI. No solo por linaje o tradición, sino por pacto. Con el Estado. Con los medios. Con la memoria selectiva del país. Lo inquietante no es que haya secretos. Lo inquietante es que ya no haga falta esconderlos del todo. Basta con que no se mencionen.

Y eso es lo que diferencia el misterio del escándalo o del fracaso. El escándalo se gestiona. El fracaso, se supera. El misterio, en cambio, permanece. No se resuelve. Solo se dosifica. Hasta que un día, si el equilibrio se rompe, lo no dicho pese más que el apellido.

# ESCÁNDALO

# El arte de barrer
# bajo la alfombra

No voy a andarme con rodeos. Lo que está claro es que si hay una familia experta en el noble arte de salir indemne de situaciones incómodas, esa es la familia Windsor. No importa cuán grave sea el escándalo, cuán sucia sea la revelación o cuántos titulares le dedique la prensa durante semanas. De una forma u otra, todo termina diluyéndose. O, mejor dicho, enterrándose cuidadosamente bajo una alfombra de protocolo, silencios cómplices y sutiles maniobras.

Y es que, si algo han perfeccionado los Windsor a lo largo de los siglos, es la habilidad de protegerse a sí mismos. Desde escándalos financieros hasta amistades incómodas con criminales de alto perfil, pasando por acusaciones de abuso y corrupción, la monarquía británica siempre encuentra la manera de reescribir la narrativa a su favor. ¿Cómo lo hacen? Ah, aquí está la clave: con una combinación de poder, influencia y una red de aliados dispuestos a tapar los agujeros. Y cuando no queda más remedio que sacrificar a alguien, se hace con elegancia, procurando que la caída de un miembro no arrastre a toda la institución.

No sé qué le parecerá a usted, pero a mí me fascina la capacidad de los Windsor para evitar cualquier tipo de consecuencia real. Porque, vamos a ver, en cualquier otra familia del Reino Unido, si un pariente cercano está relacionado con un delincuente sexual de talla internacional, o si uno de los miembros es señalado en un caso de corrupción, es más que probable que la justicia haga su trabajo. Pero en la familia real británica, la justicia parece ser un concepto… opcional.

Y claro, aquí no estamos hablando solo de un par de escándalos mal gestionados. No, no. Aquí estamos hablando de un patrón histórico, de un *modus operandi* que ha sido refinado con el tiempo. Desde la Segunda Guerra Mundial hasta la actualidad, la monarquía británica ha logrado evitar que la suciedad le salpique demasiado. Y cuando ha habido filtraciones, lo han solucionado con una mezcla de presión mediática, acuerdos extrajudiciales y, en los casos más graves, haciendo desaparecer ciertos nombres de los registros históricos.

¿Ejemplos? Los hay, y muchos. Tenemos, como ya hemos dicho, desde la relación del príncipe Andrés con Jeffrey Epstein hasta la doble vida del duque de Windsor con los nazis. Pasando, por supuesto, por las innumerables infidelidades, traiciones y escándalos financieros que han ido acumulando a lo largo de las décadas. Y lo más interesante es que, en cada uno de estos casos, los *royal* han conseguido minimizar el daño y seguir adelante como si nada.

Pero, verá, lo más impresionante no es que estos escándalos existan, sino la impunidad con la que los Windsor han logrado gestionarlos. Porque cuando un político es pillado actuando con dudosa moralidad, se le exige rendir cuentas, dimitir o, en el peor de los casos, afrontar un juicio. Pero en el caso de la familia real, todo se diluye en excusas, comunicados cuidadosamente redactados y el clásico «sigamos adelante».

En este capítulo, vamos a hacer algo que la prensa británica jamás se atrevería a hacer con tanta transparencia. Vamos a destapar cómo la monarquía ha logrado esquivar las balas una y otra vez. Porque si hay algo que los Windsor han demostrado, es que la verdad puede ser moldeada, manipulada y, si es necesario, completamente eliminada del relato oficial.

Así que vamos a ver algunos ejemplos. Comenzaré por los escándalos que no llegaron a los titulares, o aquellos que se retiraron rápidamente de la opinión pública. Son los mismos en los que mi informante me hizo poner el foco de atención. Los más enigmáticos.



## NOTICIAS QUE NO FUERON: EL ARTE DE DESAPARECER UN ESCÁNDALO REAL:

No todos los escándalos reales estallan, eso ya lo sabemos. Algunos se apagan antes de prender. Otros ni siquiera alcanzan la categoría de escándalo, se quedan en susurro, en carpetazo, en ese limbo amable donde las cosas comprometedoras van a morir sin dejar rastro. No hace falta negar lo ocurrido. Basta con distraer. La familia real británica, que no siempre ha sabido gestionar lo que grita la prensa, ha perfeccionado en cambio el arte de gestionar lo que nunca se publica. Es el arte de barrer bajo la alfombra.

Todos estos episodios existen. No como titulares, sino como huecos. Son historias que no cuajaron porque alguien —dentro, fuera o muy cerca del palacio— decidió que no convenía. No porque fueran catastróficas, sino porque eran innecesarias. La familia real ha sobrevivido a muchas tormentas, pero sobre todo ha sobrevivido a la capacidad de detectar nubes antes de que empiece la lluvia.

No hay delito en todo esto. Solo método. Lo que no se ve, no daña. Lo que no se publica, no se discute. Lo que desaparece a tiempo, no deja rastro. Y en el mundo real, a veces eso basta.

## MARK SHAND: EL ELEFANTE EN LA HABITACIÓN

Antes de que Camilla fuera reina, su hermano ya había sido noticia. No por caridad, ni por libros sobre la India, ni por elefantes huérfanos —aunque todo eso también lo hizo—, sino por algo más mundano: cocaína. O, mejor dicho, por una detención silenciosa y una rehabilitación aún más discreta. Mark Shand era el tipo de royal colateral con carisma de sobra y responsabilidad justa. El problema, como siempre, fue la línea —literal— entre el encanto y el escándalo.

La historia oficial dice que Mark era un aventurero. Escribía, viajaba, montaba campañas para proteger elefantes, tenía una melena envidiable y ese aire de aristócrata desordenado que parece romántico hasta que hay que recoger los platos. Era también el hermano pequeño de Camilla, lo cual, hasta cierto punto, lo colocaba en una posición de semi-intocable: no un Windsor, pero lo bastante cerca para tener que comportarse como si lo fuera. Y ahí empezaron los problemas.

En los años 80 y 90, Mark se movía con naturalidad por los clubes de Londres, los hoteles de la India y los salones de los bien conectados. La bohemia bien financiada tiene esas cosas. Una noche en Nueva York, sin embargo, se encontró con una patrulla policial menos comprensiva que las recepcionistas del Taj Mahal. Fue detenido por posesión de cocaína. En condiciones normales, habría sido un escándalo. Pero no lo fue.

La detención apenas fue cubierta. Un par de notas en la prensa americana, ninguna reacción oficial, ni una línea en los tabloides británicos que solían disfrutar con las caídas de los parientes no oficiales. El tema se enfrió antes de que pudiera calentarse. Poco después, Mark ingresó en un centro de rehabilitación. No por adicción —se dijo— sino por «agotamiento». Una palabra mágica que en la aristocracia sirve para todo: desde una sobredosis hasta una mala digestión con champán.

¿Qué pasó con la historia? Nada. Se evaporó. Camilla, entonces todavía amante oficial pero incómoda, no comentó el asunto.

Carlos, que ya bastante tenía con sus propias relaciones públicas, tampoco. La reina, si se enteró, no lo registró públicamente. En los archivos mediáticos de la época hay más cobertura del clima que de la detención de Shand.

Con el tiempo, Mark volvió a ocupar su sitio en el imaginario del buen excéntrico: fundó la Elephant Family, escribió libros sobre viajes por Asia, e incluso fue premiado por su activismo medioambiental. Su caída fue tan limpia que apenas dejó rastro. Murió en 2014, tras caer y golpearse la cabeza en Nueva York. Había asistido a una gala benéfica, ofrecido su sonrisa a los fotógrafos, tomado algo en el hotel. Nada turbio. Solo una mala suerte irónica.

La prensa británica lo despidió con obituarios elegantes: «escritor, explorador, defensor de los elefantes». Ni una palabra sobre la detención. Ni una mención a la droga. Todo el mundo pareció de acuerdo en que lo mejor era recordar al Mark de las causas nobles, no al Mark con polvo blanco en el bolsillo.

El caso de Mark Shand no fue el más grave, ni el más comprometedor, ni el más peligroso para la institución. Pero sí fue uno de los más eficientemente gestionados. Ni siquiera necesitó un comunicado. Bastó con ignorarlo. Porque cuando se trata de escándalos reales —o casi reales— la clave no está en desmentir, sino en mirar hacia otro lado lo bastante rápido como para que parezca que no pasó nada.

Y así fue. El hermano de Camilla fue detenido, rehabilitado, reciclado y finalmente canonizado como excéntrico encantador. Una historia redonda, si se cuenta bien. Y si no se cuenta en absoluto, mejor.

**Control de daños si la noticia hubiese trascendido:** Si la detención de Mark Shand hubiera llegado realmente a los titulares británicos, habría sido otra historia. Camilla, por entonces aún en fase de aceptación pública, se habría visto obligada a justificar lo injustificable: cómo se digiere que el hermano de la futura reina sea detenido por posesión de cocaína en Nueva York. Habrían llovido preguntas incómodas en las ruedas de prensa reales, columnas de opinión alertando del «riesgo reputacional» para la Corona, y expertos en protocolo exigiendo distancia entre palacio y ciertos parientes. El pasado de Shand habría sido revisado con lupa, su fundación interrogada, su activismo interpretado como distracción. Pero nada de eso ocurrió. Porque para que un escándalo estalle, primero hay que permitir que exista. Y en este caso, simplemente, no se le dio aire.

## EL SOBRE DE CAMILLA: LO QUE ENTRÓ POR LA PUERTA Y SALIÓ POR LA RENDIJA

Hay escándalos y escándalos. Y luego está este: un sobre blanco, una frase pronunciada en voz alta, una sala llena de testigos… y un silencio que cayó con la precisión de una guillotina.

Era marzo de 2022. Camilla, aún duquesa de Cornualles, participaba en un evento oficial en Londres sobre violencia sexual. El acto se celebraba en Clarence House, su residencia oficial, y reunía a víctimas, expertos y organizaciones sociales. Un entorno cuidado, con cámaras, discursos y gestos bien ensayados. Todo parecía perfectamente controlado… hasta que no lo fue.

Una mujer se acercó a Camilla y, en mitad del saludo protocolario, le entregó un sobre. Hasta aquí, nada escandaloso. Pero lo que vino después puede que cambie su percepción. Con claridad, y sin apartar la mirada, la mujer dijo que ese sobre contenía información sobre un miembro de la familia real acusado de abuso sexual. Lo dijo en voz alta. Frente a testigos. Y ante una mujer que, en ese momento, ya era futura reina consorte.

El gesto fue limpio. No hubo agresividad, solo una frase cargada de implicaciones. El tipo de frase que hace temblar a cualquier gabinete de comunicación. Camilla, para su crédito, mantuvo la compostura, o tal vez, no lo supo gestionar de otra manera. Recibió el sobre. No reaccionó. No pidió retirarla. No se sobresaltó. Fue un segundo contenido, pero eléctrico. La escena no fue interrumpida por seguridad. Nadie se movió. Nadie dijo nada.

¿Y luego? Luego, nada.

El hecho apenas fue mencionado por los medios. Ni titulares, ni seguimiento, ni análisis. El nombre del supuesto acusado no trascendió. La identidad de la mujer apenas fue reproducida en algunos blogs alternativos. No hubo comunicado, ni aclaración, ni promesa de investigar. El sobre fue recogido. El episodio, eliminado. Oficialmente, no había pasado nada.

Extraoficialmente, la historia se difundió en círculos discretos, sobre todo entre periodistas que cubren la casa real. Todos sabían que había sido real. Algunos vieron la escena. Otros la confirmaron con asistentes. Pero nadie quiso cruzar la línea. El riesgo era demasiado alto. El riesgo implicaba abrir un melón que no solo tocaba a Camilla, sino al funcionamiento entero de la familia real como institución. ¿Qué hacía exactamente ese sobre en manos de la futura reina? ¿A quién mencionaba? ¿Por qué no se informó públicamente?

No se trataba de un acto cualquiera. Era un foro sobre violencia sexual, en el que Camilla había pronunciado palabras firmes sobre la necesidad de escuchar a las víctimas. Que en ese mismo escenario se le entregara una acusación directa convertía el gesto en un desafío simbólico. Una suerte de prueba pública. ¿Estaba dispuesta la monarquía a aplicar sus propios principios? La respuesta fue rotunda, aunque silenciosa. No.

Porque si algo ha aprendido la institución es a neutralizar el fuego sin avivar el humo. El sobre desapareció del relato como si nunca hubiera existido. Y con él, cualquier posibilidad de que la historia se convirtiera en una investigación. Las únicas huellas quedaron en cuentas marginales, donde el tema fue tildado de «teoría conspirativa» o «rumor infundado». Un hecho, que a estas alturas del relato ya no puede sorprendernos. Nadie con acceso real lo negó. Simplemente, lo ignoraron.

Ese sobre, tan tangible como incómodo, se convirtió en un símbolo de algo mayor: la capacidad de la monarquía para encajar gestos disruptivos sin mover un músculo. Donde otros se habrían visto obligados a responder, Camilla optó —o fue aconsejada— por no hacerlo. Y el sistema, con su red de silencios y prioridades mediáticas, hizo el resto.

Lo curioso es que este episodio no involucró una filtración, ni una grabación, ni una historia de alcoba. Fue un momento absolutamente público, sin trampa ni edición. Pero incluso lo que ocurre delante de todos puede desaparecer, si quienes lo presencian entienden que conviene no haberlo visto.

**Control de daños si la noticia hubiese trascendido:** Si la historia del sobre hubiera llegado a portada, habría sido un terremoto. Porque no se trataba solo de una acusación, sino de *cómo* y *a quién* se hacía. Una mujer hablando de abuso sexual, en voz alta, durante un acto institucional, y señalando a alguien dentro del círculo real. Habría obligado a Buckingham a responder. A Camilla, a posicionarse. A los medios, a investigar. Habrían circulado nombres, se habrían reabierto heridas, y los discursos públicos de compromiso con las víctimas se habrían enfrentado a su primer test real. Pero no pasó. Porque para que la bomba estalle, alguien tiene que dejarla caer. Y esta, convenientemente, fue desactivada en el aire.

## Royal Lodge: protocolo, policías y chicas jóvenes

Como verá, no todas las fiestas reales llevan tiaras. Algunas se celebran en residencias privadas, lejos de los *flashes*, pero no tanto de los informes internos. Y en la monarquía británica, pocas direcciones tienen peor reputación reciente que Royal Lodge, la residencia del duque de York, ese título ya tan cargado de ironía como de historia.

Durante años, Royal Lodge fue el escenario de las recepciones privadas del príncipe Andrés. No eran eventos oficiales. No había cámaras, ni discursos, ni cintas por cortar. Lo que sí había era una plantilla de protección armada —policías del Estado— encargada de custodiar al príncipe. Y fue precisamente esa plantilla la que, según mi fuente, empezó a incomodarse por lo que veía y, sobre todo, por lo que no podía dejar constancia formal.

*Entrada al Royal Lodge, Windsor Great Park*

El problema no era que Andrés hiciera fiestas. El problema era el tipo de fiestas que hacía y el uso de recursos públicos en ellas. Varias veces, escoltas asignados a su seguridad reportaron la llegada continua de mujeres jóvenes, muchas de ellas desconocidas, algunas extranjeras, que accedían a la propiedad sin control de identidad, sin registro y, en algunos casos, sin retorno visible.

Los agentes —formados para proteger dignatarios, no para ser porteros— empezaron a manifestar incomodidad. No se trataba solo de moral. Era una cuestión operativa. Se les pedía que protegieran un entorno sobre el que no tenían información, con movimientos de personas que no podían justificar y sin un protocolo claro para actuar si algo salía mal. Es decir, custodiaban una fiesta de la que no podían tomar nota.

Lo peor, para muchos, fue la sensación de estar siendo utilizados. Eran policías armados, pagados con fondos públicos, al servicio de fiestas privadas de un príncipe que, para entonces, ya estaba salpicado por el escándalo Epstein. Y aunque oficialmente se había apartado de la vida pública, su casa seguía siendo escenario de entradas y salidas que nadie quería mirar demasiado de cerca.

Hubo quejas internas. Algunas verbales. Otras, según fuentes policiales, se pusieron por escrito. Pero ninguna prosperó. El motivo era sencillo. Tratar el asunto como un problema serio implicaba admitir que se estaban utilizando recursos del Estado para fines que no eran exactamente de interés nacional. Y si algo ha aprendido la maquinaria real es a poner sordina antes de que la música cambie de tono.

La prensa no cubrió el asunto. En los medios generalistas no apareció ni una línea. Lo poco que se sabe ha trascendido a través de filtraciones, reportajes de fondo y declaraciones en condición de anonimato. El silencio oficial fue absoluto. Y el príncipe, por supuesto, nunca comentó nada. Para entonces, su estrategia ya era conocida: negarlo todo, no recordar nada y dejar que la niebla se encargue del resto.

En retrospectiva, el episodio no es ni el más escandaloso ni el más grave de los que rodean a Andrés. Pero sí es especialmente revelador. Porque no habla de delitos consumados —aunque eso no se pueda descartar—, sino de un sistema que prefiere no mirar. Habla de policías que se sienten atrapados entre su deber y su obediencia. De jerarquías que filtran lo que puede o no puede llegar arriba. Y de una institución, la monarquía, que se permite el lujo de hacer desaparecer incluso aquello que ocurre frente a sus propios guardianes armados.

**Control de daños si la noticia hubiese trascendido:** Si este caso hubiera llegado a portada, el daño habría sido irreversible. Habría abierto un debate feroz sobre el uso de fondos públicos para proteger la vida privada —y desordenada— de un príncipe caído en desgracia. Se habría exigido una investigación parlamentaria, un pronunciamiento oficial de la Policía Metropolitana, e incluso una revisión de los criterios de protección real. Andrés habría tenido que comparecer, explicar, dar la cara. El foco no habría sido solo él, sino el sistema entero que permitió que los escoltas actuaran como testigos mudos en una residencia que ya estaba bajo sospecha. Pero nada de eso ocurrió. Porque lo más eficaz, en ciertos círculos, no es apagar el fuego: es asegurarse de que nadie vea el humo.

Hay errores administrativos que hacen que no te lleguen las facturas. Otros que te asignan mal un asiento en un vuelo. Y luego está el error administrativo que impide que accedas a las joyas de la Corona británica. Meghan Markle fue víctima de este último, aunque nadie usó la palabra «víctima». De hecho, ni siquiera se usó la palabra «prohibición». Se habló de ajustes, de protocolos, de tradiciones. Pero lo que hubo, sobre todo, fue un mensaje envuelto en terciopelo: aquí no todas brillan igual.

Tras su boda en 2018, Meghan pasó a ser duquesa de Sussex, esposa del sexto en la línea de sucesión y rostro de renovación en una institución que se lo pensaba dos veces antes de renovar una alfombra. Lo habitual en estos casos es que las nuevas consortes tengan acceso progresivo al joyero real: tiaras, broches, collares, brazaletes. No como regalo, claro, sino como préstamo simbólico. Porque en la monarquía, el poder se mide también en piedras.

A Kate se le asignaron piezas importantes casi desde el principio. Sophie, más discretamente, también tuvo acceso privilegiado. Incluso Camilla, con toda la resistencia inicial que despertó, fue engalanada con reliquias históricas. Meghan, en cambio, se encontró con una caja vacía. O más bien, con una caja cerrada con llave, archivada bajo «cuestiones pendientes».

Lo que se supo —aunque se dijo lo justo— es que hubo restricciones en el uso de determinadas piezas del joyero real. El motivo no fue explicado en público. Pero en los pasillos de Buckingham se habló de «decisiones de la reina», de «sensibilidad histórica», y de «consideraciones internas». Términos que no significan nada y lo dicen todo. El Daily Mail, en uno de sus momentos de transparencia involuntaria, llegó a insinuar que Isabel II había vetado ciertas joyas para Meghan. ¿Por qué? Porque sí.

La explicación oficial fue, literalmente, un «error administrativo». Una demora. Un ajuste logístico. Como si el préstamo de la tiara de la reina María pudiera extraviarse como una carpeta en Excel. Nadie creyó realmente esa excusa. Ni siquiera los que la repitieron. Pero funcionó, porque se trataba de Meghan. Y con Meghan, cualquier cosa era creíble si se decía con suficiente cortesía.

Lo relevante no es el broche que no se le prestó. Es lo que ese broche simbolizaba: aceptación, jerarquía, pertenencia. Las joyas reales no son solo objetos. Son mensajes. La ausencia de esos objetos también lo es. Meghan lo entendió muy rápido. Como también entendió que no era bienvenida en el mismo club al que supuestamente había ingresado por matrimonio. Había entrado en la familia, sí. Pero por la puerta de servicio.

Ese episodio marcó un punto de no retorno. Meghan no lo mencionó directamente en sus entrevistas, pero el resentimiento por el trato desigual se filtró en cada gesto, en cada palabra medida. Porque si algo aprendió es que en palacio no siempre te atacan con declaraciones: a veces te castigan negándote un collar.

Curiosamente, cuando Harry habló del tema en sus memorias, no entró en detalles. Se limitó a decir que hubo «tensiones sobre la tiara», y que Meghan no fue tratada como otras mujeres de la familia. Lo dejó ahí. Porque no se necesita más. En un entorno donde cada elección de pendientes pasa por varios niveles de aprobación, el hecho de que no hubiera joyas disponibles fue una decisión. No un descuido.

Y, como ocurre con los escándalos más finos, no se discutió más. El tema desapareció con la elegancia con la que se entierra a los vivos en vida. A Meghan no se le volvió a ver con piezas reales prestadas. Ni falta que hacía. Para entonces, la grieta ya no se medía en quilates.


**Control de daños si la noticia hubiese trascendido:** Si este asunto hubiera trascendido como lo que era —una discriminación protocolaria disfrazada de trámite burocrático— habría sido un escándalo. No por el valor de las joyas, sino por su carga simbólica. Se habría hablado de racismo institucional, de exclusión velada, de doble vara de medir entre consortes. Habría titulares analizando qué broches llevó Meghan, cuáles no, y por qué. Habría especialistas comparando su acceso al joyero con el de Kate o Camilla.

Se habrían abierto debates incómodos sobre cómo se manifiestan los privilegios dentro de los privilegios. Pero nada de eso ocurrió. Porque aquí, el escándalo no fue lo que se le puso... sino lo que deliberadamente se le quitó.

## EL ASISTENTE QUE DESAPARECIÓ SIN QUE NADIE HICIERA PREGUNTAS

En la familia real británica, hay algo aún más delicado que los propios royals: sus asistentes personales. Ellos son quienes controlan las agendas, los accesos, los impulsos. Los que oyen las discusiones, leen los correos, ven lo que no debe ser visto. Son invisibles de cara al público, pero esenciales dentro del sistema. Por eso, cuando uno de ellos cae en desgracia, no se le despide: se le borra.

Ese fue el caso de uno de los asistentes más cercanos al duque de York. Un hombre de confianza absoluta, con acceso irrestricto a Royal Lodge, al calendario personal de Andrés y a todo lo que ocurría en ese limbo entre lo público y lo privado donde el príncipe se movía con tanta soltura como hemos visto. Un hombre cuya conducta empezó a generar incomodidad dentro del personal de servicio y, en especial, entre algunas empleadas jóvenes.

No se trató de una denuncia formal. Al menos, no en los tribunales. Pero sí hubo quejas internas. Muchos testimonios sobre comentarios inapropiados, gestos fuera de lugar, un modo de comportarse que rayaba en el abuso de poder disfrazado de camaradería. En cualquier otro entorno laboral, habría habido un procedimiento. Una investigación, una suspensión. En palacio, hubo algo mucho más eficaz: un traslado sin explicación.

La salida del asistente no fue anunciada. Simplemente desapareció. Su nombre fue retirado del directorio interno. Sus funciones, reasignadas. En los registros oficiales, figura como una baja ordinaria. Pero quienes trabajaban cerca lo sabían. Algo había ocurrido. Algo grave. Y lo sabían porque había pasado antes. No con él, necesariamente, pero sí con otros. El procedimiento informal estaba claro —sigue estándolo—, cuando alguien del entorno de un royal se convierte en un riesgo, no se le enfrenta. Se le neutraliza.

El caso del asistente de Andrés es especialmente significativo porque ocurrió después del escándalo Epstein. Es decir, cuando cualquier nuevo episodio relacionado con sexualidad, abuso o poder debía haber sido tratado con un nivel máximo de escrutinio. Pero no lo fue. A nadie le convenía que otro nombre, por secundario que fuera, se vinculara a conductas inapropiadas bajo el mismo techo.

No se sabe si el asistente fue reubicado en otro puesto del sector público, si recibió alguna indemnización o si firmó un acuerdo de confidencialidad. Lo único que quedó claro es que no hubo consecuencias visibles. Ni para él, ni para quienes supieron y no actuaron. Las víctimas, si las hubo, no dieron la cara. Y no porque no quisieran, sino porque sabían que no serviría de nada. Una queja contra un miembro del entorno real no es una denuncia: es una pérdida de tiempo.

La prensa nunca cubrió el caso. En parte porque no se filtró lo suficiente, y en parte porque, incluso entre periodistas especializados, hay líneas que no se cruzan sin pruebas tangibles. Y en esta historia, todo fue cuidadosamente intangible. Los detalles eran siempre «según fuentes internas», las versiones eran imposibles de confirmar, y el riesgo de demandar a un medio por insinuar demasiado estaba a la vuelta de cada titular.

En el fondo, lo que este episodio mostró —una vez más— es que en el ecosistema Windsor, la protección no es solo para los royals. También se extiende, cuando conviene, a quienes saben demasiado. Y que la mayor forma de impunidad no es negar un hecho, sino asegurarse de que nunca tenga forma suficiente para ser discutido.

**Control de daños si la noticia hubiese trascendido:** Si esta historia hubiera salido a la luz con nombres y apellidos, las consecuencias habrían sido inmediatas. Habría preguntas en el Parlamento sobre la supervisión de los asistentes reales. Habría investigaciones periodísticas sobre los mecanismos de control dentro de las residencias privadas. Se abriría el debate sobre el tipo de poder que ejercen estas figuras invisibles y lo difícil que es denunciarles sin protección institucional. Y, por supuesto, la atención volvería a recaer sobre Andrés, no por lo que hizo, sino por lo que permitió que ocurriera a su alrededor. Pero nada de eso pasó. Porque, como tantas veces en esta familia, lo que no se documenta no existe. Y lo que se borra a tiempo, nunca llegó a ser un problema.

## UN REGALO ENTRE AMIGOS (CÓMO SE HACEN LAS TRANSFERENCIAS EN CLARENCE HOUSE)

Durante décadas, la familia real británica ha defendido con obstinación su neutralidad política. No opinan, no critican, no votan. Pero en lo económico, esa neutralidad es menos estricta. Mucho menos. Especialmente cuando se trata de donaciones generosas llegadas desde países con los que conviene llevarse bien. Es el caso del dinero recibido desde Bahréin, a través del jeque Hamad bin Isa Al Khalifa, destinado —en apariencia— a causas benéficas vinculadas a Clarence House. Lo que no se explicó es a cambio de qué.

Los hechos son simples. Entre 2011 y 2015, el jeque transfirió cantidades importantes de dinero —algunas en metálico, otras a través de fundaciones interpuestas— que acabaron en organizaciones cercanas a Carlos, entonces príncipe de Gales. En el mejor de los casos, fue filantropía de alto nivel. En el peor, una transacción con aroma a favor diplomático. Porque Bahréin no es Suiza: es un país con un historial de represión, tortura, censura y una necesidad urgente de relaciones públicas favorables en Occidente.

Clarence House nunca negó las donaciones. Lo que sí negó —con firmeza, pero sin entusiasmo— fue que hubiera habido «contrapartidas». En otras palabras, que el dinero era bienvenido, pero no condicionaba nada. Ni una cena, ni una invitación, ni un discurso. El príncipe Carlos, dijeron, simplemente aceptaba donaciones para causas nobles. Como quien recoge cheques sin mirar el remitente.

Sin embargo, los hechos no casan del todo con la versión oficial. Durante esos mismos años, el jeque de Bahréin fue recibido en al menos tres eventos privados organizados por la oficina del heredero. A su delegación se le concedió un trato preferente en visitas oficiales. Hubo fotos, brindis, elogios vagamente diplomáticos. No hay pruebas de que se firmaran acuerdos a cambio, pero el contexto es suficiente para que el episodio levante cejas.

Lo más llamativo no fue la recepción, sino el silencio. La noticia apenas fue cubierta por la prensa generalista. Las cantidades no se publicaron. Los detalles sobre cómo se canalizó el dinero, tampoco. Las fundaciones receptoras no emitieron comunicados. Y el palacio, fiel a su estilo, dejó claro que no había nada que aclarar. Una investigación informal de la *Charity Commission* concluyó que «no se habían encontrado pruebas de irregularidades». Mi traducción: no hemos rascado demasiado.

La ironía es que el asunto no sorprendió a nadie. Porque, aunque la imagen pública de Carlos era la de un heredero ambientalista y preocupado por la ética, quienes conocían el funcionamiento interno de sus fundaciones sabían que el dinero venía de muchos sitios, no todos impecables. Y que la geopolítica, como el protocolo, se adapta al contexto. Si un jeque quiere lavar su imagen regalando cinco millones para becas de arquitectura, el departamento de «relaciones internacionales» de Clarence House no va a pedirle su historial de derechos humanos.

En el fondo, este tipo de episodios no son excepciones. Son la norma no escrita. Las casas reales mantienen relaciones con líderes de países problemáticos porque la diplomacia requiere flexibilidad moral. Pero lo que ocurrió aquí no fue diplomacia. Fue algo más simple y más crudo. Fue la aceptación de fondos opacos con la justificación de que se usaban «para el bien». Una fórmula que también usan las universidades privadas cuando reciben donaciones de millonarios discutibles.

Y como siempre en estos casos, lo que no se explicó fue más importante que lo que se dijo. ¿Cuánto dinero entró realmente? ¿Con qué frecuencia? ¿Qué tipo de tratamiento recibió el jeque tras cada donación? ¿Se tomaron decisiones que, de forma sutil, beneficiaron a su imagen o sus intereses? Nada de eso fue respondido. Porque, oficialmente, nunca fue preguntado.

**Control de daños si la noticia hubiese trascendido:** Si esta historia hubiese estallado en su momento con cifras, documentos y titulares, el escándalo habría sido serio. Se habría exigido una auditoría completa a las fundaciones reales. Se habría cuestionado si un miembro de la familia real puede —o debe— aceptar dinero de regímenes autoritarios. Carlos habría tenido que explicar públicamente su relación con el jeque. Los medios británicos, tan prudentes cuando hay corona de por medio, habrían tenido que cubrirlo sin paños calientes. Se habría hablado de reputación, de ética, de influencia. Pero no pasó. Porque cuando un regalo viene envuelto en oro y acompañado de una sonrisa diplomática, siempre hay alguien dispuesto a cerrar los ojos mientras lo desenvuelven.

## La desaparición del archivo Windsor

En los años 90, cuando la monarquía británica apenas lograba contener sus propias grietas —Diana dando entrevistas, Carlos filtrando pensamientos profundos sobre arquitectura, Andrés perdiendo amigos con nombres incómodos—, alguien en palacio tomó una decisión silenciosa, pero histórica: una parte del archivo Windsor desaparecería. No se haría un comunicado. No se anunciaría en el *London Gazette*. No habría luto por los documentos. Simplemente, se irían.

Los archivos reales, en teoría, son materiales de valor histórico. Cartas, memorias, notas internas, diarios privados. Testigos en papel de lo que la monarquía prefiere llamar «contexto». Pero el contexto, cuando es incómodo, suele tener tendencia a extraviarse. Y eso fue exactamente lo que ocurrió. Durante años, algunos historiadores —y no pocos periodistas— advirtieron que ciertos documentos habían sido eliminados, retirados o trasladados fuera del alcance público. No todos. Solo los problemáticos.

*Los duques de Windsor durante una visita a Hitler en 1937*

Pero, lo curioso no fue el hecho en sí, sino el momento. Porque esta «limpieza documental» se produjo justo cuando se empezaban a desclasificar ciertos materiales de la posguerra, incluyendo el expediente personal del duque de Windsor —antes Eduardo VIII— y su simpatía por el régimen nazi. Pero no solo fue eso. Se filtró también que había correspondencia privada entre Carlos y figuras influyentes, notas de Diana no incluidas en sus memorias autorizadas, e incluso materiales relacionados con las comunicaciones entre Clarence House y ciertos gobiernos extranjeros.

Oficialmente, nadie admitió que se hubieran destruido documentos. El Archivo Real aseguró que había una «revisión de criterios de conservación». La Biblioteca Real habló de «traslados administrativos». Y la Household subrayó que «se cumple escrupulosamente con las normas del Archivo Nacional». Pero ninguno de esos organismos aclaró por qué ciertos documentos referenciados en catálogos anteriores ya no estaban disponibles.

Años después, algunos biógrafos encontraron lagunas en los archivos que habían consultado anteriormente. Cartas que ya no estaban. Referencias cruzadas que habían sido eliminadas. En una institución obsesionada con el control de su narrativa, esa desaparición parcial era más elocuente que cualquier confesión.

¿Quién tomó la decisión? Imposible saberlo. Pero en los noventa, con la reina aún firme al frente y Carlos protagonizando escándalos un mes sí y otro también, era evidente que proteger el futuro implicaba higienizar el pasado. Y en ese proceso, algunas verdades quedaron fuera de circulación. No por accidente. Por estrategia.

No hablamos de destruir pruebas judiciales. Nadie quemó documentos en la chimenea de Balmoral. Pero sí se estableció un criterio claro: si algo puede dar problemas dentro de veinte años, mejor que no esté accesible hoy. Y si algún historiador pregunta, siempre se puede decir que el documento está «en revisión». O que «nunca existió».

El episodio fue amortiguado por la inercia institucional. La prensa, ocupada con los desmanes matrimoniales de Carlos y Diana, no tuvo espacio ni energía para hacer ruido con papeles que nadie podía mostrar. Y la mayoría de los medios especializados simplemente asumieron que los archivos reales son, por definición, selectivos. Nadie esperaba transparencia. Solo que no se notara tanto la falta de ella.

La ironía es que la monarquía no necesita borrar tanto como cree. Su poder simbólico es tan fuerte que puede resistir verdades incómodas… siempre que se administren con elegancia. Pero el pánico a perder el control narrativo llevó, una vez más, a optar por la solución de siempre: ocultar, minimizar, archivar sin huella. Y lo más inquietante no es lo que se perdió. Es lo que nunca llegaremos a saber que existía.


**Control de daños si la noticia hubiese trascendido:** Si esta desaparición documental hubiese sido expuesta con pruebas, nombres y contexto, habría estallado como uno de los escándalos más graves de manipulación histórica. Se habría cuestionado la integridad de la institución como custodio de su propio pasado. Historiadores, parlamentarios y académicos habrían exigido auditorías, explicaciones y la desclasificación completa del material eliminado. Se habría hablado de encubrimiento, de censura institucional, incluso de obstrucción. Pero nada de eso ocurrió.

Porque cuando los documentos desaparecen, también desaparece el relato. Y cuando no hay relato, no hay culpables. Solo silencio.

## La misteriosa salida de sirvientes tras la muerte de Isabel II

Cuando muere una reina que ha reinado más de setenta años, es natural que haya cambios. Nuevos jefes, nuevas rutinas, nuevos equilibrios. Pero lo que ocurrió en las semanas posteriores a la muerte de Isabel II fue más que un simple relevo institucional. Fue una purga silenciosa. Un barrido quirúrgico de ciertos nombres dentro del aparato real. Y lo más llamativo no fue quiénes llegaron, sino quiénes se fueron. Y cómo.

Varios asistentes personales, secretarios privados y empleados de rango medio abandonaron sus cargos con discreción —y en algunos casos, con una rapidez que sorprendió incluso a los veteranos del sistema—. Algunos lo hicieron alegando jubilación anticipada. Otros, por «cambios organizativos». En un par de casos, ni siquiera hubo explicación. Simplemente desaparecieron del organigrama.

Lo habitual, en una transición como esta, habría sido una comunicación pública clara: tal persona se retira tras décadas de servicio; tal otra asume nuevas funciones. Pero no fue así. El entorno de Carlos optó por el silencio. O, en el mejor de los casos, por comunicados opacos que hablaban de reestructuración sin dar detalles. Lo cual, en un sistema que vive de las formas, ya era en sí una señal.

Entre los nombres que dejaron su puesto estaban personas muy próximas a la reina difunta. Asistentes que la habían acompañado durante años, que conocían sus rutinas, su modo de pensar, sus debilidades y —quizás lo más importante— sus confidencias. Algunos tenían información sensible sobre relaciones internas, decisiones clave del pasado, e incluso episodios que nunca llegaron a trascender. Que todos ellos salieran en tan poco tiempo no fue casualidad. Fue una estrategia.

Carlos, recién coronado, necesitaba un equipo propio. Eso se entiende. Pero el modo en que se manejaron esas salidas dejó una estela de sospecha. No por lo que se dijo, sino por lo que no se permitió decir. Se filtró que algunos empleados fueron «invitados a retirarse» tras mantener ciertas diferencias con el nuevo estilo de gestión. Otros habrían firmado acuerdos de confidencialidad más restrictivos que los habituales, reforzados con cláusulas de silencio postmorten.

El rumor más persistente apuntaba a un documento interno elaborado por la reina antes de morir, donde habría dejado instrucciones o comentarios sobre ciertos miembros del personal. Un «testamento funcional», por así decirlo. Nadie lo ha confirmado. Pero en el Palacio de Buckingham, los rumores bien orientados suelen ser más fiables que las notas de prensa.

No se trató solo de una cuestión de estilo. Carlos quiso marcar el comienzo de su reinado con una imagen más ágil, más moderna, menos dependiente de figuras históricas. Pero en el proceso, desmanteló parte del tejido humano que mantenía viva la memoria operativa del reinado anterior. Y lo hizo sin ofrecer reconocimiento ni gratitud pública a quienes lo habían sostenido todo durante décadas.

La prensa, como de costumbre, pasó por encima del asunto. Algunas cabeceras recogieron con timidez que «varios asistentes se retiraban tras años de servicio». Nadie preguntó por qué lo hacían todos a la vez. Nadie mencionó la tensión acumulada entre las dos cortes —la de la reina madre y la del entonces heredero—. Nadie se preguntó qué sabían esas personas que las hacía tan incómodas.

Lo verdaderamente inquietante no es que salieran tantos. Es que ninguno haya hablado. Ni una entrevista. Ni una filtración. Ni una frase al pasar. El silencio fue tan perfecto que solo podía ser pactado. O impuesto.

**Control de daños si la noticia hubiese trascendido:** Si este episodio hubiera sido tratado como lo que fue —una purga preventiva de quienes sabían demasiado— habría levantado preguntas serias sobre la transparencia del nuevo reinado. Se habría cuestionado si Carlos, al llegar al trono, limpió la casa o enterró su memoria institucional. Se habría hablado de miedo, de control, de lo que ocurre cuando se corta de raíz todo lo que podría recordar que alguna vez hubo otro estilo de reinar. Pero nada de eso ocurrió. Porque en una monarquía que se reinventa a base de silencios, el primer paso es siempre el mismo: cambiar a los que podrían contar cómo era antes.

## LOS CORREOS «EXTRAVIADOS» DEL AYUDANTE DEL PRÍNCIPE GUILLERMO

En el corazón de cualquier institución moderna, la comunicación digital es una trampa disfrazada de herramienta. Especialmente si uno forma parte de una monarquía en plena transición, con múltiples frentes abiertos, y un futuro rey que aún no decide si quiere parecer moderno o impermeable. Por eso, cuando trascendió que una serie de correos electrónicos internos del entorno de Guillermo se habían extraviado —o, más exactamente, dejado de existir— nadie se sorprendió. Pero eso no significa que no fuera grave.

Los correos formaban parte de una cadena interna entre asistentes de Kensington Palace. Eran intercambios logísticos, organizativos… y en algunos casos, estratégicos. Coordinaban actos, gestionaban agendas, manejaban relaciones con fundaciones y daban instrucciones de comunicación. Algunos incluían valoraciones sobre la agenda de Harry y Meghan, propuestas de imagen pública para Guillermo y Kate, e incluso comentarios cruzados sobre cómo enfocar ciertas entrevistas y eventos institucionales.

Hasta aquí, nada fuera de lo común. Pero en 2021, cuando una solicitud de información relacionada con una investigación laboral fue elevada por una de las asesoras del equipo de comunicación, se descubrió que ciertos correos clave ya no estaban disponibles. No habían sido borrados con intención aparente. No se habían trasladado a otra cuenta. Simplemente, habían desaparecido. Y lo más sorprendente fue la reacción oficial: ninguna.

La Casa de Guillermo emitió una respuesta ambigua: se trataba de una transición de servidores, de un «proceso de mantenimiento» que afectó solo a unos pocos intercambios. Aseguraron que los mensajes no contenían información sensible y que no existía ninguna intención de ocultar nada. Pero el hecho de que varios de esos correos fueran citados en versiones preliminares de agendas y comunicados oficiales contradijo, en parte, esa afirmación.

La desaparición se produjo justo en un momento crítico: la ruptura institucional con los Sussex era ya irreparable, la imagen de la monarquía se tambaleaba en redes sociales, y la maquinaria de relaciones públicas trabajaba a toda marcha para convertir a Guillermo en el heredero que salvaría la firma. En ese contexto, perder correos era como extraviar pólvora.

No se abrió ninguna investigación. Ningún medio importante profundizó en el asunto. La explicación técnica fue aceptada sin demasiadas preguntas. Lo cual, tratándose de una institución que tiene por costumbre archivar hasta los menús de los almuerzos de Estado, resultaba como mínimo curioso.

Fuentes cercanas a los equipos de comunicación aseguraron, con matices, que los mensajes contenían valoraciones internas sobre la estrategia de Meghan. Comentarios que, sacados de contexto, podían interpretarse como juicios personales, despectivos o manipuladores. También se especuló con que en esos intercambios se hablaba de cómo abordar ciertas iniciativas de Harry antes de que se volvieran incómodas para el palacio. Nada ilegal, por supuesto. Solo poco elegante. Y potencialmente destructivo si alguien decidía filtrarlo.

La idea de que un puñado de correos podía contener tanto nervio institucional dice mucho sobre cómo funciona la estructura real. Todo está tan milimétricamente calculado que cualquier rastro de espontaneidad es peligroso. La comunicación no solo se gestiona: se limpia, se edita, se anticipa. Por eso, la simple desaparición de unos mensajes bastó para que muchos entendieran que allí había algo que debía olvidarse.

El episodio pasó, como tantos otros, al archivo invisible de las cosas que no se investigan. No hubo dimisiones. Nadie fue despedido. Y, si se reforzaron los protocolos digitales, fue en silencio. Lo que quedó fue una sensación de inquietud: ¿qué se perdió realmente? ¿Quién decidió qué debía desaparecer? ¿Y cuántas veces ha ocurrido antes?

**Control de daños si esta noticia hubiese trascendido:** Si este asunto hubiese sido tratado con la seriedad que merece cualquier extravío de información sensible en una institución financiada con dinero público, se habría abierto una investigación parlamentaria. Se habrían exigido copias de seguridad, informes técnicos, explicaciones claras. Habría titulares hablando de encubrimiento, de favoritismo mediático, de lucha interna por el relato real. Y Guillermo, lejos de aparecer como el heredero sensato, habría tenido que enfrentar la incomodidad de liderar una oficina que actúa como si no tuviera nada que ocultar... salvo cuando lo tiene. Pero nada de eso pasó. Porque a veces, lo que más ruido hace no es lo que se dice, sino lo que se borra justo a tiempo.

## ■ Otros escándalos que apenas rozaron los titulares

No todos los escándalos reales se entierran con una biografía oficial o una entrevista cuidadosamente editada y bien controlada. Algunos simplemente se dejan diluir en el tiempo, en un par de líneas mal redactadas o en un desmentido de circunstancias. Como vengo diciendo, se barren bajo la alfombra. Aquí dejo algunos titulares más.

— **La fiesta privada en Sandringham** en la que un miembro menor de la familia real necesitó atención médica urgente por «causas no especificadas». Nunca se aclaró si fue una intoxicación, una caída o algo peor. Solo que se activó un protocolo especial y que la prensa fue avisada de que no debía publicar nada.

— **La venta de regalos diplomáticos** recibidos por un royal senior durante giras en Oriente Medio. Algunos reaparecieron en subastas privadas, otros se perdieron en mudanzas. El palacio alegó desconocimiento y habló de una «falta de trazabilidad». Es decir, nadie sabe nada.

— **La inclusión de una empresa con sede en paraíso fiscal** como proveedora habitual de servicios para los actos del Jubileo de Diamante. Cuando se detectó la irregularidad, se resolvió con una salida discreta del proveedor y ninguna explicación pública.

— **La fotografía retirada en el último minuto** de una exposición oficial, en la que aparecía un miembro de la familia real con un personaje caído en desgracia (acusado posteriormente de delitos sexuales). Se alegó que el archivo estaba dañado. En realidad, el archivo estaba demasiado claro.

— **El empleado del servicio interno de Windsor** sorprendido vendiendo objetos personales a coleccionistas. El caso se cerró con un despido inmediato, sin denuncia ni repercusión. En el juicio laboral posterior, el testimonio del acusado fue desestimado. Nadie quiso saber más.

— **Las instrucciones verbales dadas a varios editores británicos** para que no utilizaran ciertas fotografías de la reina en sus últimos meses. Las imágenes no eran indecorosas, solo reales: mostraban a una monarca frágil, sin filtros. El acuerdo fue tácito y respetado sin necesidad de firmar nada.

## LAS FINANZAS TURBIAS DE LA MONARQUÍA: DINERO OCULTO Y PRIVILEGIOS BLINDADOS

Si hay una habilidad que la monarquía británica ha perfeccionado durante siglos, más allá de las reverencias y los sombreros imposibles, es la de hacer pasar el privilegio por tradición y la riqueza heredada por obligación institucional. Y pocos mecanismos encarnan mejor esa alquimia de oropel que los ducados de Lancaster y Cornualles. Es decir, la maquinaria financiera oculta tras los telones de terciopelo.

No hablamos aquí del *Sovereign Grant*, ese fondo que el Estado entrega al monarca cada año para que mantenga los palacios, los jardines y las corbatas con escudo. No. Hablamos de los ingresos privados, los que no pasan por el Parlamento, los que no se votan ni se discuten. Hablamos de dos inmensos entramados de tierra, propiedades y rentas que, durante siglos, han generado millones con un nivel de transparencia que haría sonrojar a una sociedad *offshore*.

## El ducado de Lancaster: el fondo personal del monarca

El ducado de Lancaster es una propiedad privada, sí, pero solo para el rey. No para usted, ni para mí, ni para los contribuyentes que cada año pagan religiosamente sus impuestos. Esta red de tierras —más de dieciocho mil hectáreas— incluye tierras agrícolas, edificios comerciales, fincas residenciales, castillos y una cartera de inversiones nada desdeñable. Y aunque técnicamente no es del Estado, su origen se remonta a los tiempos medievales, cuando el rey Enrique IV decidió que ese lote se quedaría en la familia, independientemente del trono. Lo que significa que cada monarca hereda, además de la corona, un sólido negocio inmobiliario que genera más de veinticinco millones de libras anuales.

El duque de Lancaster es hoy Carlos III. Y aunque el ducado se gestiona como una entidad privada, se beneficia de una lista de exenciones fiscales y privilegios jurídicos que harían temblar a cualquier otro terrateniente británico. ¿Impuesto de sociedades? No se aplica. ¿Auditorías parlamentarias? Ninguna obligación. ¿Transparencia fiscal? Depende de cuánto se moleste usted en preguntar. Porque, a efectos prácticos, el ducado opera como una especie de monarquía paralela: opaca, rentable y blindada.

Y aquí es donde las cosas se ponen realmente turbias. Cuando alguien muere en ciertas zonas del noroeste de Inglaterra sin dejar testamento ni herederos, su patrimonio pasa directamente al ducado de Lancaster. Herencias intestadas, lo llaman. Es decir, cuando no hay familia… la familia real cobra. Ni siquiera Dickens se atrevió a tanto. Y aunque los portavoces del ducado insisten en que ese dinero se destina a «caridades locales», lo cierto es que la gestión de esos fondos no está sujeta a fiscalización pública ni control parlamentario. Lo que, dicho de forma menos elegante, suena a caja opaca con sello regio.

Si el ducado de Lancaster financia al monarca, el de Cornualles hace lo propio con su heredero. Durante más de medio siglo, Carlos lo gestionó como príncipe de Gales. Hoy, el beneficiario es el príncipe Guillermo. Y lo que recibe no es poca cosa, más de 52.000 hectáreas de tierras, cientos de propiedades, fincas agrícolas, bloques de oficinas en Londres, complejos turísticos y, cómo no, el famoso Highgrove. La riqueza total del ducado supera los mil cientocincuenta millones de euros, y su rendimiento anual está cerca de los veinticinco millones. Todo legal. Todo exquisitamente medieval.

Pero aquí viene la joya, el ducado no paga impuesto de sociedades. Y aunque el príncipe Guillermo dice que pagará voluntariamente su parte correspondiente de impuesto sobre la renta, eso no convierte su fortuna en transparente. Porque, como ocurre con su padre, nadie tiene derecho a auditarle. Ni Hacienda, ni el Parlamento, ni la prensa. Solo él mismo decide qué se declara, cómo se declara y cuánto se paga. Se trata de un acuerdo de confianza. Y cuando hablamos de millones sin control, la confianza es una palabra generosa.

Peor aún, también el ducado de Cornualles se embolsa herencias intestadas en ciertas zonas. Y, por si eso fuera poco, las instituciones públicas asentadas en tierras del ducado —hospitales, estaciones de bomberos, escuelas— están obligadas a pagar alquiler. Es decir, el servicio público se paga en parte… financiando al príncipe. Y todo, por supuesto, bajo el paraguas de la tradición.

## ESCÁNDALOS, INVESTIGACIONES Y SILENCIOS

Durante los últimos años, varios informes han puesto en entredicho la gestión de estos ducados. Cuando Carlos aún era príncipe de Gales, se desveló que había utilizado estructuras complejas para mover dinero del ducado a través de paraísos fiscales, o para inversiones opacas con escasa justificación pública. El escándalo, conocido en su momento gracias a los *Paradise Papers*, reveló que parte del dinero del ducado se había invertido en fondos alojados en las Islas Caimán y Bermudas. Carlos no violó ninguna ley. Solo hizo lo que puede hacer un príncipe: lo que quiera.

Tampoco faltaron críticas a la opacidad de los informes financieros del ducado, que durante años omitieron detalles básicos sobre su cartera de inversiones. Y cuando el Parlamento quiso investigar más a fondo, la respuesta fue sutil pero clara: el ducado no está obligado a rendir cuentas públicas. Ni lo ha estado nunca. Porque, para la monarquía, el siglo XXI es opcional.

Además, durante su mandato como príncipe, Carlos fue criticado por aceptar donaciones millonarias en efectivo, supuestamente destinadas a organizaciones benéficas bajo su control. En al menos una ocasión, se entregaron bolsas de dinero en efectivo, en billetes, directamente a sus asesores. ¿El donante? Un jeque del golfo Pérsico. ¿La justificación? Que era una práctica «culturalmente aceptada» en su entorno. Uno no sabe si reír o tomar notas.

Nada de esto ha tenido consecuencias legales. Pero sí ha alimentado una narrativa incómoda: la de una monarquía que no solo vive del pasado, sino que utiliza su estatus para jugar con normas que el resto de mortales está obligado a cumplir. Cuando se trata de dinero, los Windsor no son una institución. Son una empresa. Una empresa con escudo de armas, derecho divino y privilegios fiscales.

## ¿UNA TRADICIÓN... O UN BLINDAJE?

La defensa habitual ante estas críticas es que los ducados son instituciones «históricas», parte del equilibrio constitucional, piezas necesarias para garantizar que el monarca y el heredero puedan cumplir su papel sin depender del erario público. Es un argumento bonito, incluso reconfortante. Pero también es profundamente falso. Porque los ducados no sirven para «cumplir funciones públicas». Sirven para mantener un tren de vida privado con dinero semipúblico y protección jurídica total.

Y si queda alguna duda de hasta qué punto el sistema está diseñado para protegerlos, basta recordar que los testamentos reales son sellados durante noventa años. ¿El motivo? Proteger la «dignidad» de la familia real. Es decir, evitar que veamos negro sobre blanco cuánto dinero hay, dónde va y cómo se reparte. En otras palabras: el blindaje no es una tradición. Es un muro.

Los ducados de Lancaster y Cornualles son, en esencia, reliquias feudales adaptadas al capitalismo del siglo XXI. Una herencia que genera millones, evita impuestos, esquiva auditorías y se presenta al público como una noble responsabilidad. Pero al rascar un poco —solo un poco— aparece la realidad: rentas inmobiliarias, cobros por herencias abandonadas, donaciones opacas y privilegios heredados que no pasarían una semana en una empresa privada sin levantar sospechas.

Y aun así, cada año, millones de británicos celebran los nacimientos reales, las bodas reales, los bautizos reales... sin preguntarse quién paga el *catering*. Quizá porque saben la respuesta. O quizá porque, al igual que los Windsor, han aprendido a no hacer preguntas incómodas sobre lo que ocurre detrás del brocado. Total, la tradición todo lo justifica. Incluso lo que no debería.

## CONTROL DE DAÑOS: UNA MÁQUINA DE GENERAR RIQUEZA A COSTA DE TODOS

A mí esto me llama poderosamente la atención. Me suena a un sistema diseñado para garantizar que los Windsor sigan acumulando riqueza mientras el resto de los ciudadanos británicos pagan la cuenta. La monarquía británica no es solo una institución simbólica: es una de las estructuras económicas más blindadas del planeta. Y mientras siga existiendo esta red de opacidad y privilegios fiscales, su fortuna seguirá creciendo sin que nadie pueda ponerle freno.

Porque, al final, ¿qué mejor negocio que ser rey sin que nadie te exija rendir cuentas?

# Thomas Kingston: muerte en el cobertizo

La familia real británica ha sobrevivido a divorcios, escándalos sexuales, crisis de reputación, y hasta a la propia Diana. Pero hay tragedias que no se gestionan con comunicados, ni se entierran con coronas de flores. Algunas, como la muerte de Thomas Kingston, ocurren en voz baja y arrastran una pregunta que ni el protocolo sabe responder: ¿cómo se muere alguien que lo tiene todo sin que nadie lo vea venir? Este capítulo no busca teorías ni redenciones, solo contar un hecho real —con sus sombras, su dolor y su devastadora normalidad— que sacudió a una de las ramas más discretas de los Windsor y nos recordó que las verdaderas maldiciones, a veces, no tienen nombre ni linaje. Solo receta médica.

Si te casas con una royal menor, es muy posible que acabes saliendo en las noticias. Si además mueres con una escopeta de por medio, lo raro sería que no. Y si eso ocurre en los Cotswolds, después de comer con tus padres en una tarde aparentemente tranquila, el guion empieza a parecer escrito por alguien con un sentido del humor bastante torcido.

La muerte de Thomas Kingston llegó al conocimiento del público a finales de febrero de 2024, empaquetada en uno de esos comunicados breves que la realeza emite cuando se ve obligada a poner cara de circunstancias. Nada de drama innecesario, solo lo justo: tristeza, sorpresa, y la petición habitual de respeto a la privacidad. Lo mismo de siempre, pero con otro nombre. Nadie dijo «suicidio». Nadie dijo «arma de fuego». Solo se adelantó —con una rapidez que casi ofendía al sentido común— que no había sospechas de delito ni participación de terceros. Cuando la negación llega antes que la pregunta, uno sabe que hay algo que no se quiere explicar. O que se quiere cortar de raíz.

Y funcionó. Durante horas, incluso días, lo único que se dijo fue que había fallecido. Con discreción. Con respeto. Con el lenguaje en sordina que suele acompañar a los finales incómodos. En vez de titulares escandalosos, se optó por fórmulas anestesiadas: una pérdida «inexplicable», una muerte «repentina», un hombre que «iluminó la vida de todos los que le conocieron». En resumen, un clásico.

Pero no tardó mucho en saberse más. Thomas Kingston, marido de Lady Gabriella Windsor y por tanto yerno del príncipe Michael de Kent (uno de esos royals que lo son, pero sin molestar), murió el 25 de febrero en casa de sus padres. No en su habitación, ni en el jardín, ni siquiera en un sofá mirando al techo con expresión melancólica. Murió en un cobertizo, con una escopeta familiar. Su padre encontró el cuerpo tras forzar la puerta. Había salido a pasear a los perros y al volver notó algo raro: la casa estaba silenciosa. Lo que vino después no se olvida.

Los servicios de emergencia llegaron rápido, pero no hubo nada que hacer. Las primeras inspecciones descartaron de inmediato cualquier escenario turbio. La policía confirmó que la escena apuntaba a una muerte autoinfligida, sin intervención ajena. La autopsia provisional lo corroboró: herida traumática en la cabeza, causada por arma de fuego. No se dijo «suicidio» con todas sus letras, pero todo el mundo lo pensó. Hasta que llegaron las explicaciones.

Aquí es donde la historia toma un giro más enrevesado. Porque según la investigación forense, Thomas no parecía tener intención suicida. Ni dejó nota, ni había rastros en su móvil, ni señales claras de planificación. Lo que sí había era un historial reciente de insomnio, ansiedad, y un cóctel de psicofármacos que había empezado a tomar semanas antes de morir. Primero sertralina,

luego citalopram, con un poco de zopiclona y algo de diazepam para dormir mejor. Todo recetado por un médico de confianza que, casualmente, ejercía en la clínica del Royal Mews. Sí, esa. La que atiende al entorno de palacio.

Y ahí estaba el detalle inquietante. Según declaró su esposa, Thomas dejó de tomar la medicación poco antes de morir. Le sentaba mal. Le provocaba más ansiedad de la que pretendía calmar. Así que la dejó. Tal cual. Dejó los antidepresivos sin transición, sin supervisión, sin red. Cuando llegó el análisis toxicológico final, solo se encontraron rastros mínimos de zopiclona y algo de cafeína. Ni rastro de los ISRS. Ni de la sertralina, ni del citalopram.

Los expertos no tardaron en señalar que una retirada brusca de ese tipo de fármacos puede producir un efecto rebote. Alteraciones del ánimo, impulsividad, crisis súbitas. Y, en casos extremos, lo impensable. Así que el veredicto judicial fue tan preciso como delicado: Thomas Kingston se quitó la vida, sí, pero probablemente lo hizo bajo el efecto de una reacción adversa a la medicación. No hubo intención previa. No hubo planificación. Hubo, tal vez, un instante devastador de confusión bioquímica.

Su esposa, Lady Gabriella, lo explicó entre lágrimas durante la audiencia forense. Habló de un matrimonio feliz, de un hombre cariñoso, de un compañero sin signos de depresión ni desesperación. Dijo que si hubiera tenido pensamientos suicidas, se lo habría contado. Que no ocultaba nada. Que lo de aquel día debió de ser un impulso. Un estallido que ni él mismo entendió. Su padre, por su parte, fue más directo: no puede ser coincidencia, dijo, que esto ocurriera justo después de empezar con esos medicamentos. La cronología es irrefutable. Los efectos, también.

La jefa de policía encargada del caso cerró el expediente con una advertencia inusual: enviaría un informe a las autoridades sanitarias para prevenir muertes similares. Una especie de epitafio funcional. No se trataba solo de cerrar un caso, sino de lanzar una alerta. Incluso en el Reino Unido, incluso en una familia con acceso a médicos de primer nivel, un tratamiento aparentemente rutinario puede acabar mal. Muy mal.

Mientras tanto, Buckingham hizo lo suyo: condolencias secas, silencio sostenido y funeral privado en la Chapel Royal. No asistieron ni el Rey ni la Reina, pero mandaron al heredero como representante. Lo justo para que nadie dijera que no hubo apoyo. Lo suficiente para que no pareciera un asunto completamente ajeno. La ceremonia fue sobria, íntima, sin prensa, sin imágenes. Como corresponde a quien muere dentro del círculo, pero sin molestar demasiado al protocolo.

Lady Gabriella, por su parte, no se escondió. Declaró ante la corte, difundió una foto de Tom junto al río en un día soleado y habló públicamente del impacto que tuvo la medicación en su esposo. Convertida por la tragedia en una portavoz involuntaria de la salud mental, repitió el mensaje que se ha vuelto mantra entre ciertos sectores de la realeza moderna: hay que hablar de esto. Hay que visibilizar. Hay que prevenir. Lo mismo dijeron los padres de Thomas en entrevistas posteriores: propusieron que los médicos adviertan claramente a los pacientes sobre los riesgos de estos fármacos. Que firmen un consentimiento informado. Que se tome en serio algo que, de tan común, se da por sentado.

Paradójicamente, ese giro hacia lo público —la decisión de hablar del suicidio y no ocultarlo bajo eufemismos— humanizó a una familia que suele comunicarse con fórmulas heredadas del siglo XIX. Aquí no hubo misterio ni escándalo. Ni tramas palaciegas ni versiones contradictorias. Solo una pérdida absurda, repentina, con un componente químico que no deja mucho margen al consuelo.

Lo curioso es que incluso en ese contexto, hay algo que se mantiene inalterable: la maquinaria institucional. Desde el primer minuto, el relato fue controlado. No por malicia, sino por instinto.

Se cerró la puerta a rumores antes de que se abriera. Se encapsuló la tragedia como un episodio personal. Ni Buckingham ni los Windsor jóvenes emitieron comunicados individuales. Nadie improvisó declaraciones. Lo justo para marcar presencia, pero sin exponerse a preguntas incómodas. Al fin y al cabo, Thomas Kingston no era «uno de los nuestros», pero sí lo suficiente como para que su muerte se notara.

Y sin embargo, el eco que dejó fue mayor de lo esperado. Porque este no era un príncipe. No era un rebelde. No era un apestado. Era alguien normal —o tan normal como se puede ser cuando se cena en palacio— que murió por una mezcla letal de pastillas mal toleradas, silencios clínicos y un mal día en el peor momento. Su historia no terminó con un escándalo, sino con una advertencia. Una que incomoda porque no tiene culpables claros.

¿Pudo haberse evitado? Probablemente. ¿Hubo negligencia? No se ha dicho. ¿Tuvo algo que ver su entorno privilegiado? Quizá, por exceso de confianza. ¿Fue un caso aislado? Ojalá.

Lo que sí fue, con toda seguridad, es una de las muertes más silenciosamente impactantes del año. No por lo que dijo la prensa. No por lo que se ocultó. Sino por lo que revela: que ni los títulos, ni los tratamientos de élite, ni los vínculos reales pueden blindarte contra la fragilidad mental. Y que a veces, los cuentos de hadas terminan con una puerta cerrada, una escopeta y una pregunta sin respuesta.

# Infidelidades
# y traiciones encubiertas:
# un pasatiempo real

Si hay algo en lo que los Windsor han destacado a lo largo de su historia, además de acumular riquezas y mantener su poder intacto, es en el arte de la infidelidad. A ver, cualquiera podría pensar que la monarquía británica, con su rígido protocolo y su imagen de decoro impoluto, es un modelo de valores familiares. Pero la realidad es que, desde hace generaciones, los escándalos amorosos han sido una constante en la Casa de Windsor. Y no estamos hablando de simples deslices, sino de verdaderas dobles vidas, matrimonios de fachada y acuerdos silenciosos para encubrir las aventuras de los miembros de la realeza.

## CARLOS III Y CAMILA: EL ROMANCE QUE NUNCA TERMINÓ

Vamos a empezar con el más evidente. La relación entre Carlos y Camila Parker Bowles fue, durante décadas, el secreto a voces más descarado de la familia real. Mientras Diana era presentada al mundo como la esposa ideal, la realidad era que el entonces príncipe de Gales jamás dejó de estar enamorado de Camila. Y lo más jugoso es que la familia real lo sabía, lo permitía y hasta lo encubría.

Desde el inicio del matrimonio con Diana, Carlos continuó su relación con Camila de manera discreta (o no tanto). La infidelidad era un hecho conocido en los círculos aristocráticos y, aunque Diana intentó adaptarse al papel de princesa perfecta, terminó por rebelarse. Su famosa entrevista en la BBC en la que soltó la ya mítica frase «éramos tres en este matrimonio» no fue solo un acto de sinceridad: fue un grito de desesperación ante la maquinaria que la rodeaba y la relegaba al papel de mera figura decorativa.

Pero claro, la monarquía no podía permitir que este escándalo manchara su imagen. Así que, mientras Diana era señalada por la prensa como inestable y problemática, Carlos y Camila seguían su romance en la sombra, esperando el momento en que pudieran oficializar lo que siempre fue evidente. Y, finalmente, con la muerte de Diana en 1997, el camino quedó despejado. Años después, la relación fue blanqueada y Camila pasó de ser la «amante incómoda» a la «reina consorte». Así de fácil.

## FELIPE DE EDIMBURGO: EL REY DE LAS ESCAPADAS DISCRETAS

En la historia de los Windsor hay silencios más elocuentes que mil discursos. Y uno de los más recurrentes —y cuidadosamente ignorado durante décadas— es el que rodea al matrimonio de la reina Isabel II con su esposo, el príncipe Felipe, duque de Edimburgo. Un matrimonio longevo, sólido en lo protocolario, funcional en lo institucional… pero rodeado desde muy temprano por rumores de infidelidad, escapadas discretas y amistades peligrosamente íntimas.

Oficialmente, Felipe fue el consorte perfecto: leal, puntual, vestido de uniforme o de esmoquin según la ocasión, y siempre tres pasos detrás de su majestad. Pero fuera del encuadre real, el duque tenía fama de hombre de mundo. Amante del deporte, los coches rápidos, las conversaciones afiladas y, cómo decirlo con cortesía… de mantener un círculo social llamativamente femenino. Desde los años cincuenta comenzaron a circular historias sobre sus salidas nocturnas en clubes exclusivos, sobre su cercanía con algunas actrices y sobre amistades que parecían tener más de cóctel y confidencia que de inocente cortesía cortesana.

Los nombres variaban, pero los ecos eran siempre los mismos. ¿Fue todo invención de la prensa sensacionalista? Puede ser. Pero conviene recordar que, en aquella época, los tabloides sabían muy bien hasta dónde podían llegar… y hasta dónde no. El palacio tenía poder, y el duque —con su genio característico— no era precisamente amigo de los cotilleos. De hecho, los periodistas que osaban sugerir que Felipe tenía alguna «amistad especial» recibían, como mínimo, un desmentido feroz y, en algunos casos, vetos duraderos.

## Perfil psicológico del príncipe Felipe, duque de Edimburgo

Felipe de Edimburgo fue, durante más de setenta años, el hombre que caminó tres pasos por detrás de la reina. Y eso, para alguien con su carácter, no fue una lección de humildad sino de resistencia. Nacido príncipe en un mundo que ya no lo necesitaba, casado con una joven que se convirtió en monarca demasiado pronto, Felipe pasó la vida entera ajustando su personalidad a una institución que, en el fondo, nunca lo aceptó del todo.

Psicológicamente, Felipe era un alfa contenido. Brillante, brusco, práctico, ferozmente independiente. Tenía el cerebro de un ingeniero, la lengua de un oficial de marina y la paciencia limitada de alguien que sabía que, si no soltaba un chiste incómodo de vez en cuando, acabaría volando por los aires. Fue el contrapeso perfecto para Isabel. Donde ella era contención, él era impulso; donde ella medía cada palabra, él soltaba la suya como un proyectil envuelto en ironía.

No era cariñoso en el sentido tradicional, pero sí fue leal hasta el final. Su idea del amor pasaba por el deber, la constancia y la compañía silenciosa. Fue un marido que no necesitaba ser centro, pero tampoco quería ser invisible. Por eso creó su propio

Uno de los rumores más persistentes lo vinculaba a la actriz Pat Kirkwood, a quien supuestamente acompañó a cenar en los años cuarenta mientras Isabel aún era princesa. Aunque ambos negaron vehementemente cualquier implicación más allá de lo social, la prensa nunca dejó de coquetear con la posibilidad de que aquello fuera algo más. Y más tarde, en los años sesenta y setenta, otros nombres —modelos, aristócratas, amigas de amigos— fueron susurrados en los pasillos del poder y en las redacciones. Nunca confirmados, nunca desmentidos del todo.

En público, la reina jamás mostró una sola fisura. La pareja proyectaba unidad, complicidad e incluso cierta ternura distante.

Pero eso no impidió que, durante décadas, el príncipe Felipe desapareciera a veces durante semanas en largas estancias fuera de Londres, a menudo en sus clubes masculinos, o en expediciones que nadie se molestaba demasiado en documentar. Lo justo para que el rumor sobreviva, pero no tanto como para que escale.

¿Significa esto que fue infiel? No. Significa que los Windsor han hecho del arte del control de daños una disciplina olímpica. Que aprendieron hace mucho que lo importante no es que se sepa o no, sino que no se confirme. Porque cuando no hay confirmación, no hay crisis. Solo especulación. Y la especulación, bien manejada, no solo se tolera: se convierte en parte del aura. Después de todo, ¿qué es un príncipe sin un poco de leyenda?

Hoy, con Felipe ya fallecido y la reina Isabel convertida en mito nacional, el relato se ha solidificado: fueron una pareja ejemplar. Pero entre líneas queda la sospecha —cómoda, silenciosa, irresuelta— de que el duque vivió su matrimonio con la misma lealtad que mostró al protocolo: a su manera. Y que la monarquía, como siempre, supo adaptar su relato para que la historia encajara en el marco. Aunque, para lograrlo, tuviera que empujar bajo la alfombra más de un suspiro nocturno, más de una mirada indiscreta y más de una escapada que nunca se documentó… pero que todo el mundo recuerda.

## INFIDELIDADES IMPUTADAS (Y NUNCA CONFIRMADAS) DE OTROS MIEMBROS DE ALTO RANGO

Si hay algo que la monarquía británica ha perfeccionado —además del arte de cortar cintas y evitar impuestos— es la capacidad de administrar el escándalo. Y dentro de ese universo, las infidelidades —ciertas, supuestas, o hábilmente omitidas— han sido una constante. A lo largo de las décadas, varios miembros de alto rango de la familia Windsor han protagonizado capítulos que, aunque nunca del todo confirmados, han alimentado durante años los titulares, los cuchicheos de palacio y las secciones más leídas de la prensa británica.

Empecemos por el príncipe Andrés, duque de York. Dejando de lado —por ahora— su asociación con Jeffrey Epstein, el segundo hijo de la reina Isabel II siempre fue considerado el *playboy* de la familia. Su historial amoroso incluye nombres de actrices, modelos y aristócratas. Durante su matrimonio con Sarah Ferguson, la prensa fue inclemente con ambos. Se acusaron mutuamente de deslealtades —él, por ausencias prolongadas; ella, por sus amistades demasiado cercanas con asesores personales—. Y si bien el escándalo del beso en el dedo del pie que protagonizó Ferguson acaparó las portadas, también se decía que Andrés no era precisamente un devoto esposo. Tras el divorcio, sus relaciones sentimentales continuaron en el terreno de lo discretamente escandaloso, siempre rodeado de jóvenes hermosas, amistades llamativas y viajes con poco contexto. Y cuando los periodistas preguntaban, la respuesta era siempre la misma: asuntos privados. Privadísimos.

Tampoco podemos olvidar a la princesa Margarita, hermana de Isabel II. Aunque no era heredera, su posición como figura pública de primer nivel hizo que cada uno de sus romances fuera escrutado hasta el exceso. Su relación con el capitán Peter Townsend, divorciado, fue truncada por las normas reales. Pero Margarita no se retiró del juego. Mantuvo una vida sentimental activa y variada, con amistades masculinas que iban desde artistas bohemios hasta aristócratas díscolos. Aunque su matrimonio con Antony Armstrong-Jones (luego conde de Snowdon) fue al principio un cuento de hadas moderno, rápidamente degeneró en un intercambio de infidelidades, celos y enfrentamientos públicos. Ambos llevaron vidas paralelas, y la prensa se encargó de llenar los huecos con toda clase de nombres. Y el palacio, fiel a su estilo, nunca confirmó nada. El silencio como mejor herramienta de gestión.

Y luego están los rumores que rodean, con más cuidado y menos escándalo, a otros miembros como el príncipe Eduardo. Aunque su vida personal ha sido menos turbulenta en apariencia, también hubo susurros en la prensa sensacionalista durante los años noventa sobre supuestas tensiones matrimoniales y amistades demasiado frecuentes con miembros de su equipo teatral. Nada demasiado sonoro, pero lo justo para mantenerse en el radar.

Y, por supuesto, los rumores de infidelidad del príncipe Guillermo con Rose Hanbury, que ha quedado minuciosamente detallado unos capítulos atrás.

En todos los casos, la estrategia de la familia real ha sido la misma: si no se puede evitar el escándalo, se administra. Se niega lo negable, se calla lo incómodo, y se reescribe lo demás cuando el tiempo lo permite. Porque en la monarquía, lo importante no es lo que se hace, sino lo que se logra que parezca. La fidelidad no siempre ha sido parte de esa narrativa, pero la dignidad, aunque sea prestada, debe permanecer intacta.

Así, generación tras generación, la Casa de Windsor ha sorteado los rumores con un equilibrio admirable. Un paso de *ballet* entre la prensa complaciente, los asesores de imagen y la resignación pública. Y si en medio de todo eso alguien ha sido infiel, desleal o simplemente humano… siempre quedará el argumento de que lo hicieron en nombre del deber. O al menos, sin dejar pruebas.

## CONTROL DE DAÑOS: INFIDELIDADES BIEN GESTIONADAS

Esto me deja claro que la monarquía ha convertido la infidelidad en un arte. No se trata solo de relaciones extramatrimoniales, sino de un sistema bien engrasado que permite a sus miembros hacer y deshacer mientras la maquinaria real se encarga de que la imagen pública permanezca intacta.

Porque, al final, lo que importa no es la verdad, sino la percepción que se vende al pueblo. Y en eso, los Windsor son los auténticos maestros.

# La inmunidad legal de la monarquía: por encima de la ley

La monarquía británica goza de un privilegio único. El rey no puede ser procesado ni demandado en un tribunal. Esto significa que, si el monarca comete un delito, no puede ser llevado ante la justicia como cualquier otro ciudadano. Esta inmunidad no solo protege al rey, sino que también se extiende a ciertos miembros de la familia real, especialmente cuando sus acciones pueden comprometer la estabilidad de la institución.

Por ejemplo, cuando el príncipe Andrés fue señalado por sus vínculos con Jeffrey Epstein y acusado de abuso sexual por Virginia Giuffre, la monarquía movió hilos para evitar que el escándalo llegara a los tribunales británicos. En lugar de enfrentar un juicio público, el príncipe Andrés llegó a un acuerdo extrajudicial millonario en EE. UU., financiado en parte con dinero de la familia real. Así, logró evitar una comparecencia que habría puesto en jaque a toda la Casa de Windsor.

La relación de la monarquía con la justicia británica no es solo una cuestión de inmunidad legal, sino también de influencia directa en el sistema judicial. Existen numerosos casos en los que investigaciones potencialmente perjudiciales para la familia real han sido bloqueadas o diluidas por presiones políticas y legales.

Un caso emblemático fue el intento de investigar las donaciones millonarias a la Fundación del Príncipe de Gales, que se sospechaba que formaban parte de un esquema de «dinero a cambio de favores». A pesar de la evidencia, la investigación no prosperó y fue archivada sin consecuencias reales para Carlos III.

Otro ejemplo es el uso del Consejo Privado para influir en decisiones judiciales. En más de una ocasión, jueces con vínculos con la monarquía han facilitado que ciertos casos no avancen, protegiendo a la familia real de cualquier tipo de responsabilidad penal o civil.

## EL CURIOSO DILEMA DE LOS JUICIOS EN NOMBRE DEL REY

Aquí hay un dato curioso que hace que la situación sea aún más surrealista. En el Reino Unido, todos los procedimientos judiciales se llevan a cabo en nombre del monarca. Es decir, si un miembro de la familia real fuera procesado, el caso se titularía algo así como *El rey contra el rey* o *El rey contra el príncipe Andrés*, lo que evidentemente pondría a la institución en una posición incómoda.

Este tecnicismo legal no es solo una rareza del sistema británico, sino una prueba más de cómo la monarquía y la justicia están entrelazadas de una manera que protege a los Windsor de cualquier proceso legal que los involucre directamente.

## EL ENCUBRIMIENTO DE ESCÁNDALOS DE TRÁFICO Y ACCIDENTES

Los Windsor tampoco han estado exentos de escándalos relacionados con el tráfico y la conducción temeraria. En 2019, el príncipe Felipe, esposo de Isabel II, protagonizó un accidente de coche en el que chocó con otro vehículo y volcó. A pesar de que las pruebas demostraban que conducía de manera imprudente, no enfrentó cargos ni sanciones legales. Poco después, el Palacio de

Buckingham anunció que «renunciaba a su licencia de conducir voluntariamente», evitando así cualquier acción judicial.

Otro caso llamativo es el de los escoltas reales y conductores de la familia, que en numerosas ocasiones han sido captados excediendo los límites de velocidad o involucrados en incidentes de tráfico sin que esto tenga consecuencias.

## CONTROL DE DAÑOS: LA MONARQUÍA Y LA JUSTICIA, UN MATRIMONIO DE CONVENIENCIA

Los Windsor han construido un sistema que les permite esquivar la justicia sin mayores consecuencias. Entre inmunidades, jueces aliados e investigaciones bloqueadas, han logrado mantener su imagen intacta mientras operan con un nivel de impunidad que pocos pueden permitirse.

Porque al final, cuando la justicia se convierte en un privilegio en lugar de una garantía, ¿cómo se puede hablar de igualdad ante la ley?

# El rentable privilegio de ser Windsor

Ser un Windsor no es solo una cuestión de títulos, joyas heredadas y castillos con nombre propio. Es, ante todo, una licencia tácita para vivir con prerrogativas que harían palidecer a cualquier CEO de Silicon Valley. Porque si hay algo que esta familia ha sabido hacer durante generaciones —además de mantener una agenda cuidadosamente calibrada de inauguraciones y saludos— es capitalizar su apellido con una eficacia digna de una multinacional.

La ventaja más evidente, y menos disimulada, es la de viajar gratis. O, mejor dicho, «ser invitados». Ya sea en yates privados, villas en el Caribe, resorts de lujo en los Alpes o islas privadas con servicio de chef y helicóptero, la familia real ha perfeccionado el arte de dejarse agasajar sin levantar la ceja. La isla de Mustique ha sido durante años un destino favorito de la familia de los príncipes de Gales. Las vacaciones en este rincón exclusivo del Caribe además de ser frecuentes, según diversas fuentes, a veces han sido gratis. Los Windsor son invitados de cortesía, cortesía que, por supuesto, puede implicar favores futuros, visibilidad o simplemente la satisfacción de tener a un miembro de la realeza británica tumbado en la tumbona de al lado.

Lo mismo ocurre con las escapadas a los Alpes franceses, particularmente en Courchevel, donde el duque de Westminster

—uno de los hombres más ricos del Reino Unido y padrino del príncipe Jorge— ha sido anfitrión generoso en más de una ocasión. Que los herederos al trono se hospeden gratuitamente en chalets de lujo no sorprende a nadie en los círculos aristocráticos. Lo que sorprende es la naturalidad con la que el privilegio se ejerce como si fuera parte del protocolo.

Pero no todo queda en vacaciones. El apellido Windsor también sirve —y mucho— en el mundo de los negocios. Aunque oficialmente no pueden hacer publicidad ni participar en empresas comerciales tradicionales, varios miembros de la familia lo han intentado, con más o menos disimulo. El príncipe Eduardo fundó Ardent Productions, una productora audiovisual que no tuvo reparos en vender su cercanía con la realeza como valor añadido. ¿Qué productora puede decir que el hermano del futuro rey asiste a las reuniones? Fue tal el escándalo por este uso indebido del apellido y la posición institucional que Eduardo se vio obligado a cerrar la empresa y dedicarse a funciones más discretas.

Y qué decir de Sarah Ferguson, que durante años ha combinado una vida empresarial zigzagueante con el arte de invocar su título para abrir puertas. Desde su papel como embajadora de marcas de salud hasta su estrecha colaboración con magnates de Oriente Medio, Ferguson ha vivido con holgura gracias, en parte, a su vínculo con la Corona. Aunque divorciada, sigue siendo tratada como «miembro no activo de la familia real». Una categoría tan ambigua como útil.

En el plano más sutil, el apellido también actúa como escudo legal y reputacional. Los Windsor rara vez hacen cola, pero aún menos frecuente es que rindan cuentas. ¿Investigaciones fiscales? Difícil. ¿Juicios públicos? Inexistentes. ¿Multas por conflictos de interés? Nunca. Y si alguien sugiere que esto podría rozar la ilegalidad, la respuesta es la misma de siempre: tradición, protocolo y servicio público. A veces todo junto, otras veces como quien recita un mantra.

Así que sí, ser un Windsor conlleva responsabilidad, exposición mediática y el peso de la historia. Pero también significa ser el invitado perpetuo del lujo, el beneficiario pasivo de contratos sociales no escritos, y el símbolo viviente de un sistema donde unos pocos siguen jugando con reglas que al resto se nos aplican en serio.

Pero no se preocupe: no están cometiendo ningún delito. Simplemente están aprovechando su posición, como haría cualquiera con apellido de dinastía, acceso a castillos y una legión de relaciones públicas bien entrenados. Y si a cambio deben saludar con la mano cada vez que se suben al coche, qué menos.

# Los testamentos reales: secretos sellados y fortunas opacas

Uno de los aspectos más oscuros y menos comentados de la monarquía británica es la opacidad que rodea los testamentos de sus miembros. A diferencia de cualquier ciudadano británico, cuyos testamentos son documentos públicos y pueden ser consultados, los testamentos de los Windsor se sellan y permanecen ocultos al escrutinio público durante al menos noventa años. ¿Por qué tanto secretismo?

La práctica de sellar los testamentos reales no es nueva. Se remonta a principios del siglo XX, cuando el testamento del príncipe Francisco de Teck, hermano de la reina María (abuela de Isabel II), fue bloqueado para evitar revelar información comprometedora. Desde entonces, cada vez que un miembro de la familia real fallece, su testamento es sellado en secreto mediante una decisión judicial y, lo más importante, sin explicaciones públicas.

El ejemplo más reciente fue el testamento del príncipe Felipe, fallecido en 2021. En una decisión sin precedentes, la justicia británica determinó que su testamento permanecería sellado por noventa años para proteger la «dignidad y el estatus» de la reina Isabel II y otros miembros de la familia real. ¿Qué información contenía que podría haber comprometido su imagen? Solo unos pocos podrían responder a esta pregunta.

# El testamento de la princesa Diana: irregularidades y una voluntad ignorada

Uno de los casos más polémicos en torno a los testamentos reales fue el de la princesa Diana. Antes de su muerte en 1997, Diana dejó un testamento en el que expresaba claramente cómo deseaba que se repartiera su fortuna. Sin embargo, tras su muerte, su voluntad fue alterada por una «carta de deseos» adjunta que no tenía validez legal vinculante.

En este documento, Diana había indicado que una parte de su fortuna debía destinarse a sus ahijados y otras personas cercanas a ella. Sin embargo, sus albaceas decidieron ignorar estas disposiciones y concentrar la herencia en sus hijos, Guillermo y Harry.

Para muchos, esto fue un ejemplo más de cómo la monarquía manipula la información y los procesos legales para proteger sus intereses. La falta de transparencia en la ejecución de su testamento ha dejado muchas preguntas sin respuesta, y hasta el día de hoy, se desconoce el alcance real de los bienes de Diana y si su voluntad fue respetada por completo.

Una de las principales razones detrás de esta opacidad es que los testamentos reales podrían revelar el verdadero alcance de la riqueza de los Windsor. Se estima que la familia real posee una de las fortunas privadas más grandes del mundo, pero la falta de transparencia impide conocer el origen exacto de sus activos y si han sido manejados de manera ética.

El sigilo también permite evitar conflictos con el fisco británico. Si bien la familia real ha afirmado que paga impuestos voluntariamente, al no conocer la magnitud real de sus bienes heredados, nunca se podrá verificar cuánto han pagado realmente y si han utilizado estrategias fiscales para minimizar sus contribuciones.

La opacidad de los testamentos reales contrasta radicalmente con la legislación británica para el resto de los ciudadanos. En el Reino Unido, los testamentos son documentos públicos que pueden ser consultados libremente por cualquiera, lo que garantiza transparencia en los procesos de herencia y evita fraudes o manejos irregulares de fortunas.

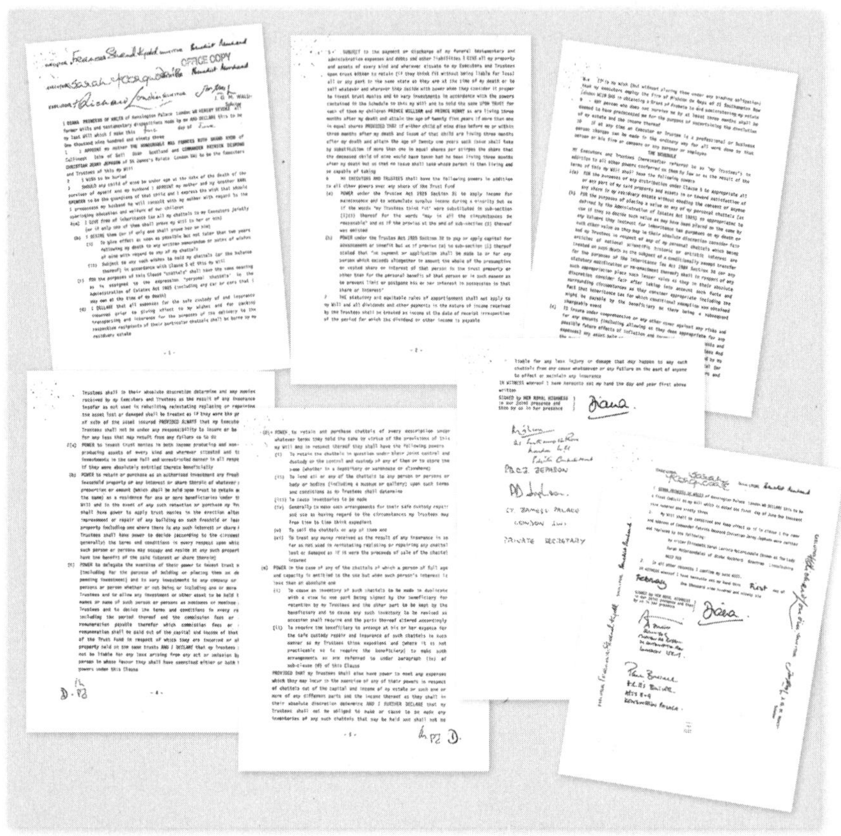

Sin embargo, la monarquía ha conseguido eximirse de esta obligación, argumentando razones de «interés nacional» y protección de la privacidad. Pero ¿no sería precisamente de interés público saber cómo y a quién se distribuyen los bienes financiados en gran parte por los contribuyentes?

## CONTROL DE DAÑOS:
### UNA PRÁCTICA DIFÍCIL DE JUSTIFICAR

No sé qué opinará usted, pero a mí me parece que la negativa a hacer públicos los testamentos reales es un síntoma más de cómo los Windsor han logrado crear sus propias reglas. Mientras el ciudadano común debe rendir cuentas ante la ley y pagar impuestos sobre sus herencias, la familia real opera en un mundo aparte, protegido por barreras legales y tradiciones que benefician solo a ellos.

Porque al final, si no hay nada que ocultar, ¿por qué tanto secreto?

# Escándalos diplomáticos internacionales: Windsor fuera de casa

Uno pensaría que, lejos del territorio nacional, los miembros de la realeza británica ajustarían aún más el protocolo. Que medirían cada palabra, cada gesto, cada apretón de manos como si fuera dinamita diplomática. Pero no. Lo cierto es que algunos Windsor, una vez cruzado el canal de la Mancha, han hecho gala de una mezcla de desparpajo, ignorancia y cierta prepotencia imperial que ha provocado más de un sarpullido en embajadas, Gobiernos y cancillerías.

Uno de los casos más flagrantes es el del príncipe Felipe, duque de Edimburgo, cuyo currículum como diplomático accidental incluye frases tan inapropiadas como célebres. Durante una visita a China, en 1986, le dijo a un grupo de estudiantes británicos: «Si os quedáis mucho tiempo aquí, acabaréis con los ojos rasgados». El comentario provocó una tormenta mediática y una protesta diplomática. No era la primera vez que Felipe metía la pata —ni sería la última—, pero en este caso la ofensa cruzó fronteras. La familia real, como siempre, salió con un comunicado tibio y sin disculpas oficiales. Se trataba, dijeron, de «un comentario desafortunado sin intención de ofensa». Como si eso bastara.

El príncipe Andrés tampoco se ha quedado atrás. Además de sus conocidos escándalos personales, ha protagonizado varios episodios diplomáticamente incómodos. En su papel como representante comercial del Reino Unido, realizó múltiples visitas a regímenes autoritarios sin demasiada delicadeza. Su cercanía con oligarcas rusos y figuras cuestionables del golfo Pérsico levantó ampollas tanto en la Foreign Office como en los medios internacionales. En una ocasión, una reunión suya con un alto cargo libio provocó una fuerte queja del Gobierno británico, que no había sido informado con antelación. Lo que debía ser una misión comercial terminó siendo un ejercicio de diplomacia temeraria, donde el apellido Windsor fue usado como carta de presentación sin mayor consulta institucional.

Carlos III, incluso antes de llegar al trono, también tuvo sus momentos. En 1993, fue grabado en una conversación privada llamando a los periodistas «malditas personas entrometidas» durante una gira en Australia. El incidente no generó un conflicto diplomático directo, pero sí causó incomodidad en el país anfitrión, que comenzaba a plantearse con más fuerza el debate sobre la república. Años más tarde, durante una visita a Rumanía, el entonces príncipe de Gales mostró un entusiasmo excesivo por la región de Transilvania, llegando incluso a comprar propiedades allí y proclamarse descendiente de Vlad el Empalador. La prensa rumana lo celebró con entusiasmo, pero en los círculos diplomáticos no pasó desapercibido que un heredero al trono británico se proclamara —literalmente— pariente lejano de Drácula.

Y luego está Harry. Antes de convertirse en apóstata real, protagonizó una de las imágenes más bochornosas de la historia reciente de la familia: aquella en la que apareció vestido con un uniforme nazi en una fiesta de disfraces. Tenía veinte años, pero la ofensa fue internacional. Las críticas llovieron desde Alemania, Israel y casi todas las instituciones judías del planeta. La familia real pidió disculpas, Harry también, pero la imagen quedó para siempre como ejemplo de hasta qué punto la burbuja de privilegio puede desconectar a un Windsor del contexto internacional más básico.

Incluso en situaciones aparentemente inofensivas, la diplomacia real puede torcerse. En 2010, durante un viaje oficial a Canadá, el príncipe Guillermo fue criticado por interferir en la política interna al elogiar abiertamente el sistema militar del país y su adhesión a la monarquía, justo en medio de un debate nacional sobre su continuidad. Y cuando Harry y Meghan realizaron su gira en África, algunos comentaristas locales criticaron el tono paternalista de ciertos discursos, lo que obligó a Buckingham a recalibrar los mensajes emitidos desde el equipo de comunicación.

La realidad es que los Windsor, cuando salen al extranjero, siguen siendo vistos como símbolos del Reino Unido. Cada frase suya, cada gesto, tiene consecuencias. Y, sin embargo, la falta de formación diplomática formal, combinada con décadas de inmunidad protocolaria, les ha permitido actuar más como turistas de alto rango que como verdaderos embajadores del Estado.

¿Las consecuencias? Incomodidad, protestas, alguna que otra disculpa envuelta en terciopelo y, sobre todo, la confirmación de que la monarquía es mucho mejor como postal que como actor político. Porque cuando un Windsor se equivoca en casa, se tapa. Pero cuando lo hace en el extranjero... hay que llamar al Ministerio de Exteriores. Y rezar para que esta vez no haya micrófonos encendidos.

## FELIPE DE EDIMBURGO Y SU DIPLOMACIA DE ALTO VOLTAJE

Hubo un tiempo en que bastaba con tener buena presencia, un acento impecable y un título nobiliario para representar al Reino Unido en el extranjero. Y nadie encarnó mejor ese ideal anticuado —pero tan británico— que el príncipe Felipe, duque de Edimburgo. Lo que ocurre es que a Felipe el filtro se le escurría entre las manos como el té mal servido: rápido, sin control y, en muchas ocasiones, hirviendo.

Durante décadas, el consorte de la reina Isabel II fue sinónimo de corrección militar y discreción pública... salvo cuando abría la boca. Porque entonces la diplomacia se tensaba y los funcionarios de la Foreign Office sudaban como si acabaran de descubrir que su alteza había confundido un brindis por la amistad anglo-japonesa con una imitación del acento chino.

Las salidas de tono del duque de Edimburgo forman casi un subgénero dentro de la historia moderna de la familia real. En 1999, le preguntó a un instructor escocés de autoescuela: «¿Cómo consigues que los nativos no se maten al volante?». A un niño que confesó su deseo de ser astronauta, le respondió sin pestañear: «Jamás podrías serlo si estás tan gordo». En 2002, en Australia, tras conocer a un empresario de origen aborigen, exclamó: «¿Todavía os lanzáis lanzas los unos a los otros?». Y en otra ocasión, le dijo a un joven sordomudo que se encontraba junto a una banda de percusión: «Si estás cerca de eso mucho tiempo, no me extraña que estés sordo».

La lista es larga y variopinta. Desde sus reflexiones sociológicas —como cuando bromeó diciendo que los británicos habían inventado la guillotina antes que los franceses— hasta sus valoraciones sobre la sobrepoblación mundial: «Si pudiera reencarnarme, querría volver como un virus mortal para reducir la población del planeta». Sí, lo dijo. Y sí, quedó registrado.

¿Era un provocador con sentido del humor ácido? ¿O simplemente un hombre educado en otra época, convencido de que la franqueza era una virtud diplomática? La respuesta depende de a quién se pregunte. Lo que es seguro es que en cada una de sus giras internacionales era acompañado por un equipo de comunicación con el pulso en la yugular, listo para apagar fuegos con sonrisas forzadas y comunicados de prensa ambiguos. El duque decía lo que pensaba, aunque nadie lo pidiera. Y en más de una ocasión, lo que pensaba era políticamente inadmisible.

Sin embargo, su figura nunca fue cuestionada de forma seria. Era, según el relato oficial, un hombre «auténtico», «espontáneo» y «entrañablemente directo». La indulgencia con la que se trataron sus comentarios —que en cualquier otra figura pública habrían significado la ruina— es un testimonio más del blindaje institucional que protege a los Windsor. Porque si Felipe de Edimburgo hubiera sido político, diplomático o incluso actor de teatro regional, habría sido despedido a la tercera frase desafortunada. Pero como era el esposo de la reina, se le concedía la categoría de excentricidad inofensiva.

Y así, durante más de medio siglo, el duque transitó por el mundo dejando una estela de diplomacia a la inglesa: de alta cuna, pero de gatillo fácil. Lo curioso es que sus tropiezos nunca le impidieron cumplir con su agenda. Al contrario, alimentaron su leyenda. Una leyenda que demuestra que, en la monarquía británica, la libertad de expresión es un derecho reservado… al que más privilegios tiene.

■ **Las salidas de tono del duque de Edimburgo**

El príncipe Felipe, duque de Edimburgo, fue conocido por su carácter fuerte, pero también por sus comentarios desafortunados, que muchas veces rozaron la falta de respeto y el racismo. Su historial de declaraciones polémicas es extenso y deja en evidencia la impunidad con la que podía expresarse sin que hubiera consecuencias reales.

Algunas de sus perlas incluyen:
— En una visita a China en 1986, dijo a un grupo de estudiantes británicos: «Si os quedáis mucho tiempo aquí, acabaréis con los ojos rasgados».
— En 1994, al recibir a un empresario en una recepción en Budapest, le preguntó: «¿Todavía os lanzáis lanzas unos a otros?», refiriéndose a su origen.
— En 2002, al visitar Australia, preguntó a un líder aborigen: «¿Todavía os lanzáis flechas?».
— Durante una visita a un hospital de Londres en 2013, al ver a una enfermera filipina, comentó: «Las Filipinas deben de estar medio vacías, con tantas enfermeras aquí».

# Vivir en la burbuja dorada: privilegios sin consecuencias

A diferencia del resto de los ciudadanos británicos, los Windsor han logrado construir una realidad en la que las reglas del mundo exterior apenas los rozan. Desde exenciones fiscales hasta fortunas secretas, la monarquía ha perfeccionado un sistema en el que las consecuencias rara vez los alcanzan.

## EL HEREDERO Y EL REPUESTO: UNA PÓLIZA DE SEGURO CON FINAL INCIERTO

Dentro de la monarquía británica, los hijos se dividen en dos categorías: el heredero, cuidadosamente moldeado para reinar, y el repuesto, un seguro de vida humano por si algo sale mal con el primogénito. Es una jerarquía cruel, pero efectiva. El problema es que, con el tiempo, el repuesto deja de ser útil y entonces, ¿qué hacemos con él?

### Crecer sabiendo que eres el segundo plato

Desde Isabel II y sus hijos hasta Carlos III y los suyos, la historia es siempre la misma. El primogénito recibe la mejor educación, es el centro de atención de la familia y de la prensa, mientras que el segundo es… bueno, está ahí, por si acaso. Su existencia se justifica en caso de que el heredero fallezca prematuramente, sufra un accidente o simplemente no esté a la altura del cargo.

Pero ¿qué pasa cuando el heredero llega sano y salvo a la edad adulta? Ahí empieza el problema. De ser una pieza clave del tablero, el repuesto se convierte en una figura decorativa, sin un propósito claro y con la eterna sombra de su hermano o hermana mayor recordándole que su destino es ser secundario. Esto crea una rivalidad inevitable y, en muchos casos, una crisis de identidad que lo lleva a caminos turbulentos.

## Andrés y el síndrome del segundo hijo

El príncipe Andrés es el ejemplo perfecto de lo que puede salir mal cuando un repuesto se queda sin función. Durante su juventud, disfrutó de los privilegios de ser hijo de la reina sin la presión de reinar, lo que le permitió una vida de lujos, excentricidades y amistades peligrosas. Sin responsabilidades reales, terminó siendo un problema para la institución con escándalos que iban desde su cercanía con dictadores hasta su vinculación con Jeffrey Epstein. Y cuando dejó de ser útil, la Casa Real no tuvo reparos en deshacerse de él públicamente.

## Harry: la historia se repite

Años después, la historia se repitió con Harry. Mientras Guillermo era preparado para ser rey, Harry crecía con la misma carga que Andrés: importante, pero no demasiado. Y cuando alcanzó la edad adulta, se dio cuenta de que su destino en la familia real era estar de fondo, sonriente en los actos oficiales, pero sin poder real.

El resultado fue predecible: crisis personal, una salida ruidosa de la monarquía y un enfrentamiento mediático con su propia familia. La misma institución que lo había moldeado desde la infancia para servir a su hermano mayor lo dejó sin función cuando decidió tomar un camino propio.

Ahora, la historia se repite con los hijos de Guillermo. Jorge es el heredero y, por tanto, recibe toda la atención. Carlota y Luis están ahí, cumpliendo el mismo papel que cumplieron Andrés y Harry en su momento. Por ahora, son niños y el problema aún no ha surgido, pero si la historia de los Windsor nos ha enseñado algo es que la rivalidad entre el heredero y el repuesto es inevitable. Tarde o temprano, uno de ellos se preguntará: «¿Y yo qué pinto aquí?».

## CONTROL DE DAÑOS: UNA RECETA PARA LA DISCORDIA

Resulta evidente que la monarquía británica no ha encontrado la manera de manejar a sus repuestos. Mientras el heredero tiene un camino claro y definido, el segundo hijo es una bomba de relojería que, cuando explota, siempre causa estragos en la institución.

Porque al final, si te crían como una póliza de seguro, ¿qué pasa cuando ya no te necesitan?

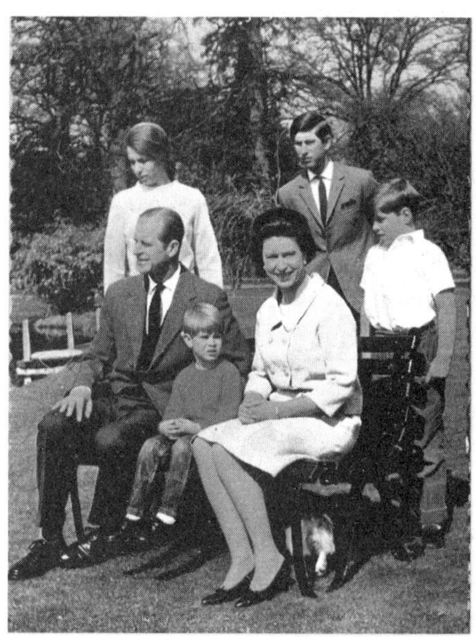

*Retrato de la Familia Real, en Frogmore House, Windsor, en una postal británica de 1968. De izquierda a derecha: el duque de Edimburgo, la princesa Ana, el príncipe Eduardo, la reina Isabel II, el príncipe Carlos (detrás de la reina) y el príncipe Andrés.*

# Fin de fiesta

Al final, todos los escándalos se parecen. Cambian los nombres, los lugares, las décadas. Pero el patrón es el mismo: un error, una cobertura, una frase bien elegida, una mano que borra y otra que señala hacia otro lado. En la casa Windsor, esto no es excepción. Es política de mantenimiento.

A estas alturas, no vamos a fingir sorpresa. La monarquía británica no sobrevive porque sea impoluta, sino porque ha aprendido a ensuciarse sin dejar rastro. Ese es su verdadero arte. No evitar el escándalo, sino disolverlo. Reconvertirlo. Enmarcarlo. A veces incluso vestirlo de deber.

Se puede hablar de infidelidades con la misma naturalidad con que se habla de discursos navideños. Carlos, Camilla, Diana, Andrés, Sarah. Y los demás, que no figuran en biografías pero figuran en listas de asistentes. Porque la institución entendió pronto que la fidelidad conyugal no es esencial para el trono. Lo esencial es que las cartas no se salgan del marco. Que el titular no rompa la foto.

Se puede hablar también de traiciones, aunque el término se quede corto. Porque cuando un miembro de la familia filtra información sobre otro a la prensa para proteger su propia imagen, no es solo traición, es estrategia. El relato del «heredero ejemplar» y el «rebelde imposible» no se escribió solo. Alguien lo redactó, lo aprobó, lo sostuvo. Y mientras tanto, se destruyeron reputaciones como quien sacrifica peones para salvar la reina.

Luego está la parte más sólida. Más difícil de rebatir. La parte legal. La familia Windsor es, literalmente, inmune. La reina —y ahora el rey— no puede ser procesado. No se le puede demandar. No se le puede obligar a testificar. No necesita pasaporte ni carné de conducir. Puede alterar las leyes antes de que se aprueben, y firmarlas con una tinta que lleva siglos oliendo a impunidad.

Los testamentos reales no se hacen públicos. Los bienes no se heredan como los del resto de los mortales. Hay castillos que no pagan impuestos. Fundaciones que no tienen que declarar ciertos ingresos. Y un sistema entero de excepciones administrativas que empieza y termina en el apellido Windsor. Llámelo privilegio. Llámelo arquitectura de poder. O, si quiere, simplemente herencia blindada.

Hay también una dimensión más sutil, pero igual de perversa: la del relato oficial. Porque esta familia tiene el don de convertir la tragedia en ceremonia. Las crisis en rutina. La desvergüenza en anécdota. Cualquier otro clan con su historial de deslealtades, divorcios, amistades tóxicas, presuntos abusos, filtraciones, escenitas y acuerdos extrajudiciales sería tratado como una fuente inagotable de deshonra. Ellos, en cambio, se reinventan. Basta con un jubileo, una coronación o un retrato familiar bien iluminado para reestablecer la narrativa.

Y sin embargo, el escándalo nunca desaparece del todo. Se contiene. Se transforma. Se convierte en otra cosa. En susurro. En secreto a voces. En silencio aceptado. Porque el gran truco no ha sido convencer al pueblo de que los Windsor son perfectos. Ha sido convencerles de que, a pesar de todo, son necesarios.

Ese «a pesar de todo» lo resume todo. A pesar de las infidelidades. A pesar de los escándalos sexuales. A pesar de los vínculos incómodos, las donaciones turbias, los contratos familiares, los abusos ocultos, los documentos extraviados, las joyas que no se prestan y los archivos que se esfuman. A pesar de todo eso, siguen ahí. Porque representan algo más. Algo intangible. Algo útil. O al menos, eso nos han hecho creer.

Este apartado no buscaba moralizar. Ni redimir. Solo constatar. Porque una vez reunidos todos los escándalos —los contados y los no contados, los permitidos y los reprimidos— lo que queda es la estructura. Queda una institución que sobrevive no por su ejemplaridad, sino por su capacidad de absorber el escándalo sin disolverse en él. De envolverlo en seda. De archivarlo sin pestañear. Y de salir, siempre, razonablemente ilesa.

Así funciona. Así ha funcionado. Y así seguirá funcionando, mientras el apellido Windsor pese más que los hechos que lo acompañan.

# MALDICIÓN

# Maldiciones

Carlos III no llevaba ni un año en el trono cuando la desgracia empezó a cebarse con su familia. Un diagnóstico de cáncer para el rey, una cirugía misteriosa seguida de un cáncer para la princesa de Gales, rumores de crisis en su matrimonio con Guillermo, un príncipe Andrés cada vez más hundido en la irrelevancia, la guerra fría con Harry sin visos de reconciliación... y eso sin contar la ola de impopularidad que azota a la monarquía británica desde hace ya tiempo. ¿Casualidad? ¿Un mal año? ¿O una maldición que se ha despertado con el nuevo reinado?

Desde hace siglos, las monarquías han estado rodeadas de misticismo y supersticiones. Siempre ha habido quienes han asegurado que ciertas familias reales están marcadas por la fatalidad, y los Windsor han dado sobradas razones para alimentar la teoría. Que si la maldición de los Hannover, que si la venganza de los Romanov, que si el precio a pagar por los pecados de sus ancestros. Y claro, con un historial de escándalos, desgracias y finales trágicos como el suyo, resulta tentador pensar que la Corona británica está condenada a repetir la historia, una y otra vez.

Pero, vamos a ver, ¿y si en lugar de fuerzas sobrenaturales, el problema fuera simplemente... ellos? ¿Y si lo que llamamos maldición no es más que la suma de sus propias decisiones, su arrogancia y su incapacidad para adaptarse a los tiempos? Porque, seamos sinceros, cuando acumulas tantas crisis familiares, conflictos de poder y desastres de relaciones públicas, la explicación paranormal empieza a parecer menos convincente que la simple consecuencia de sus actos. Veamos.

# La maldición de Diana: el fantasma que no descansa

Hay quien dice que las almas inquietas no descansan hasta que se hace justicia. Si eso es cierto, convendría que en Buckingham se dieran una vuelta por el ala oeste con una vela y mucho valor, porque si alguien tiene motivos para revolverse entre los cortinajes de palacio, es la fallecida princesa Diana.

No exagero cuando le digo que si existe una figura capaz de poner en jaque la imagen impoluta de los Windsor incluso después de muerta, esa es Diana. Su legado no es solo emocional o simbólico, es un espectro que flota —incómodo, persistente, casi vengativo— sobre cada uno de los miembros de esa familia a la que, para bien o para mal, perteneció. Y en este punto, permítame decir que si hay una maldición en marcha, probablemente no venga de Egipto ni esté engarzada en un diamante, sino que lleve perfume, haya llorado en televisión… y haya sido enterrada sin que se hiciera justicia.

Diana fue infeliz desde el primer día. No es metáfora ni exageración. Aquello fue un cuento de hadas escrito por asesores de comunicación y vestido con seda de protocolo. Un matrimonio conveniente con una joven de mirada enorme que necesitaba amor como quien necesita oxígeno. Su madre la dejó por otro hombre. Su padre rehízo su vida sin preguntar. Su marido estaba

La Princesa de Gales con el famoso vestido negro conocido como «vestido de la venganza», un diseño de Christina Stamboulian, en gasa plisada, con panel lateral flotante, durante una fiesta dada en la Serpentine Gallery de Londres en 1996

enamorado de otra mujer. Y algunos de los hombres que supuestamente la amaron también terminaron yéndose con otras. ¿Resultado? Una princesa que buscaba afecto y se encontró con deberes. Que ofrecía humanidad y recibía frialdad institucional —también familiar—.

Fue incómodo. Muy incómodo. Para la reina, para Carlos, para los asesores reales y para todo ese aparato de poder que no supo qué hacer con una mujer que no seguía el guion. La popularidad de Diana llegó a eclipsar la de la monarquía. Y eso, claro, no se perdona. Cuando se divorció, se convirtió en una figura libre pero vigilada. Y cuando empezó a hablar —de bulimia, de infidelidades, de traiciones, de complots—, empezaron también las alarmas. No era solo una ex-princesa. Era una amenaza.

Su lucha contra las minas antipersona fue el principio del fin. Aquel viaje a Angola en 1997, en plena campaña para prohibir las minas, la colocó en el foco político. No gustó. No convenía. Y no era la única causa incómoda que pensaba defender: antes de morir tenía previsto hacer público un informe que implicaba a traficantes de armas. Lo iba a anunciar en una rueda de prensa que todos creían que sería para hablar de su compromiso. Pero no. Diana tenía otros planes. Más peligrosos.

Y entonces, llegó a París.

Su muerte fue rápida, trágica y, para muchos, demasiado oportuna. Durante años, las teorías se multiplicaron. Que si el coche fue perseguido. Que si los frenos fallaron. Que si los *paparazzi* la seguían, que si no recibió atención médica adecuada en el momento preciso. Que si… Pero hay algo que todavía hoy estremece, la carta que recibió el jefe de Scotland Yard antes del accidente. Una nota anónima, con fecha y hora, que decía simplemente: «Diana morirá en septiembre». Y él, en vez de investigar, la guardó en su caja fuerte. Ahí es donde a mí —y permítame la franqueza— se me encienden todas las alarmas.

Añádale usted que Diana había dicho en más de una ocasión que temía por su vida. Que podrían matarla en un accidente de coche. Que la familia no la dejaría vivir en paz. Y entonces una empieza a pensar si no será ella, Diana, la que sigue ahí. No como mártir. Sino como fuerza. Como recordatorio. Como maldición.

Porque desde su muerte, nada ha vuelto a ser igual. Carlos nunca recuperó la imagen. Camilla es aceptada, sí, pero nunca querida. Guillermo y Harry cargan con un trauma mal gestionado, mal disimulado, mal digerido. Y el fantasma de su madre —esa figura icónica que desbordaba humanidad— sigue apareciendo en documentales, titulares, homenajes y, sobre todo, en la memoria colectiva.

¿Y si Diana no descansa porque aún no ha tenido justicia? No lo sé. Pero si la desgracia recorre los pasillos de Windsor, convendría no olvidar que ella vivió allí. Y que fue, quizás, la única que se atrevió a alzar la voz.

## Control de daños: una maldición hecha a medida

¿Es esto una maldición o simplemente la consecuencia de sus propias decisiones? Porque, seamos sinceros, si hubieran tratado a Diana de otra manera, si no la hubieran dejado sola, si hubieran gestionado su muerte con más sensibilidad, quizás no estaríamos hablando de ella tantos años después. Pero lo hicieron mal. Y ahora, por más que intenten seguir adelante, su recuerdo sigue atormentándolos.

# La maldición
# del segundo hijo:
# el eterno repuesto

Nacer como heredero en la familia real británica implica muchas cosas, un destino escrito, una educación moldeada para reinar y una agenda decidida por otros desde la cuna. Pero nacer como el segundo hijo, ah, eso es otra historia. No menos dorada, pero sí más complicada. Porque el segundo no es el elegido. Es el repuesto. Y esa posición, aparentemente privilegiada, viene con una carga invisible que en algunos casos —dígase Harry, dígase Andrés— se parece bastante a una maldición.

El segundo hijo crece con todas las presiones, pero con ninguno de los privilegios reales asegurados. Se le educa como si fuera a reinar, pero se le recuerda —en privado, claro— que probablemente no lo hará. Vive bajo el mismo techo, pero a la sombra del hermano mayor. Su rol es estar disponible por si algo falla. Un seguro de la Corona con nombre propio.

Desde luego, no es algo nuevo. La historia de la monarquía británica está repleta de segundones con destinos irregulares. Algunos intentaron rebelarse, otros simplemente se desmoronaron. La frustración, el resentimiento y el vacío institucional son ingredientes comunes en este molde. Y lo peor es que todos ellos empezaron igual, con una sonrisa en la foto familiar y un título que parecía suficiente.

Eduardo, duque de Windsor, fue un segundo hijo que llegó a reinar solo para abdicar después y convertirse en paria. Andrés vivió entre el aplauso y el escándalo, creyéndose intocable hasta que fue imposible seguir tapando el desastre. Y Harry, el más reciente, optó por huir. Literalmente. Porque cuando entendió que su papel era hacer bulto sin molestar, eligió el ruido. Y el océano de por medio.

La llamada «maldición del segundo hijo» no está en los libros oficiales, pero cualquiera que haya visto un retrato familiar puede detectarla. Miradas forzadas, silencios prolongados, manos que no encuentran dónde colocarse. Es la coreografía del repuesto, estar siempre presente, pero jamás en el centro.

¿Y la familia? Le ofrece comprensión condescendiente, algún título honorífico y una cantidad variable de actos oficiales para entretenerlo. Mientras tanto, el heredero recibe los ensayos del poder. El segundo recibe… instrucciones para no estorbar.

Tal vez no sea una maldición en términos mágicos, pero en términos psicológicos y simbólicos, ser el segundo hijo en la familia Windsor parece un pasaje directo al desencanto. Y en algunos casos, al desastre.

Tomemos el caso de la princesa Margarita, porque antes de Harry, antes de Andrés, incluso antes del tropiezo monumental de Eduardo VIII, ya había una figura que personificaba la maldición del segundo hijo con una precisión casi trágica. Hermana menor de Isabel II, Margarita fue el ejemplo perfecto de lo que implica vivir demasiado cerca del poder como para ignorarlo, pero demasiado lejos como para ejercerlo.

Margarita fue criada bajo el mismo régimen estricto que su hermana. Las mismas niñeras, los mismos tutores, el mismo protocolo. Pero mientras Isabel crecía con la carga —y la certeza— de que algún día llevaría la corona, Margarita crecía en una zona gris: sin la responsabilidad del trono, pero con todas las restricciones de la realeza. Un cóctel peligroso, sobre todo para una mujer con espíritu libre y gusto por el exceso.

El episodio más simbólico de su vida fue, sin duda, el romance con el capitán Peter Townsend. Un amor verdadero, correspondido y socialmente inaceptable para los estándares de entonces, ya que él era un hombre divorciado. Margarita quiso casarse. El *establishment* dijo que no. Su hermana, la reina, tampoco la apoyó públicamente. Y ella, finalmente, renunció. Fue su primera gran derrota a manos de la institución. Y no sería la última.

A partir de ahí, comenzó el declive. A ojos del público, Margarita era la rebelde glamurosa: fiestas en Mustique, cócteles a media mañana, amantes discretos y declaraciones inconvenientes. Pero a ojos de la familia, era una carga. Una figura incómoda que, sin escándalos suficientes para justificar una expulsión, debía ser simplemente contenida. Desdibujada.

Tuvo un matrimonio fallido, una salud maltrecha y una vida personal marcada por la frustración de saberse secundaria en todo. Incluso en su muerte, el contraste fue doloroso: funeral discreto, sin honores de Estado, como si la familia quisiera cerrar su capítulo sin ruido. Como si nunca hubiera sido realmente parte del guion principal.

Margarita vivió en una jaula con vistas. Rodeada de lujos, sí, pero también de límites invisibles que la dejaron sin un lugar claro. No era reina, pero tampoco era libre. Y cuando uno se pasa la vida siendo la nota al pie de una historia ajena, lo único que queda es intentar que esa nota suene más fuerte. Aunque duela. Aunque no la escuche nadie.

Ahora, miremos el ejemplo de Andrés. Andrés es el segundo que creyó ser el primero.

Cuando nació el príncipe Andrés en 1960, la reina Isabel II estaba en plena forma, Felipe de Edimburgo mandaba callar con eficacia, y el país aún creía que la monarquía podía combinar tradición y modernidad sin sufrir cortocircuitos. Andrés llegó al mundo como segundo hijo varón, lo que en esta familia significa lo mismo que en cualquier casa real: un seguro. El repuesto. El comodín que se guarda en la manga por si al heredero le pasa algo.

Pero Andrés no lo entendió así. O no quiso. Criado con menos presión institucional que su hermano Carlos, pero con los mismos lujos y bastantes más mimos, creció convencido de que era especial, diferente, merecedor de una relevancia que la estructura nunca pensó darle. Y esa disonancia fue el inicio de su caída.

Desde joven, Andrés hizo gala de una arrogancia natural, alimentada por el favoritismo descarado de su madre y por su papel como «héroe de guerra» durante la guerra de las Malvinas. A diferencia de Carlos, que parecía vivir encorsetado entre libros y deberes morales, Andrés cultivó la imagen de príncipe atractivo, aventurero y seductor. Se convirtió, con ayuda de la prensa, en un personaje de portada… y de polémica.

El problema fue que nunca terminó de encontrar su lugar. No heredaría el trono. No tenía una carrera real clara. No destacaba en lo intelectual ni en lo diplomático. Así que se dedicó a cultivar amistades que, con el tiempo, resultaron ser más peligrosas que útiles. Algunas empresariales, otras personales, muchas de ellas innecesarias. Pero Andrés siempre creyó que el apellido Windsor era un escudo, no una responsabilidad.

Como segundo, su camino estuvo plagado de contradicciones: mucha visibilidad, pero poco poder. Muchos viajes, pero pocos logros. Mucho gasto, pero escaso propósito. Fue nombrado «enviado especial del Reino Unido para el comercio e inversión», un cargo que combinaba diplomacia blanda con turismo de élite. Usó el título para circular por salones internacionales, pero no para rendir cuentas. Y cuando el escrutinio aumentó, ya era demasiado tarde.

En su caso, la maldición del segundo hijo no se manifestó en forma de rebelión o huida, como en Harry. Se manifestó como una desconexión completa con la realidad, una creencia infantil de que estaba por encima del bien y del mal. Andrés nunca entendió que ser el segundo implica ser útil, no intocable. Y cuando sus actos lo dejaron al borde del precipicio, ni su madre, ni sus medallas, ni sus títulos pudieron salvarlo.

Hoy, relegado a una especie de limbo institucional, Andrés sigue siendo el espejo de lo que puede ocurrir cuando un segundo hijo confunde su rol de apoyo con el papel principal. Y en una monarquía que ya cojea, estos errores de *casting* no se olvidan fácilmente.

Y así llegamos al príncipe Harry. Él es el segundo que, de alguna manera, ha roto el guion. De todos los segundos hijos de la historia Windsor, el príncipe Harry es, probablemente, el más explícito en su ruptura con la tradición. No esperó a que lo marginaran en silencio. Lo dijo, lo gritó, escribió libros, dio entrevistas y, al final, se fue dando un portazo emocional al palacio donde nunca sintió que pertenecía del todo.

Desde niño, Harry supo cuál era su sitio. Lo sabían todos. A él se le permitiría un poco más de travesura, un poco menos de protocolo, una pizca más de desorden. El «hermano simpático», el «soldado valiente», el «príncipe rebelde». Todo muy romántico en teoría, hasta que uno descubre que detrás de esa narrativa estaba el papel no oficial de distracción permanente del verdadero heredero. El repuesto que hace ruido para que el titular brille.

Y eso, claro, acaba cansando.

Su juventud fue un desfile de titulares y contradicciones: fiestas con uniforme nazi (sí, esa), fotos comprometedoras en Las Vegas, rumores, desencuentros. Cada paso fuera de línea era corregido —o maquillado— por la maquinaria de comunicación palaciega. Pero lo que no se maquilló fue la sensación creciente de que Harry estaba atrapado en un papel que no había escrito ni aprobado.

La llegada de Meghan fue el punto de no retorno. Por primera vez, el segundo hijo no solo pedía espacio, sino que lo exigía con la contundencia de quien ha tenido suficiente. El trato que recibió su esposa por parte de ciertos sectores del *establishment*, de los tabloides y —lo más doloroso— del propio entorno familiar, fue el detonante de su huida.

Pero más allá del drama mediático, lo que Harry hizo fue poner sobre la mesa el costo psicológico de ser el segundo hijo. Y no solo lo hizo para él, sino para el archivo histórico. Expuso la falta de apoyo emocional, la presión silenciosa, el peso de la expectativa sin el beneficio del propósito. Abandonó el rol de repuesto y eligió ser protagonista de su propia historia. Algo que, dentro de la realidad, suena casi a herejía.

Hoy, fuera de la institución pero no del relato, Harry sigue encarnando la maldición del segundo. Porque, aunque haya cruzado el océano, el título, el trauma y el apellido lo siguen acompañando. Pero también ha hecho algo inédito, convertir la maldición en una declaración de independencia. Y eso, en una familia donde todo se hereda —menos la libertad—, es más revolucionario que cualquier coronación.

## LA PRESIÓN DE LA COMPARACIÓN CON EL HEREDERO

Si hay algo que define la vida de un segundo hijo en la monarquía británica —más allá del título honorífico, el saludo perfectamente ensayado y la expectativa de no molestar— es la maldita comparación. Porque desde el primer llanto en la cuna hasta la última fotografía oficial, todo lo que hacen, dicen o representan es medido con la vara del hermano mayor.

A Guillermo le bastaba con respirar correctamente para ser portada. A Harry, en cambio, le bastaba con respirar para que alguien lo acusara de estar de más. A Isabel II se le concedió la solemnidad, a Margarita se le reprochaba el exceso. Y así, generación tras generación, el segundo hijo crece no con un referente, sino con una sombra.

Esta presión no se manifiesta solo en los gestos públicos. Se filtra en las conversaciones privadas, en las decisiones de agenda, en los gestos del protocolo. El heredero hereda el trono, el segundo hereda el peso de demostrar constantemente que su existencia tiene algún propósito. Y como nadie se lo dice con claridad, debe inventárselo. Y ahí empiezan los problemas.

La comparación suele ser cruel. El heredero es el equilibrado, el responsable, el que se prepara para la corona. El segundo, inevitablemente, es el emocional, el imprevisible, el que «se deja llevar». Y cuanto más intenta salir de ese encasillamiento, más lo refuerza. Porque en esta familia, todo lo que se aleje del guion se considera una amenaza.

Además, el público —siempre cómplice— también juega su papel. Mientras al heredero se le perdonan los errores como parte del aprendizaje, al segundo se le exige discreción o se le castiga con desprecio. Porque claro, ¿cómo se atreve el «número dos» a hacer ruido? ¿No sabe que está ahí solo por si acaso?

La comparación es, en definitiva, el veneno silencioso que acompaña al segundo desde el inicio. Y aunque algunos logren construir una vida digna (o al menos decorosa), la sensación de insuficiencia institucional nunca desaparece. Porque no se trata de lo que hagan, sino de lo que nunca podrán ser.

Y en una familia donde ser «el otro» no es un descanso, sino una condena, la verdadera maldición del segundo hijo es vivir sabiendo que todo lo que haga —o deje de hacer— será evaluado a través del reflejo dorado del heredero. Un reflejo que, irónicamente, nunca necesitó esforzarse tanto.



Parece que la monarquía británica tiene un problema sistémico con sus segundos hijos. No hay una hoja de ruta clara para ellos, y al final, cada uno ha tenido que inventarse su propia salida… con resultados casi siempre desastrosos.

# Una vida de privilegios... pero sin propósito

Si ser el heredero es una carga, ser el segundo hijo es una condena. No tienen responsabilidades reales claras, pero tampoco pueden huir de su linaje. Se espera que sean leales, que apoyen al heredero sin eclipsarlo, que sean el «seguro de repuesto» en caso de que algo salga mal. Pero ¿qué ocurre cuando el heredero ya tiene su propia familia y el segundo hijo se vuelve innecesario? Ahí viene el problema.

La historia nos muestra que estos «segundos» suelen tomar tres caminos:

— Rebelarse y desafiar a la institución
  (como Harry o Eduardo VIII).
— Desperdiciar su vida en excesos y escándalos
  (como Andrés o Margarita).
— Desvanecerse en la irrelevancia
  (como muchos otros príncipes y duques que quedaron
  en el olvido).

## La eterna rivalidad entre el heredero y el segundón

Es inevitable que, en una monarquía donde el mayor lo es todo y el menor es un «por si acaso», surjan tensiones. La relación entre Guillermo y Harry es solo un ejemplo reciente. A lo largo de la historia, hemos visto cómo estos lazos fraternales acaban en tragedias:

— **Jorge VI y Eduardo VIII:** Eduardo abdicó, Jorge tuvo que asumir un papel que nunca quiso.
— **Isabel II y Margarita:** Mientras Isabel era la reina perfecta, Margarita era la rebelde, atrapada entre el protocolo y el deseo de libertad.
— **Carlos y Andrés:** Carlos se preparaba para ser rey, mientras Andrés disfrutaba del lujo y se ganaba una reputación cuestionable.

Siempre hay un hermano que se lleva la corona… y otro que termina buscando su lugar sin encontrarlo.

## Las consecuencias económicas del segundo hijo

Otra complicación para los segundos hijos llega con el tiempo y es, cómo no, el dinero. Durante la infancia y la juventud disfrutan del mismo lujo y privilegios que sus hermanos mayores, pero con los años todo cambia. Al reducirse su papel oficial en la familia real, pierden asignaciones económicas, acceso a residencias reales y personal de seguridad. Harry lo vivió en carne propia al perder su seguridad financiada por la Corona tras su renuncia. Andrés, por su parte, después de su escándalo, quedó prácticamente marginado financieramente, obligado a depender de la generosidad (o de las deudas) de sus amistades millonarias. Esta incertidumbre financiera es otra de las crueldades del sistema: los segundos hijos son criados en la abundancia, pero luego se les deja a su suerte cuando ya no son útiles o se convierten en un problema. No es casualidad que muchos segundones reales hayan mostrado signos de ansiedad, rebeldía o una necesidad constante de validación. Andrés lo compensó con su arrogancia y excesos, Harry con su lucha por una nueva identidad fuera de la monarquía. Cada uno de ellos ha intentado romper con el destino impuesto de diferentes maneras… y casi siempre han salido perdiendo.

## CONTROL DE DAÑOS: UNA MALDICIÓN QUE NO SE ROMPE

¿Se puede considerar esto una maldición? Bueno, si nos ceñimos al diccionario, quizás no. Pero si entendemos la maldición como una condena silenciosa que se transmite sin hechizos pero con expectativas imposibles, entonces ser el segundo hijo en la familia Windsor se parece sospechosamente a eso. Porque no hay necesidad de lanzar conjuros cuando basta con nacer en el lugar equivocado de la línea de sucesión. El resultado, al final, suele ser el mismo: frustración, rebelión o exilio. Usted dirá si eso no tiene algo de maldito.

## El resentimiento entre hermanos

En los cuentos, los hermanos príncipes se quieren, se apoyan y combaten dragones juntos. En la vida real de los Windsor, en cambio, los príncipes se toleran, se pisan el mismo acto protocolario y evitan mirarse demasiado en público. Porque si hay algo más tenso que una sucesión dinástica, es la relación entre quien va a ser rey y quien no.

El heredero carga con el deber. El segundo con el resentimiento. Y aunque todo se disimula con uniformes planchados y sonrisas institucionales, hay algo que los gestos no pueden tapar del todo: el roce constante de dos trayectorias que, siendo paralelas, nunca se cruzan del todo.

Las diferencias entre Guillermo y Harry se han analizado hasta el agotamiento, pero lo que pocos se atreven a decir es que esa fractura empezó mucho antes del exilio californiano. Nació de una infancia compartida en la que todo —desde el tratamiento de la prensa hasta el tono de voz de los tutores— era diferente. Uno se preparaba para reinar, el otro para estar al margen sin molestar demasiado.

Y claro, eso no solo genera frustración. Genera distancia emocional. Una que se va acumulando con los años hasta que un día uno de los dos deja de contestar los mensajes. Y después, deja de invitar. Y más tarde, de mirar. La ruptura entre hermanos no fue política. Fue personal. Y por eso, más dolorosa.

Pero esto no es solo un drama familiar. Tiene repercusiones institucionales. Porque la monarquía, para funcionar, necesita proyectar unidad. Necesita vender esa imagen de «familia ejemplar» que justifica los privilegios heredados y el silencio pagado con impuestos. Si la fractura se hace demasiado evidente, si los hermanos se convierten en rivales, el castillo de cartas empieza a tambalearse.

Y lo peor es que no hay solución fácil. Porque el heredero no puede dejar de serlo, y el segundo no puede convertirse en otra cosa. Están condenados a esa jerarquía inamovible que solo admite un rey por vez. Lo demás son figurantes con sangre azul y roles mal definidos.

La Casa de Windsor no ha aprendido —o no ha querido— que la rivalidad entre hermanos reales no solo destruye familias. También erosiona las instituciones. Y cuando lo que está en juego es la continuidad de una monarquía cuestionada, los abrazos fingidos y las fotos navideñas ya no bastan.

Quizás, al final, el verdadero veneno de la Corona no esté en las joyas malditas ni en las cartas proféticas, sino en esas heridas pequeñas, domésticas y silenciosas que los Windsor nunca supieron curar. Especialmente cuando la herida tiene nombre propio y vive al otro lado del Atlántico.

# La maldición de Mohamed Al Fayed: un alma que aún no descansa

Si alguien ha sido una espina clavada —larga, persistente e incómoda— en el costado de la familia real británica, ese ha sido Mohamed Al Fayed. Empresario egipcio, millonario autodidacta y padre de Dodi, el último amor de la princesa Diana, Al Fayed dedicó gran parte de su vida a intentar desentrañar —o al menos denunciar públicamente— lo que él consideraba una conspiración real para acabar con su hijo… y con ella.

Desde el mismo momento en que ocurrió el accidente en el Puente del Alma en París, Al Fayed no se creyó la versión oficial. Ni las distracciones del conductor, ni la presión de los *paparazzi*, ni la alta velocidad. Lo que él sostenía —y jamás abandonó— fue que aquello fue un crimen. Organizado, silencioso y perfectamente calculado. ¿Su motivo? Que Diana estaba embarazada, que iba a casarse con un musulmán, y que eso era inaceptable para una monarquía blanca, anglicana y obsesionada con las apariencias.

¿Exagerado? ¿Paranoico? Para nada. Mohamed Al Fayed no hablaba desde el despecho. Se lo digo convencida porque hablé con él en muchas ocasiones. Mohamed hablaba desde una convicción feroz, alimentada por una cultura donde la justicia no es solo un derecho, es una deuda espiritual. Porque en Egipto, y en buena

*La autora y Mohamed Al Fayed durante su entrevista en sus oficinas de los almacenes Harrods, en Londres, en la preparación del libro* Diana. Réquiem por una mentira, *Arcopress, 2017*

parte del mundo árabe, hay una creencia arraigada y poderosa. Un alma no descansa hasta que se le ha hecho justicia. No hay olvido posible, ni paz eterna para quien muere sin que se repare el daño. Y en su visión, Dodi fue sacrificado sin juicio, sin culpables, sin castigo. Y Diana también.

Durante años, Al Fayed financió investigaciones privadas, presionó a los medios, participó en documentales y enfrentó al *establishment* británico con una mezcla de furia, dolor y desafío. Su insistencia incomodaba tanto que llegó a convertirse, para la Corona, en un enemigo incómodo que no podía desacreditar abiertamente sin despertar aún más sospechas. Así que hicieron lo que mejor saben: lo silenciaron socialmente. Lo convirtieron en un personaje excéntrico. Lo empujaron fuera del relato.

Pero como toda maldición bien formulada, esta no se disolvió con la muerte del invocador. Al Fayed murió en 2023, sin haber obtenido nunca una disculpa, una confesión, ni una revisión oficial del caso. Pero su legado quedó: la idea de que Diana no descansa. De que Dodi no descansa. Y de que la monarquía arrastra, desde entonces, una sombra que no se quita con comunicados ni con coronaciones.

Porque si uno cree, aunque sea un poco, en que el mundo es algo más que lo visible, podría pensar que aquella noche en París no terminó en el hospital. Que la historia no se cerró con la tapa del ataúd. Y que, desde algún rincón del más allá —o del inconsciente colectivo británico—, Mohamed Al Fayed sigue susurrando lo mismo de siempre: «Todavía no hay justicia».

Y eso, en una monarquía que necesita tanto la apariencia de estabilidad, puede ser más peligroso que cualquier teoría conspirativa.

## CONTROL DE DAÑOS

Mohamed Al Fayed no necesitó lanzar hechizos para convertirse en una maldición. Le bastó con no rendirse. Su cruzada por la justicia tras la muerte de Diana y Dodi no fue solo una batalla personal, fue una piedra en el zapato de la monarquía durante décadas. Porque, en el fondo, lo que Al Fayed simboliza para los Windsor no es solo un escándalo del pasado, es la amenaza constante de que alguien, desde fuera y con la verdad entre ceja y ceja, no esté dispuesto a olvidar. Y si a eso le sumamos que en la cultura egipcia un alma no descansa hasta que se le hace justicia, entonces sí: Al Fayed podría no estar muerto del todo. No mientras su causa siga sin resolverse, y su voz —molesta, tenaz, incómoda— siga resonando en cada grieta de esta familia que tanto teme al pasado mal cerrado.

# La maldición del diamante Koh-i-Noor: una joya demasiado pesada para la corona

Pocas joyas en el mundo pueden presumir de tener una historia tan brillante y, al mismo tiempo, tan oscura como el diamante Koh-i-Noor. Su nombre significa «montaña de luz», pero lo cierto es que allá donde ha ido, lo que ha dejado a su paso no ha sido precisamente iluminación, sino desgracias, guerras, traiciones… y unas cuantas maldiciones. Y ahora, desde hace décadas, reposa en la Corona británica como si nada. Porque si hay algo que caracteriza a los Windsor, es su habilidad para llevar lo problemático con una tranquilidad casi ofensiva.

Este diamante tiene orígenes que se remontan a la India, donde fue considerado símbolo de poder divino durante siglos. Pasó por manos de mongoles, persas, afganos y sijs. Cada cambio de dueño, por supuesto, venía acompañado de sangre, prisión o traición. Ya sabe, la típica herencia familiar, versión imperial. Finalmente, y como no podía ser de otra manera, acabó en manos del Imperio británico, que decidió «tomarlo prestado» (léase, se lo llevó sin intención de devolverlo jamás) tras la anexión del Punjab en 1849. Para más inri, el traspaso se hizo obligando a un niño, el maharajá Duleep Singh, a firmar el documento con el que regalaba el diamante a la reina Victoria. Un acto digno de figurar en los anales del expolio elegante.

Desde entonces, el Koh-i-Noor se ha instalado con comodidad en la joyería del Estado británico. Eso sí, con una condición no escrita pero muy respetada: las reinas lo pueden llevar, los reyes, no. ¿Por qué? Porque se dice —y no con poca convicción— que trae mala suerte a los hombres que lo portan. Y visto lo visto, no parece que nadie

*El diamante Koh-i-Noor engastado en la Corona Real*

en Buckingham esté dispuesto a probar si eso sigue siendo cierto. Supersticiones, claro, pero muy obedecidas.

En cualquier caso, más allá de las leyendas, el Koh-i-Noor es también una maldición diplomática. India ha exigido su devolución durante décadas, y no ha sido la única. También Irán, Pakistán y Afganistán reclaman su derecho sobre la piedra. Cada intento británico de lucirla en alguna ceremonia provoca protestas internacionales, artículos furibundos en la prensa india y alguna que otra declaración en tono colonialista del tipo «esto ya forma parte de nuestro patrimonio». Un patrimonio que, por supuesto, se adquirió sin consentimiento y con pólvora de por medio.

La última gran polémica ocurrió cuando Camila fue coronada como reina consorte. El debate sobre si debía llevar el Koh-i-Noor en su corona revivió el malestar colonial. Finalmente, y en un gesto que los Windsor quisieron vender como «sensible», optaron por no usarlo. Lo que no explicaron es que el gesto tenía más que ver con evitar titulares desafortunados que con un despertar ético sobre la procedencia de las joyas.

El Koh-i-Noor es el recordatorio brillante, reluciente e incómodo de todo lo que la monarquía británica representa y ha representado. Poder tomado por la fuerza, adornado con leyendas y oculto bajo capas de tradición. Una joya que pesa, no por su tamaño, sino por su historia. Y mientras siga incrustada en la corona de una monarquía que arrastra crisis, enfermedades y escándalos, cabe preguntarse si esa maldición sigue activa.

Quizás no haga falta que un Windsor se atreva a ponérsela para que su efecto se note. Quizás con tenerla en la vitrina ya sea suficiente. Porque hay cosas que no se pueden robar sin consecuencias. Ni siquiera aunque brillen mucho.

## EVENTOS HISTÓRICOS RELACIONADOS CON EL KOH-I-NOOR: UN DIAMANTE QUE ATRAE CONFLICTOS

Echemos un vistazo rápido a la historia. El diamante fue codiciado por numerosos gobernantes en la India, como Sha Jahan, el emperador responsable del Taj Mahal, quien terminó derrocado y encarcelado por su propio hijo. Cuando llegó al Imperio británico, su posesión se convirtió rápidamente en motivo de tensiones diplomáticas y conflictos internacionales, con India y Pakistán reclamando repetidamente su devolución y generando incomodidades políticas que persisten hasta hoy. Es decir, no solo es una piedra preciosa, sino que parece una garantía infalible de conflictos diplomáticos. Lo más irónico es que la propia familia real, en más de una ocasión, ha tratado discretamente de evitar utilizarlo, conscientes quizá de su turbio pasado o, quién sabe, temerosos de desatar algo que no entienden del todo. Porque, seamos sinceros, resulta intrigante que una institución tan aparentemente racional como la monarquía británica haya optado por mantener esta joya a salvo en una vitrina en la Torre de Londres, lejos del alcance de quienes actualmente gobiernan.

Así que ya sabe, si alguna vez visita la Torre de Londres, mire el Koh-i-Noor con cuidado. Por si acaso.

## CONTROL DE DAÑOS

¿Y por qué el Koh-i-Noor puede considerarse una maldición? Porque no es solo una joya robada, es un símbolo de todo lo que la monarquía británica ha querido ocultar bajo sus capas de terciopelo: el pasado colonial, las injusticias históricas, las posesiones adquiridas sin permiso y los conflictos no resueltos. Donde otros ven un diamante, algunos ven una deuda. Y mientras esa piedra siga en manos reales, lo que arrastra no es solo historia, sino peso. Uno que no se mide en quilates, sino en consecuencias. Y tal vez, con eso, ya tenemos suficiente para hablar de maldición.

# La maldición del trono que nadie desea… pero nadie rechaza

ay algo perverso en el hecho de que casi todos los herederos al trono británico lleguen a él con cara de resignación. No de entusiasmo, no de orgullo. De resignación. Como si supieran que lo que heredan no es solo una corona, sino una carga con siglos de peso encima. La historia reciente de los Windsor parece marcada por una especie de maldición que podríamos llamar el trono que queda.

Eduardo VIII lo tuvo claro, lo rechazó por amor (o eso nos contaron). Su hermano Jorge VI reinó con una mezcla de ansiedad, tartamudeo y cigarro permanente. Isabel II lo aceptó como quien acepta el deber sin poder discutirlo. Y Carlos III, bueno, Carlos esperó más de setenta años para ascender, y cuando por fin lo hizo, su reinado arrancó entre enfermedades, escándalos, desapariciones y la creciente irrelevancia de la institución que representa.

A veces parece que el trono británico trae consigo una maldición silenciosa. Cuanto más lo desean, peor lo llevan. Cuanto más preparados creen estar, más se complica todo. Y los que se sientan sobre él acaban rodeados de oropeles, pero con el gesto torcido. Una institución que simboliza el poder, pero que cada día necesita justificarse más. Un destino brillante, empañado por su propio pasado.

Quizás no sea una maldición en términos mágicos, pero ¿no hay algo profundamente inquietante en ver cómo este trono envejece, desgasta y descompone a quien lo ocupa? ¿Y no es sospechoso que nadie pueda decir que no, aunque sepa que el precio es altísimo?

Tal vez la corona no esté maldita. Tal vez sea el poder mismo el que lo esté.

## CONTROL DE DAÑOS

¿Y por qué podría hablarse aquí de maldición? Porque no hay gloria que compense el precio que pagan quienes se sientan en ese trono. Lo desean, lo esperan, lo soportan, y cuando por fin lo obtienen, descubren que no otorga poder, sino peso. Que no corona una vida, sino que la encierra. Y que, lejos de ser un privilegio, puede convertirse en una condena a la exposición, la vigilancia y el desgaste. Si algo parece claro al mirar la historia reciente de los Windsor, es que la corona no ilumina, abruma. Y si eso no es una maldición, se le parece mucho.

# La maldición del siglo XXI

Puede que la monarquía británica haya sobrevivido a guerras, divorcios, abdicaciones y algún que otro escándalo con final de plataforma de televisión, pero hay una amenaza que ni los Windsor parecen capaces de manejar: el siglo XXI. Así, en general. Porque esta nueva era, con sus redes sociales, su exigencia de transparencia, su amor por la inmediatez y su aversión al privilegio hereditario, ha demostrado ser más corrosiva que cualquier amante despechada o diamante maldito. La familia real puede haber esquivado muchas balas a lo largo de su historia, pero la modernidad… esa sí que les está haciendo mella.

¿Y por qué? Porque todo lo que les funcionó durante décadas —el misterio, la distancia, el silencio— ahora juega en su contra. Donde antes bastaba con un comunicado escueto, hoy se exige una entrevista. Donde una foto oficial servía para proyectar unidad, ahora se analiza cada píxel en busca de montaje. Lo que antes era respeto reverencial, ahora es sospecha. Y lo que antes era una institución, ahora parece un *reality*.

Carlos III accedió al trono en plena era digital, rodeado de memes, teorías conspirativas, *hashtags* implacables y un humor británico que, a falta de cabezas en picas, corta cuellos con ironía. El rey que había esperado toda su vida para reinar se encontró con una opinión pública hastiada, una prensa dividida entre la nostalgia y el morbo, y unos hijos que representan dos modelos antagónicos: el heredero disciplinado y el fugitivo californiano. Difícil no pensar que el trono llegó... en el peor momento posible.

La generación Z no cree en la sangre azul. Cree en la coherencia, la suya, claro. Y cada vez que alguien en palacio intenta parecer moderno —una cuenta de Instagram, un vídeo editado, una disculpa tibia—, el resultado es tan artificial que provoca el efecto contrario. Porque el problema no es solo de forma, es de fondo. El siglo XXI no cuestiona a la monarquía porque sí. Lo hace porque ya no cuela. Ya no convence. Ya no se necesita.

¿Y qué hace la familia real? Se defiende con tradición. Con banderas, con uniformes, con solemnidad. Pero es como intentar apagar un incendio con té. Hay algo casi trágico en ver cómo una institución que dominó el relato durante siglos pierde el control del guion frente a una audiencia que ya no aplaude.

¿Es esto una maldición? Pues depende. Si entendemos por maldición un fenómeno que mina lentamente la autoridad, que desgasta la imagen, que convierte cada gesto en una posible crisis... entonces sí. El siglo XXI es una maldición para la monarquía. No porque la ataque directamente, sino porque la deja sin excusa. Y cuando una institución no tiene justificación más allá de su propia existencia, el tiempo se convierte en su peor enemigo.

Quizás la Corona no caiga hoy, ni mañana. Pero cada tuit, cada vídeo viral, cada ausencia justificada a medias va deshilachando ese relato de grandeza que tanto les ha protegido. Y el día que el pueblo británico mire la Corona y no vea historia, sino una carga, esa será la verdadera coronación del siglo XXI. Una que no se celebra en la abadía, sino en la conciencia colectiva.

De todo esto tienen que aprender si quieren seguir perpetuando su Corona.


## CONTROL DE DAÑOS

Porque lo verdaderamente perverso del siglo XXI no es que ataque a la monarquía, es que la expone. La deja sin disfraces, sin niebla, sin solemnidad como escudo. Les obliga a justificarse en un mundo donde ya no basta con heredar. Y eso, para una familia que ha vivido siglos envuelta en reverencias y protocolos, es una condena en toda regla. No una maldición que viene de fuera, sino una que se ha colado por dentro, como una gotera silenciosa que arruina los techos más antiguos.

# Maldición
# o consecuencia

Y ahora, para terminar, toca hacerse la pregunta final. La pregunta incómoda. La que nadie en palacio formularía en voz alta, pero que, francamente, teníamos que plantear: todo este desastre ¿es una maldición o simplemente el resultado de sus propios actos?

Porque, a ver, si uno mira el panorama actual —un rey enfermo, una princesa desaparecida durante semanas, hijos enfrentados, escándalos sin digerir, el trono tambaleándose entre comunicados forzados y sonrisas editadas—, cuesta no pensar que algo sobrenatural les está pasando factura. Es tentador. El relato funciona. A todos nos gusta creer que hay algo más allá, una fuerza que equilibra las cosas, que hace justicia poética cuando los sistemas fallan. Y en el caso de los Windsor, el menú es variado: diamantes malditos, almas que no descansan, hermanos destronados, súbditos descreídos.

Pero, y aquí viene lo incómodo, también tenemos la otra posibilidad. Una mucho más terrenal. Y mucho más devastadora. Que lo que les está ocurriendo no tenga nada de magia negra ni de venganza espiritual, sino que sea la simple y aplastante consecuencia de décadas de decisiones erróneas, de arrogancia hereditaria, de falta de adaptación y de una resistencia enfermiza a reconocer errores. Que lo que se está cayendo no sea por castigo divino, sino por puro desgaste humano.

A fin de cuentas, uno puede culpar a las maldiciones todo lo que quiera. Pero cuando los escándalos se acumulan, la salud se resiente y la credibilidad se evapora, tal vez lo que hay detrás no sea una fuerza invisible, sino algo mucho más reconocible: la factura.

La factura de haber ignorado voces, de haber protegido lo impresentable, de haber vivido de símbolos sin alimentar su significado. Y si me lo permite, esa puede ser la peor de todas las maldiciones: creer que el linaje protege del error. Porque cuando la realidad aprieta, ni el título, ni la sangre azul, ni el anillo de coronación sirven de escudo.

¿Es una maldición? ¿Es justicia? ¿Es solo el paso del tiempo?

Eso, como siempre, lo dejo a su criterio. Usted sabrá qué pensar. Yo no creo en hechizos eternos ni en venganzas cósmicas que se heredan con la sangre. Pero tampoco creo que todo lo vivido desde 2024 haya sido fruto del azar. Hay decisiones que se pagan. Hay lealtades que contaminan. Hay silencios que pudren. La historia reciente de los Windsor no necesita brujería para explicarse. Basta con mirar sus actos, sus amistades, sus estrategias fallidas y sus verdades enterradas. Si algo pesa sobre esta familia, no es una maldición antigua. Es la factura acumulada de todo lo que han decidido no enfrentar.